Baedeker

Allianz Reiseführer

Namibia

www.baedeker.com

Verlag Karl Baedeker

TOP-REISEZIELE ★★

Namibia erwartet Sie! Es winkt die Exotik eines fernen Kontinents mit einer Prise deutsch inspirierter Lebensart und gastlichen Quartieren vom Feinsten. Ganz nebenbei finden sich hier die höchsten Dünen der Welt, eine unendlich lange Küste, an der ein kaltes Meer eine der trockensten Wüsten dieser Erde umtost, das berühmte Tierparadies in der Etosha-Salzpfanne oder der grandiose Fish River Canyon. Nichts wie hin!

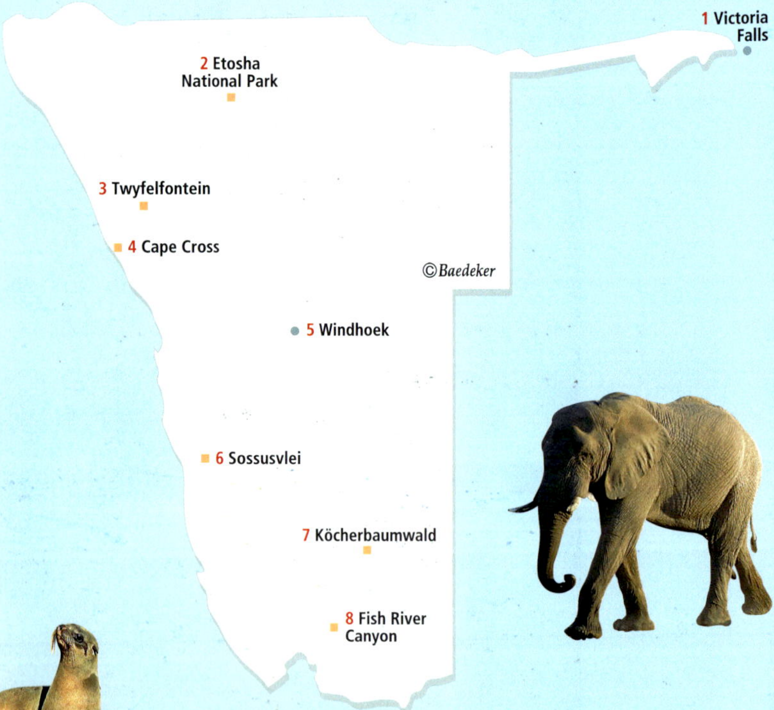

1 ★★ Victoria Falls
Die größten Wasserfälle Afrikas liegen zwar im Grenzgebiet der Nachbarländer Sambia/Simbabwe, ihr Besuch gehört dennoch zu einer Namibia-Reise. ► Seite 250

2 ★★ Etosha National Park
Unvergessliche Tierbegegnungen: Eine riesige ausgetrocknete Salzpfanne ist Heimat und Schutzgebiet für Löwen, Elefanten, Zebras und Co. ► Seite 151

Unvergessliche Tiererlebnisse ...
... im Etosha Nationalpark

Mond, Mars, – oder ... ?
Es ist der Fish River Canyon.

DIE BESTEN BAEDEKER TIPPS

Von allen Baedeker Tipps in diesem Buch haben wir hier die interessantesten für Sie zusammengestellt! Erleben und genießen Sie Namibia von seiner schönsten Seite.

! Bücherspezialist

Das wohl weit und breit reichhaltigste Angebot an Büchern aus allen Epochen zum Thema Namibia hat die deutsche Versandbuchhandlung Namibiana Buchdepot. ► **Seite 93**

! Kite surfing

In der Lagune von Walvis Bay treffen sich Anhänger eines neuen Extremsports: Kite surfing heißt das Kind und ist ein Zwischending aus Windsurfen und Paragliding. Voraussetzungen: Mann muss gut schwimmen können, fit sein und ganz schön viel Kraft haben. ► **Seite 109**

! Langusten am Haken

Selbst wer bisher für's Fischen oder Angeln keine große Leidenschaft entwickeln konnte, wird beim alljährlichen Langustenfangen zwischen 1. November und 30. April an den Stränden um Lüderitz Spaß haben. ► **Seite 203**

! Segelschoner Sedina

Will man von Lüderitz aus einen Ausflug zu den Pinguinen auf Halifax Island unternehmen, so kann man einen Segeltörn auf dem Schoner »Sedina« vereinbaren. Zunächst geht die Fahrt zum Diaz Point und bei passendem Wetter weiter zur Insel Halifax. ► **Seite 205**

! Diamanten für Offroad-Fans

Wer schon Erfahrung hat im Fahren eines Geländewagens, der wird diese aufregende Tour von Lüderitz ins alte Diamantensperrgebiet genießen. ► **Seite 208**

! Naukluft Trail

Er gehört zu den fünf anspruchsvollsten Hiking Trails des südlichen Afrika. Es gibt eine achttägige und eine viertägige Route; übernachtet wird in alten Farmhäusern und Steinhütten. ► **Seite 217**

! Tok-Tokkie-Trails

Ausgesprochen kundig geführte Wüstenwanderungen durch das neben dem Namib Naukluft Park gelegene private Naturschutzgebiet Namib Rand Reserve.
► **Seite 224**

Off-Road-Touren
... je schwieriger, desto schöner!

Welthöchster Bungeesprung
... über den Victoria-Fällen

! Herero-Umzüge
Alljährlich finden Mitte Juni und Ende August unter großer Beteiligung der Bevölkerung Herero-Gedenktage statt. Wer sich zu dieser Zeit in Namibia aufhält, sollte sie nicht versäumen. ► **Seite 225**

! Deutsches Brot
In der deutschen Bäckerei in Okahandja bekommt man außer Kaffee, Schokoladenkuchen und Windbeuteln auch gutes Kartoffel-Sauerteig-Brot. ► **Seite 226**

! »Bauet am Erbe«
Das wohl interessanteste Museum liegt in Swakopmund. Zu sehen gibt es Relikte der deutschen Kolonial-Siedler, Handwerkszeug oder ganze Inneneinrichtungen von Häusern, dazu Kultobjekte der Völker Namibias, Herbarien mit Namibflora und einheimischer Tierwelt, Mineraliensammlungen und Darstellungen zum Uranabbau. ► **Seite 237**

! Ski-Alm
Ein sportbegeisterter Thüringer fand heraus, dass sich die Dünen der Namib hervorragend zum Skifahren eignen. Ob Langlauf oder Alpin – nur eine Sache des Geschmacks. Und bietet auf seiner Gästefarm bei Swakopmund geführte Skitouren in die Wüste. ► **Seite 245**

! Adventure ist »in«
Rund um die Victoria-Fälle liebt man alles, was Abenteuer verspricht. Entscheiden muss man sich nur, mit was man seine Nerven am angenehmsten kitzelt: mit einem Rundflug über die Wasserfälle, Hubschrauber- und Microlight Flights, dem höchsten Bungeesprung der Welt, Kanufahrten auf dem Sambesi oder ... ► **Seite 254**

! Essen echt afrikanisch
Meme Melba serviert in ihrem Restaurant Otjikaendu Den in Windhoeks Township Katutura lokale Spezialitäten: traditionelles Herero-Brot, Hühnercurry, Kutteln-Eintopf. Star der Speisekarte ist: Ziegenkopf »Smiley«. ► **Seite 281**

Wintersport bei Sonnenschein
Ski- und Snowboardfahren in der Wüste

Swakopmund ist ein Sammelsurium kolonial inspirierter Baustile
▸ **Seite 235**

HINTERGRUND

PRAKTISCHE INFORMATIONEN VON A bis Z

PREISKATEGORIEN

Hotels
Luxus: ab 800 N$
Komfortabel: 400 – 800 N$
Günstig: bis 400 N$

Restaurants
Fein & teuer: ab 120 N$
Erschwinglich: 70 – 120 N$
Preiswert: bis 70 N$

Edellodge in »aussichtsreicher« Lage
▸ **Seite 106**

TOUREN

Sommerfrische in Swakopmund
▸ **Seite 72**

Herero-Festtag am Waterberg
► **Seite 224**

REISEZIELE VON A bis Z

Heißluftballontour über der Wüste
► **Seite 108**

V5-HAC

Hintergrund

WISSENSWERTES ÜBER
DAS LAND AN DER NAMIB,
ÜBER SEINE GROSSARTIGE
NATUR, SEINE VÖLKERVIELFALT,
ÜBER DIE ZEIT ALS KOLONIE DES DEUTSCHEN
REICHES UND ÜBER DEN NEUANFANG NACH DER
SPÄTEN UNABHÄNGIGKEIT

WÜSTE UND MEHR ...

Die Landschaften Namibias sind wild, ursprünglich und von endloser Weite. Den Besucher des gastfreundlichen Landes erwarten fantastische Tiererlebnisse, großartige Naturansichten, grandiose Luxusunterkünfte mitten im Wüstensand und vieles mehr. Das alles ist unbedingt eine Reise wert. Doch neben allen Attraktionen verfügt Namibia noch über etwas ganz Einmaliges: das real existierende Paradoxon deutscher Gemütlichkeit in Afrika.

Sie zieht jeden in ihren Bann mit ihren unendlichen Weiten, den himmelhohen Dünen, dem uferlosen Meer aus Sand und Schotter und einer unerbittlich sengenden Sonne: die Wüste Namib, die Namibia den Namen gab. Doch auch die anderen Landschaften des Landes sind durchaus spektakulär: das östlich an die Namib anschließende, wild zerklüftete Hochplateau, die flachen, endlosen Savannen und Steppen der Kalahari im Osten und Nordosten, die sturmumtoste einsame Nebelküste im Westen und der geradezu tropisch grüne Norden. Die berühmten Sanddünen im Sossusvlei gehören zu den höchsten der Welt, sie sind stetig in Veränderung begriffene Meisterwerke des Windes. Der Fish River Canyon entstand durch Rückungen in der Erdkruste – der Blick in die vegetationslosen Tiefen scheint nicht von dieser Welt zu sein. In den zahlreichen National- und Wildparks, von denen der Etosha-Nationalpark weltbekannt ist, versetzt die artenreiche Tier- und Pflanzenwelt den Besucher in Erstaunen.

Uralte Landschaften: *Löwenfels bei Twyfelfontein*

Politik der Versöhnung

Namibia ist mehr als doppelt so groß wie Deutschland. Doch leben hier nur etwa halb so viele Menschen wie in Hamburg. Die ethnische Vielfalt könnte allerdings kaum größer sein! Die Himba, eines der letzten nomadisiernden Hirtenvölker, die stärker mit der westlichen Zivilisation in Berührung gekommenen Ovambo, Herero und Nama haben sich mit Farbigen und Weißen arrangiert, die Völker leben friedlich zusammen. Zurückzuführen ist dies vorrangig auf die »Versöhnungspolitik« des ehemaligen SWAPO-Führers Sam Nujoma. Er

Die »San« waren die ersten ...

... Bewohner des südlichen Afrika. Die nomadisierenden Jäger und Sammler wurden seit vielen Jahrhunderten in immer unwirtlichere Gegenden abgedrängt – und sind Meister in der Fähigkeit, auch dort zu überleben.

»Der Ort, an dem nichts ist« –

bedeutet »Namib« in der Sprache der Nama. Die älteste Wüste der Erde gab dem Land ihren Namen.

Wahrzeichen des Landes ...

... sind die nur in den Halbwüsten Namibias und in der nördlichen Kappprovinz vorkommenden Köcherbäume. Sie speichern Wasser in ihren Blättern und überstehen so auch längere Trockenperioden.

Das blieb vom Diamantentraum ...
Die Träume und Hoffnungen der einst blühenden Diamantenstadt Kolmanskuppe versinken langsam im Sand.

Den Kopf gar nicht in den Sand ...
... stecken die Farmer, die sich auf Straußenzucht spezialisiert haben. Doch auch in freier Wildbahn kann man den scheuen Großvögeln in Namibia begegnen.

Heimat ist da, ...
... wo man sich zu Hause fühlt. Rund 13 000 Namibier gaben 1989 Deutsch als ihre Muttersprache an.

dominierte die Geschicke des Landes von 1990, dem Jahr der Unabhängigkeit ganze 15 Jahre lang und prägte sein Land – übrigens eine der jüngsten afrikanischen Republiken mit einer der fortschrittlichsten Verfassungen der Welt – durch einen fast schon autokratischen Führungsstil. Doch immerhin gelang es ihm, viele der Probleme, mit denen junge afrikanische Staaten oft bitter zu kämpfen haben, wenn nicht zu lösen, so zumindest unter Kontrolle zu bekommen: Natürlich gibt es weiterhin ein kaum verringertes Gefälle von Reich zu Arm, von weißen Landbesitzern zu schwarzen Farmarbeitern. Es gibt Elend, Arbeitslosigkeit, Korruption, eine horrend schnelle Ausbreitung von AIDS, ländliche Strukturprobleme und Wirtschaftsstagnation. Dazu gab es immer wieder Ängste der deutschstämmigen Minderheit vor Enteignungen und Übergriffen wie im Nachbarland Simbabwe, jedoch glücklicherweise war und ist die Lage in Namibia stabil. Und die Stimmung im Land ist optimistisch. Die Angehörigen der vielen Volksgruppen sehen sich in erster Linie als Namibier, als Bürger eines jungen, demokratischen Staates.

Als Reiseland wie geschaffen

Dementsprechend sicher kann auch der Tourist im Land umherreisen. Die Infrastruktur Namibias gilt für afrikanische Verhältnisse als vorbildlich. Mit Englisch, der Amtssprache, kann man sich fast überall verständigen, häufig kommt man auch mit Deutsch zurecht. Überhaupt erinnert noch manches an die deutsche Kolonialvergangenheit – besonders in den Städten. Hübsche Jugendstilbauten dominieren das Stadtbild in Lüderitz und Swakopmund. In Windhoek, der lebendigen Metropole des Landes, konkurrieren sie zunehmend mit postmodernen Einkaufszentren.
Wohl nirgendwo sonst werden Touristen freundlicher aufgenommen als in diesem Land. Wer auf Gästefarmen übernachtet, erfährt nicht nur eine liebevolle individuelle Betreuung, sondern wird zudem umfassend über Land, Natur und Leute informiert. Die Gästefarmer und die Inhaber der noch komfortableren Lodges unternehmen mit ihren Gästen Ausflüge und Safaris, das Angebot für weitere Aktivitäten ist vielfältig: Wie wäre es mit einem Ritt durch den dichten Busch, Ski fahren im feinen Sand der Dünen, Quadbiketouren ins Diamantensperrgebiet, Kitesurfing in der Lagune von Walvis Bay oder im Heißluftballon geräuschlos über die Wüste zu schweben?

Jugendstil im Wüstensand
Koloniale Allianz europäischer Baustile in Swakopmund

Fakten

Ist die Namib die älteste oder die trockenste Wüste dieser Welt? Welches Land machte Namibia zu seiner ersten Kolonie? Wie viele Ethnien leben in dem Land und wer ist die SWAPO? Lesen Sie hier das Wichtigste zu einer der jüngsten Demokratien Afrikas.

Naturraum

Eldorado für Geologen

Geologie

Das Gebiet des heutigen Namibia wird als einer der ältesten Teile der Erdkruste bezeichnet. Noch lange vor der Entstehung des Super-Kontinents Gondwana bildeten sich vor mehr als zwei Milliarden Jahren auf dem Gebiet des heutigen Afrika zwei Festlandsockel – der Kongo-Kraton und der Kalahari-Kraton. Letzterer umfasste große Teile des heutigen Namibia. Für Geologen ist das Land ein Eldorado. Verschiedentlich liegen an der Erdoberfläche sehr alte Gesteinsschichten frei, z. B. im Kaokoveld und im Fish River Canyon. Die meisten Gesteine sind älter als die Kontinentalverschiebung während des Erdmittelalters, des Mesozoikums vor 70 Mio. – 220 Mio. Jahren, als die Trennung von Afrika und Südamerika stattfand. Offenbar wurde in den letzten 100 Mio. Jahren der Erdgeschichte der südafrikanische Subkontinent mehrmals angehoben, wobei sich die Große Randstufe herausbildete. Dabei drangen auch Granitmagmen auf, die verschiedene Einzelberge und Bergmassive bildeten. Auffallend sind die **Tafelberge**, von Flüssen und Regen »glatt gespülte« Inselberge.

? WUSSTEN SIE SCHON ...?

- ... dass es in Namibia nicht weniger als vier Wüstensysteme gibt?
  - Die **Namib** ist die trockenste dieser Wüsten.
  - Die **Sukkulenten-Karoo**, ein Küstengürtel mit Winterregen, zieht sich von Namibia nach Südafrika. Hier gedeihen Wasser speichernde Sukkulenten-Gewächse.
  - Die **Nama-Karoo** mit weiten Grasflächen und Zwergsträuchern bildet den Übergang zwischen der Namib im Westen und der Trockensavanne im Osten.
  - In der Trockensavanne der **Kalahari-Wüste** findet man teilweise bewachsene, parallel verlaufende Dünen aus dem charakteristischen roten Sand. An ihren Hängen gedeihen Bäume, in den Tälern wachsen Gräser.

Landschaftsräume

Namibia besteht im Wesentlichen aus vier **Großlandschaften**. Die Küstenzone am Atlantik ist ganz von der **Wüste Namib** beherrscht, die bis zu 150 km weit ins Landesinnere reicht. Im Osten wird die Namib-Wüste von dem bis zu 2000 m hohen Steilanstieg der sog. **Großen Randstufe** und dem anschließenden, rund 1700 m hohen **Binnenhochland** begrenzt. Den dritten Naturraum bildet das östlich gelegene **Kalahari-Hochbecken**, zu dem hin sich die zentralen Hochländer leicht abflachen. Im Norden des Landes schließlich herrscht **Buschland** vor, das über den Landkorridor des Caprivi-Zipfels bis nach Simbabwe reicht.

Namib-Wüste

Die subtropische Namib-Wüste erstreckt sich über eine Distanz von ca. 2000 km von Port Nolloth (Südafrika) entlang der gesamten Küs-

← *Fischer in Walvis Bay*

Zahlen und Fakten Namibia

Lage

- 12° bis 25° östlicher Länge
  17° bis 29° südlicher Breite

Fläche und Staatsgebiet

- 824 292 km²
  (2,3-fache Größe Deutschlands)
  Nord-Süd-Ausdehnung 1320 km

Bevölkerung

- 2,01 Mio. in Namibia gesamt
  = 2,4 Einwohner je km²
  (Vergleich: Saarland 1,06 Mio.
  = 416 Einwohner je km²)
- Städtische Bevölkerung: 30 %
- Analphabetenrate: 19 %

Ethnien

- Überwiegend Bantuvölker:
  47 % Ovambo
  9 % Kavango
  7 % Herero
  5 % Nama
  3,6 % Caprivianer
  6 % Weiße Mischlinge (sog. Kleurlinge)
  rund 35 000 San (Buschmänner)
  rd. 32 000 Rehoboth Basters
  rd. 20 000 deutscher Abstammung

Sprachen

- Englisch (Amtssprache)
- Afrikaans
- Sprachen der Bantu und anderer Gruppen (Otjivambo, Nama, Herero und Khoekhoe der Buschmänner)
- Deutsch

Religion

- 82 % Christen (62 % Protestanten, 20 % Katholiken)
- Anhänger afrikanischer Religionen: San, Caprivianer, Himba und Tjimba

Staat

- Unabhängige Republik (im Commonwealth) seit 1990; Verfassung von 1990

Wirtschaft

- Bruttosozialprodukt: 2,4 Mrd. € (2002)
- Wirtschaftszweige:
  Dienstleistungen 58 %
  Industrie 31 %
  Landwirtschaft 11 %
- Hauptausfuhrprodukte:
  30 % Maschinen
  24 % Nahrungsmittel
  11 % Chemische Produkte
  8 % Textilien und Schuhe
- Haupthandelspartner:
  Südafrika, Großbritannien

Rund um das Sossusvlei kann man die höchsten Dünen der Welt bestaunen.

te Namibias bis weit nach Angola hinein. Mit teilweise weniger als 20 mm Niederschlag pro Jahr ist sie eine der trockensten Wüstenlandschaften der Welt. Verantwortlich dafür ist der Einfluss des kalten küstennahen **Benguela-Stroms**.

Die Namib lässt sich in drei Zonen untergliedern: Im Süden präsentiert sie sich als ein stets im Wandel begriffenes, vegetationsloses Sandmeer mit den höchsten Dünen der Welt (**Sossusvlei** ► S. 220). Das Gebiet zwischen Kuiseb- und Ugab-Flusstal besteht aus ausgedehnten, grau-schwarzen Schotterebenen und einzelnen Inselbergen. Die dritte Zone schließlich umfasst das gesamte Gebiet nördlich des Ugab-Flusstales. Zerfurchte Berge und ephemere Flusstäler prägen die Landschaft. Entlang der Küste erstreckt sich hier ein Sandmeer der ►**Skeleton Coast**, an das sich nach Osten hin die Felsebenen des ►**Kaokovelds** anschließen.

Fruchtbaren Boden gibt es in der Namib lediglich in den wenigen Flusstälern und -mündungen; weite Teile sind vegetationslos. Die 1400 km lange Westküste Namibias hat – von der Lüderitz- und Walfischbucht abgesehen – keine natürlichen Hafenplätze. Die Brandung ist sehr stark, und die zahlreichen Untiefen vor der Küste wurden schon vielen Schiffen zum Verhängnis.

Binnenhochland

Die **Große Randstufe** (engl. Great Escarpment), die die Namib-Wüste begrenzt, ist ein breiter, vielfach bis 2000 m hoher Gebirgssaum, der sich gegen die Wüste hin mit breiten und tiefen Tälern öffnet. Dieses zentrale Bergland bildet eine nur in der Landesmitte durch die »Randstufenlücke« unterbrochene Nord-Süd-Achse. Im Osten geht die Randstufe in das Zentrale Hochland mit einer durchschnittlichen Höhe von 1400 – 1800 m ü. d. M. über. Dieses wiederum senkt sich gleichmäßig nach Osten zur Kalahari hin ab.

Kalahari-Hochbecken Das Kalahari-Hochbecken ist Teil eines über 1,2 Mio. km² großen, meist 800 – 1200 m hohen Binnenplateaus mitten im südlichen Afrika. Die Kalahari umfasst den größten Teil Botswanas und reicht bis nach Angola, Simbabwe und Sambia. Ein Charakteristikum dieser völlig ebenen und trockenen Landschaft mit den nur spärlich bewachsenen Steppen und Savannen bilden die **Pfannen**. Periodisch fließende Flüsse führen ihnen nach seltenen ergiebigen Regenfällen Wasser zu, das schon bald wieder verdunstet. Zurück bleibt eine weißlich-gelbe Salz-Lehm-Kruste. Beeindruckendstes Beispiel einer solchen Pfanne ist der ►**Etosha-Nationalpark** im Norden Namibias.

Caprivi-Zipfel Im Nordosten des Landes erstreckt sich der Caprivi-Zipfel wie ein tastender Finger nach Osten. In dieser Region mit den ziemlich hohen Niederschlägen und ständig Wasser führenden Flüssen gibt es üppige tropische Vegetation. Ausgedehnte Sumpfgebiete und Überschwemmungswälder, sog. **Galeriewälder,** säumen die Flussläufe.

Gewässer

Seen Namibia ist ein Trockengebiet. Selbst in den so genannten Feuchtlandschaften fallen eher wenig Niederschläge, weshalb im ganzen Land nur wenige Oberflächengewässer anzutreffen sind. Bis auf den **Otjikoto-See** und den **Guinas-See** bei Tsumeb gibt es überhaupt keine natürlichen Seen.

Die Stromschnellen der Popa Falls bei Divundu

Flüsse

Bei den wenigen ständig Wasser führenden Flüssen handelt es sich um »Fremdlingsflüsse«, also um Flüsse, die in feuchteren Landschaften entspringen und in die ariden Regionen Namibias hineinfließen. Dazu gehören der **Kunene** und der **Okavango** im Norden, der **Kwando** und der **Sambesi** im Nordosten des Landes sowie der **Oranje** im Süden. Der Kwando versickert in den Linyantisümpfen, der Okavango im Okavango-Delta in der Kalahari in Botswana, der Sambesi ist Grenzfluss zwischen Namibia und Sambia und bildet in seinem weiteren Lauf die eindrucksvollen ► Viktoriafälle (an der Grenze zwischen Sambia und Simbabwe), der Kunene und der Oranje fließen in den Atlantischen Ozean.

Riviere

Alle anderen Flussläufe – in Namibia nennt man sie »Riviere« – sind fast immer ausgetrocknet. Von Bedeutung ist vor allem der **Fish River**, der mit 660 km längste Fluss des Landes. Er wird bereits in seinem Oberlauf gestaut (► Hardap Dam) und führt daher nur nach stärkeren Regenfällen auf seiner gesamten Länge Wasser. Kurz vor seiner Mündung in den Oranje hat der Fish River eine eindrucksvolle Canyonlandschaft (► Fish River Canyon) geschaffen. Von Zeit zu Zeit führen auch der Swakop und der Kuiseb, die beide in den Atlantik münden, Wasser. Im Osten füllen sich die Flussbetten von Omatako, Epukiro, Auob und Nossob nur nach heftigen Regenfällen mit Wasser. Auch im Umkreis der Flussbetten gibt es zumeist nur beschränkte Grundwasservorkommen, da die hier vorherrschenden Lockersedimentdecken das Wasser rasch versickern lassen.

Quellen

Auch wenn darüber hinaus noch eine Reihe von ganzjährigen Quellen vorzufinden ist, leidet Namibia, vom Caprivi-Zipfel einmal abgesehen, doch unter einem erheblichen Wassermangel, den es mit künstlichen Brunnen und Staudämmen zu beheben versucht.

Klima

Subtropisch-kontinentales Klima

Das Klima in Namibia ist subtropisch-kontinental. Die Sonneneinstrahlung ist das ganze Jahr über sehr hoch, die täglichen und jahreszeitlichen Temperaturschwankungen sind ausgeprägt. Das Land gilt als »aride« Zone, d.h. die Niederschlagsmenge ist deutlich geringer als die Verdunstungsmenge. Nur der äußerste Nordosten des Landes hat wechselfeuchtes Tropenklima, in dieser Region beträgt die durchschnittliche Niederschlagsmenge immerhin 400–650 mm. Bei über 500 mm jährlichem Niederschlag ist hier Regenfeldbau möglich.

Niederschläge

Niederschläge sind in Namibia etwas Unzuverlässiges, abgesehen vom Norden und Nordosten des Landes. Gerade in den neunziger Jahren hatte das Land mit anhaltender Trockenheit zu kämpfen.

Nach langer Dürre gab es erstmals zu Beginn des Jahres 1997 wieder ergiebigere Regenfälle. Generell gilt, dass die Niederschläge von Nordosten nach Südwesten abnehmen. Die durchschnittliche Niederschlagsmenge liegt bei etwa 250 mm jährlich (Deutschland: 1000 mm). Über 80 % der Niederschläge fallen in den Sommermonaten in Form von kurzen heftigen Gewitterschauern. Namibia liegt im Bereich des **Ostpassats**. Die Passatwinde verlieren einen Großteil ihrer Niederschläge bereits in Südafrika an der Großen Randstufe und dann weiter auf ihrem Weg in Richtung Westen. Die Kalahari, an der östlichen Grenze Namibias, ist noch relativ niederschlagsreich, über dem Binnenhochland nimmt die Feuchtigkeit rapide ab, und die Namib-Wüste im Westen erhält fast keine Niederschläge mehr.

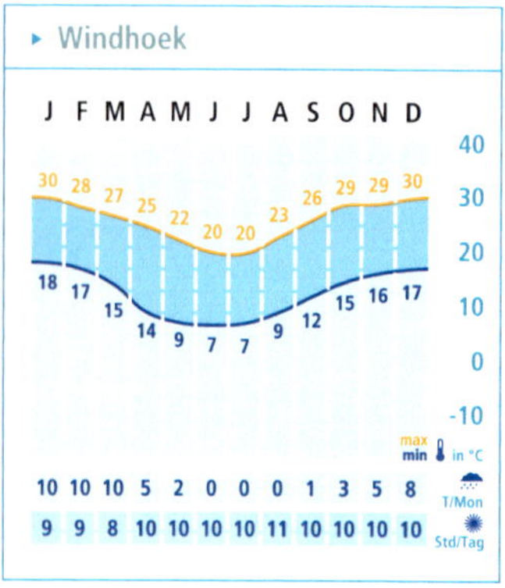

Das Meer übt keinen so großen Einfluss auf das Klima Namibias aus, wie aufgrund der Lage zu erwarten wäre. Zwar herrschen im Küstenbereich starke Südwest- und Westwinde, doch werden diese über dem **Benguela-Strom**, der kaltes Meereswasser aus der Antarktis nach Norden in Richtung Äquator führt, stark abgekühlt und verlieren dadurch an Luftfeuchtigkeit. Über diesen kühlen Meeresluftmassen kühlen sich wiederum warme Luftschichten aus dem Landesinnern ab – die einzigen Niederschläge in der Namib sind der **Küstennebel** (an ca. 100 Tagen) und Tau.

Sonnenschein An rund 300 Tagen im Jahr scheint die Sonne, nur in den Sommermonaten erscheinen meist am Spätnachmittag große Wolkenmassen.

Temperaturen Prinzipiell herrschen in Namibia das ganze Jahr über angenehm warme Temperaturen mit einem durchschnittlichen Jahresmittel von 16 bis 22 °C. In den kühleren Wintermonaten zwischen Mai und September schwanken die Tagestemperaturen je nach Region zwischen 14 und 24 °C. Die Nächte sind dann mit 5 bis 10 °C sehr kühl, in Wüstenregionen manchmal auch um den Gefrierpunkt; selbst Nachtfröste können auftreten. Im Sommer kann das Thermometer bis auf 40 °C klettern, in der Namib sogar bis auf 48 °C. Doch ist das Klima in Namibia wegen der geringen Luftfeuchtigkeit generell sehr gut zu vertragen. Nur im tropisch-wechselfeuchten Nordosten ist es zwischen Dezember und Februar sehr schwül. An der Küste dagegen steigt die Quecksilbersäule auch im Hochsommer nur selten auf Werte über 22 °C.

? WUSSTEN SIE SCHON …?

- Die Jahreszeiten in Namibia sind denen in Europa entgegengesetzt. Der Sommer dauert von November bis März, der Winter von Mai bis September. Frühling und Herbst sind weniger stark ausgeprägt.

Pflanzen und Tiere

Pflanzliche Überlebenskünstler

Vegetationszonen

Bedingt durch die großen Klimaunterschiede findet man eine an extreme Trockenheit angepasste Wüstenvegetation ebenso wie eine kälteresistente Hochgebirgsflora und immergrüne tropische Wälder. Beeindruckende Naturschauspiele kann man in kargen, trockenen Halbwüstengebieten erleben: Schon nach einem kurzen Regenschauer verwandeln sich die weiten, kahlen Flächen binnen weniger Tage in einen Blütenteppich. Man unterscheidet zwischen folgenden drei Hauptvegetationszonen:

Wüste

Entlang der gesamten Westküste Namibias erstreckt sich die Namib-Wüste. Hier können infolge der enormen Trockenheit nur die anpassungsfähigsten Pflanzen auf dem kahlen Boden gedeihen. Manche setzen mit einer ledrigen Oberfläche oder filziger Behaarung die Transpiration auf ein Minimum herab, andere haben kleine Blätter, nur Dornen oder besonders dicke, fleischige Blätter, um darin Feuchtigkeit zu speichern. Daneben gibt es Pflanzen mit einem sehr kurzen Lebenszyklus, deren Samen oder Früchte überdauern und manchmal jahrelang auf Regen warten, um dann zu neuem Leben zu erwachen, wie die Wüstenmelone **Tsamma**.

Aloe am Otjikoko-See

Besonders kennzeichnend für die Namib sind Flechten. Mehr als 100 verschiedene Arten wurden in diesem Gebiet identifiziert. Sie dienen nicht nur Tieren als Nahrung, sondern schützen vor allem den Boden vor Erosion. In der Namib gibt es einige endemische Pflanzenarten, die einzigartig auf der Welt sind. Da ist einmal der **Köcherbaum** (Aloe dichotoma) zu nennen. Diese langsam wachsende Sukkulente, deren Äste den San angeblich als Pfeilköcher dienten und die bis zu 9 m hoch werden kann, ist normalerweise ein allein stehendes Gewächs, bei ► Keetmanshoop jedoch gibt es einen kleinen »Wald«. Eine andere endemische Pflanzenart ist die **!Nara** (das Ausrufezeichen umschreibt einen Klicklaut), eine Verwandte unserer Gurke, die als dichtes, dornenbewehrtes Gewächs auf dem sandigen Boden überdauert. Die weiblichen Pflanzen leben jahrhundertelang und produzieren alljährlich Dutzende von sehr wasser- und fetthaltigen Melonen, die für viele Tiere Hauptnahrungsmittel sind.

Die sicherlich bekannteste und wohl auch seltsamste Pflanze Namibias ist die **Welwitschia** (Welwitschia mirabilis), die über 2000 Jahre

Vegetationszonen in Namibia

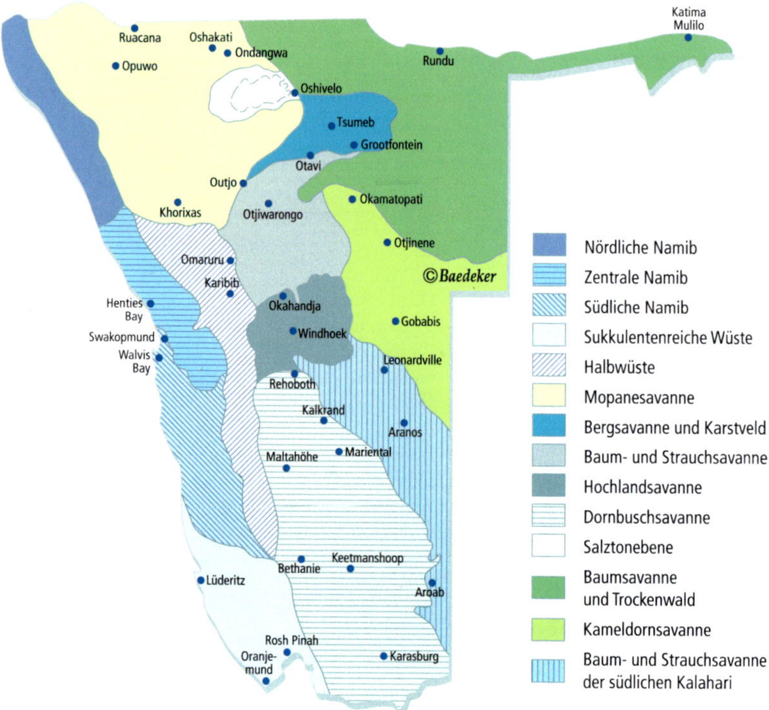

alt werden kann und in der Gegend von Swakopmund wächst. Sie gehört botanisch zu den Zapfen tragenden Nacktsamern – wie die Kiefer oder die Baumfarne. Die Welwitschia begnügt sich mit der Feuchtigkeit des Nebels und dem Nachttau.

Savanne Rund zwei Drittel der Landesfläche Namibias bestehen aus Savanne. Charakteristisch für die Savannenvegetation sind ein Unterwuchs aus bis zu einem Meter hohem Gras und Buschwerk sowie einzeln stehende Bäume. Im Nordwesten, in der Mopanesavanne, erscheint die von Elefanten als Nahrungsmittel geschätzte **Mopane** als Strauch- oder Buschform. Auch der **Affenbrotbaum** (Baobab) ist hier zu Hause. Im Osten, in der zentralen Kalahari, findet sich eine offene Baumsavanne, in der südlich angrenzenden Region herrschen **Kameldornbäume** vor. In weiten Teilen Zentralnamibias bilden die verschiedensten Akazienarten eine Dornbuschsavanne. Im zentralen Hochland mit Höhen bis zu 2000 m und der Hauptstadt Windhoek liegt die Hochlandsavanne mit **Bergdorn** und **Kudubusch**. Palmen gibt es nur im Norden und Nordosten. Es handelt sich hierbei um die **Makalani-Palme** mit ihren apfelähnlichen Früchten.

Auf dichten **Trockenwald** stößt man dort, wo jährlich mehr als 500 mm Niederschläge fallen, so z. B. in der nördlichen Kalahari oder auf dem Caprivi-Zipfel. Am häufigsten sind große wilde **Feigenbäume**, **Affenbrotbäume** und **Akazienarten**. Im Nordosten wechseln viele Bäume im Herbst ihr Laub, so dass ein »goldener Herbst« zustande kommt. Auch inmitten der Wüsten und Halbwüsten liegen an wasserreichen Flussläufen oft Galeriewälder, meist von Akazienarten gebildet, die sich wie grüne Mäander durch die Landschaft winden.

Köcherbäume bilden nur sehr selten einen Wald.

Tiere: Die »Großen Fünf« – und viele andere

Säugetiere

Alten Reiseberichten zufolge war Namibia noch vor eineinhalb Jahrhunderten ein wahres Tierparadies. Doch der üppige Bestand wurde durch Jagd und die Besiedlung durch den Menschen stark dezimiert. Dennoch gilt Namibia immer noch als eines der tierreichsten Länder des afrikanischen Kontinents – dank der mehr als 20 Tier- und Naturschutzgebiete, die knapp 14 % der Landesfläche einnehmen und von denen der **Etosha-Nationalpark** der bekannteste ist. Hier fanden Elefanten, Nashörner, Büffel, Löwen und Leoparden, die berühmten **»Big Five« der afrikanischen Tierwelt**, sowie 130 weitere Säugetierarten wie Giraffen, Gnus, Zebras, Flusspferde, Hyänen, Wildhunde, allerlei Affenarten u. a. Zuflucht. In freier Wildbahn sieht man noch verschiedene Antilopenarten, darunter Eland, Kudu, Springbock und Oryx, das Wappentier Namibias, und auch Raubtiere wie Gepard und Schakal. An der Küste tummeln sich Robben, die hier alljährlich ihre Jungen zur Welt bringen und großziehen; Wale und Delphine ziehen auf ihrer Wanderschaft vorüber.

Vogelwelt

In Namibia wurden bisher 620 der 887 im südlichen Afrika vorkommenden Vogelarten registriert. 500 davon brüten im Land, während es sich bei den anderen um Zugvögel handelt. Endemische Vogelarten sind u. a. das Rosenköpfchen, das gern als Käfigvogel gehalten wird, und der Drosselwürger. An der Küste begegnet man Albatros und Sturmtaucher, die in dem planktonreichen Wasser ausreichend Fische finden. Zu den auffälligsten Vögeln gehören die Flamingos und Pelikane, die Webervögel mit den kunstvoll geflochtenen Kugelnestern sowie der Strauß, der größte Vogel der Welt.

Reptilien und Amphibien

Im Norden des Landes, in den Flüssen Kunene und Okavango, lebt das imposante Nilkrokodil. Für Geckos ist das Land ein Paradies, es gibt allein sechs verschiedene Arten von tagaktiven namibischen Geckos. Schildkröten sind in einer großen Artenvielfalt vertreten, und neben einigen weniger gefährlichen Viperarten kann man durchaus auch hochgiftigen Puffottern, Kobras und der Schwarzen Mamba begegnen.

Insekten

Namibia ist eines der afrikanischen Länder mit der größten Insektenvielfalt. Viele der hier registrierten 20 000 Arten kommen nur in diesem Land vor. Selbst die Namib verfügt über einen ungeheuren Insektenreichtum – mehr als die anderen Wüsten der Welt. Zu den Überlebenskünstlern an der wasserlosen Nebelküste gehört der **Schwarzkäfer**: Hoch aufgerichtet auf seinen langen Beinen, streckt er sich kopfüber den heranziehenden Nebelschwaden entgegen – die Feuchtigkeit schlägt sich auf seinem Rückenpanzer nieder und verschmilzt zu Tropfen, die zum Maul hinabgleiten. In der Namib lebt auch das bisher einzige in der Biologie bekannte lebende Rad: der »Wheelspider«, eine Jagdspinne, die vor ihren Feinden flieht, indem sie ihre acht Beine zu einer Kugel am Körper zusammenzieht und sich den Dünenhang hinabwirbelt. Auffallend sind die riesigen Termitenbauten, die über das Land verstreut liegen.

Die größten der »großen Fünf« Namibias: Elefanten im Etosha-Nationalpark

Nationalparks und Umweltschutz

Naturschutzgebiete

In Namibia hat der Schutz von Natur und Umwelt eine lange Tradition. Schon 1907 wurden die Etosha-Pfanne und das Kaokoveld offiziell unter Naturschutz gestellt. Heute ist der Schutz von Natur und Umwelt in der Verfassung verankert. Knapp 14 % der Landesfläche sind staatlich verwaltete Naturschutzreservate; damit verfügt Namibia im internationalen Vergleich über einen überdurchschnittlich hohen Anteil an Wild- und Naturschutzgebieten. Darüber hinaus gibt es eine wachsende Anzahl privater Wildschutzgebiete. Hier versucht man eine Allianz aus Tourismus und Naturschutz zu bilden.
Denn der Tourismus bedeutet die vermutlich größte Gefahr für die Natur des Landes. Teilweise wurden restriktive Vorschriften erlassen, um die Natur in den ausgewiesenen Schutzgebieten wirkungsvoll zu schützen. So sind beispielsweise große Teile des Namib-Naukluft-Parks überhaupt nicht zugänglich, der gesamte Westteil des Etosha Nationalparks darf nur von Gruppen nach Voranmeldung besucht werden. Zudem müssen Touristen in den Naturschutzgebieten allerlei Regeln und Vorsichtsmaßnahmen berücksichtigen, um keine allzu großen Schäden an der ökonomisch wie ökologisch wichtigen Landschaft anzurichten.
Viele Pflanzen und Tiere stehen unter Naturschutz. Obgleich die Jagd auf Elefanten und Nashörner mit bis zu 20 Jahren Gefängnis bestraft werden kann, kam und kommt es auch in Namibia immer wieder zu Wilderei. Mit Umsiedlungsaktionen wurde schon mehrfach versucht, bestimmte Wildarten in ihrem einstigen Lebensraum wieder anzusiedeln.

Nicht nur der Tourismus, auch der Bergbau, vor allem der Uran-Abbau in der Namib-Wüste (Rössing-Mine) – bergen **Umweltgefahren**. Auch die intensive Beweidung durch die Landwirtschaft ist ein Problem: Durch die Überweidung wird das oft nur spärlich wachsende Gras abgefressen, stattdessen breiten sich – sehr widerstandsfähige – Dornbüsche aus, die keine Viehzucht mehr zulassen und den Boden auslaugen. Forstschutz ist ebenfalls nicht genügend gewährleistet; immer noch werden mancherorts aus mangelndem Bewusstsein für die Natur zu viele Bäume gefällt, wodurch die Erosion des Bodens beschleunigt wird.

i Private Naturschutzgebiete

- Folgende Privatinitiativen versuchen Tourismus und Naturschutz zu verbinden:
- **AfriCat Projekt**
  www.africat.org
- **Gondwana Desert Collection**
  www.gondwana-desert-collection.com
- **Naturpark Tirasberge**
  www.tirasmoutains.com
- **Namib Rand Nature Reserve**
  www.namibrand.com

Bevölkerung · Politik · Wirtschaft

Bevölkerungsdaten

Wo leben die Namibier? Von den 2,1 Mio. Namibiern leben rein statistisch gesehen 2,4 auf jedem Quadratkilometer. Doch entsprechend den Lebensbedingungen vor Ort verteilen sie sich recht unregelmäßig. Dicht besiedelt ist der besser beregnete Norden des Landes. Hier leben 61 % der Bevölkerung, vorwiegend in traditionellen ländlichen Siedlungen, nur 5 % davon in Städten. In Zentralnamibia sind 32 % der Bevölkerung zu Hause, die Hälfte davon lebt in den Städten (davon die Hälfte in der Hauptstadt Windhoek). Nur 7 % der Bevölkerung leben im südlichen Teil Namibias, wo die Großfarmen vorherrschen, 35 % davon in den Städten. Kaum bewohnt ist der westliche Landesstreifen, die Namibwüste, mit Ausnahme der Häfen und Bergbauzentren.

Städte Die größeren Städte Namibias sind an einer Hand abzuzählen. Die Hauptstadt Windhoek zählt 170 000 Einwohner. Zweitgrößte Stadt ist Walvis Bay mit 36 000 Einwohnern, gefolgt von Swakopmund (22 000 Einw.) und Tsumeb (17 000 Einw.). Die anderen »Großstädte« zählen nur 10 000 – 15 000 Einwohner: Keetmanshoop, Okahandja, Otjiwarongo, Rehoboth und Rundu.

Sozialstruktur Die Sozialstruktur der Bevölkerung entspricht weitestgehend der ethnischen Zugehörigkeit. Lebensstil und -standard der Weißen und Farbigen ähneln der europäischen Lebensweise. Die schwarze Bevölkerung lebt zum Teil im Sippen- und Stammesverband in traditionellen Dorfstrukturen, während die städtischen Schwarzen stärker europäisiert sind; die zahlreichen männlichen Wanderarbeiter stellen oft ein Bindeglied zwischen ländlichen und städtischen Strukturen dar. Viele Dörfer haben durch die Arbeitsmigration relativ hohe Anteile von Frauen, Kindern und älteren Menschen.

Bevölkerungswachstum Zwischen 1970 und 1991 hat sich die namibische Bevölkerung verdoppelt. Seit 1974/1975 haben sich im Norden um die 80 000 Kriegsflüchtlinge aus Angola niedergelassen. Nach Erlangung der Unabhängigkeit 1990 kehrten rund 20 000 Exil-Namibier aus aller Welt in ihr Land zurück.

Die Bevölkerung wächst landesweit jährlich um etwa 2,6 %, in den Städten, bedingt durch die Landflucht, sogar um 6 %. Nur bei den Weißen Einwohnern Namibias ist ein deutlicher Geburtenrückgang zu verzeichnen. Obgleich Namibia heute noch eines der am dünnsten besiedelten Länder der Welt ist, wird sich der starke Bevölkerungsanstieg infolge Wassermangels und fehlender Wirtschaftskraft zu einem erheblichen Problem entwickeln.

Eine schwere soziale und wirschaftliche Hypothek trägt Namibia mit der sehr hohen **HIV / Aids-Infektionsrate**. Die verheerenden Auswirkungen der Krankheit drohen die Entwicklungserfolge der letzten Jahre zunichte zu machen. Aus der Altersgruppe der 15 – 49-Jährigen ist jeder Fünfte mit dem Virus infiziert. Die Regierung setzt auf Prävention, Therapie und häusliche Pflege, dennoch gelang es bislang nicht, die Dramatik der Lage maßgeblich zu entschärfen.

Vielvölkerstaat: Angehörige zwölf verschiedener Volksgruppen leben in Namibia.

Ethnische Gruppen

Das wichtigste demografische Merkmal des Landes ist die außergewöhnlich heterogene Zusammensetzung seiner Bevölkerung. Zwölf verschiedene Völker leben hier. Die **Bantu-Völker** (die miteinander verwandte Bantu-Sprachen sprechen) stellen mehr als 80 % der Bevölkerung, wobei die **Ovambo** rund 50 % der Gesamtbevölkerung ausmachen. Danach folgen die ebenfalls zur Bantu-Gruppe gehörenden **Kavango** im Nordosten mit etwa 9,5 % Anteil, die **Herero** in Zentralnamibia und im Osten, die **Damara** im Westen (jeweils 8 %), die **Nama** im Süden (5 %) und die **Caprivianer** am Caprivi-Zipfel (4 %). Rund 100 000 **Weiße** leben in Namibia, damit stellen sie 6 % der Bevölkerung (1970 waren es noch über 11 %). Mit ca. 35 000 sind die **San** die kleinste Gruppe im Lande.

San

Die auch als »Buschleute« oder »Buschmänner« bezeichneten **San** sind die Ureinwohner des Landes. Sie stellen heute nur noch einen Anteil von 2 % der Bevölkerung. Sie haben eine eher kleine Statur – kaum jemand ist über 1,60 m groß – und eine gelbliche Hautfarbe. Sprachlich und ethnisch sind sie mit den Khoikhoi (vgl. Nama) eng verwandt, weshalb sie zusammen mit diesen als Khoisan-Völker oder Khoisanide bezeichnet werden. Früher bewohnten die San gemeinsam mit den Khoikhoi das gesamte Küstengebiet von Namibia und das südafrikanische Küstengebiet bis auf die Höhe des heutigen East London. Da sie scheu und friedfertig waren, zogen sich die San vor den weißen und schwarzen Zuwanderern immer weiter zurück bis in die unwegsame Kalahariwüste. Hier und in anderen Gebieten Namibias führen einige San bis heute ein ursprüngliches Leben (► Baedeker Special, S. 190). Die meisten Buschleute arbeiten als Hilfskräfte bei weißen und schwarzen Farmern oder versuchen sich als Subsistenzbauern. Doch die sesshafte Lebensweise entspricht nicht den Lebensformen der San – so ist ihre Zukunft ungewiss.

Damara Ebenso wie die San gelten auch die Damara (oder Bergdama) als Urbevölkerung des Landes. Sie leben überwiegend in den Bergen des mittleren Nordwestens, zwischen dem Kaokoveld im Norden und Erongo im Süden. Anders als die San waren die Damara immer ein sesshaftes Volk, das seinen Lebensunterhalt durch Jagen, Sammeln, ein wenig Gartenbau und Viehzucht bestritt. Auch die Damara kennen keine Anführer, Häuptlinge oder Könige; die größte soziale wie politische Einheit ist die Großfamilie. Dementsprechend ließen sie auch nie kriegerische Ambitionen erkennen. Heute leben die meisten Damara unter relativ ärmlichen Verhältnissen; wer Glück hat, findet eine Anstellung als Minenarbeiter.

Ovambo Die Ovambo sind das größte Volk Namibias, sie stellen etwa die Hälfte der Landesbevölkerung. Die Mehrheit der Ovambo lebt im Norden, in der gut beregneten Region nördlich der Etosha-Pfanne zwischen dem Kaokoveld im Westen und der Kalahari im Osten. Eingewandert sind sie hier im 16./17. Jh.; über ihre Herkunft ist nur wenig bekannt. Die Ovambo sind ein matrilineales Volk (d. h. im Erbrecht gilt die mütterliche Linie); durch den Einfluss der Missionare tendieren sie allerdings immer mehr zur patrilinealen Ordnung. Nachdem 1870 die ersten Ovambo zum Christentum bekehrt worden sind, gehören heute 80 % dieses Bantu-Volkes, zu dessen Traditionen der Glaube an ein höchstes Wesen und eine starke Ahnenverehrung zählen, christlichen Kirchen an.

Die Ovambo sind in acht Volksgruppen unterteilt, von denen die Kwanyama und die Ndonga die größten sind. Viele Ovambo leben noch traditionsgemäß in von Pfahlzäunen umschlossenen Siedlungsstätten (Kral), betreiben Feldbau oder Viehhaltung und entsprechen damit von allen schwarzen namibischen Völkern am ehesten dem Klischee vom schwarzen Afrika. Doch darf das nicht darüber hinwegtäuschen, dass ihr Siedlungsgebiet eine krisengeschüttelte Region ist, in der vielen nur noch die Kontraktarbeit und Landflucht bleibt, wenn sie der extremsten Armut entgehen wollen.

Kavango Ebenso wie die Ovambo gehören die Kavango zu den Bantu-Völkern. Sie leben vorwiegend im Nordosten des Landes, am südlichen Ufer des wasserreichen Okavango. Sie sollen aus Ostafrika eingewandert sein. Ihre Lebensgrundlage bilden Getreideanbau (Mais, Hirse), Viehzucht (Rinder, Ziegen, Schweine) und Fischfang. Fernab der »Zivilisation« wohnen sie heute noch in traditionellen palisadenumfriedeten Einzelgehöften. In allen fünf Volksgruppen gibt es ein erbliches Häuptlingstum (Mann oder Frau).

Herero Seit wann die Herero im heutigen Namibia leben, ist nicht exakt geklärt. Vermutlich wanderten sie ab dem 16. Jh. aus den Savannen Ostafrikas nach Südwestafrika. Die Herero waren Halbnomaden, die von der Rinderzucht lebten. Auf der Suche nach neuen Weidegründen drangen sie immer weiter in den Süden des Landes vor, unterdrückten die dort lebenden San und Damara und führten schließlich mit den schafzüchtenden Nama vor allem um die Mitte des 19. Jh.s blutige und erbitterte Kriege um Weideländer. Als ihr Lebensraum durch die deutschen Siedler immer weiter eingeengt wurde, erhoben sie sich 1904 gegen die Kolonialherren. Nach der verlorenen Schlacht am Waterberg flüchteten sie nach Osten, in ein nahezu wasserloses Gebiet, wo nur ein Fünftel der Gesamtbevölkerung überlebte. Heute leben viele Herero über den ganzen mittleren Landesteil verteilt. In einigen ländlichen Gebieten des einstigen Homelands (► S. 56) halten sie an alten Traditionen und Bräuchen fest. Das wohl wichtigste Ritual ist die Verehrung eines »heiligen Feuers«, das als Symbol für das Weiterleben des Stammbaumes gilt und daher niemals verlöschen darf. Das augenfälligste Merkmal der Herero ist die traditionelle Tracht der Frauen: lange, farbenfrohe Gewänder im viktorianischen Stil. Der Volksmund in Namibia hat auch eine Erklärung, weshalb die Missionarsfrauen die Hererofrauen in der Kunst des Schneiderns unterrichteten: Sie waren darüber verärgert, dass ihre Männer immer den halbnackten schwarzen Schönheiten hinterherblickten!

Die auffälligen, viktorianisch inspirierten Trachten gehen auf den Einfluss von Missionarsfrauen zurück, die Anstoß an der ursprünglich sehr spärlichen Bekleidung der Herero nahmen.

Himba Die ursprünglichen Lebensformen der Herero haben sich bei den eng mit ihnen verwandten Himba und Tjimba (► Baedeker Special S. 182) noch erhalten. Ihr Siedlungsgebiet ist das Kaokoveld. Die Himba stammen von Hererohirten ab, die sich auf der Flucht vor den kriegerischen Nama im 19. Jh. in dieser unwirtlichen, trockenen Region im Nordwesten des Landes niedergelassen haben.

Nama Vielen kommt immer noch die mittlerweile verpönte Bezeichnung »Hottentotten« über die Lippen, wenn von den **Nama** die Rede ist. Diesen Namen erhielten sie, weil sie Reiseberichten aus dem 19. Jh. zufolge bei der Begegnung mit Weißen tanzten, sangen und das Wort »Hottentot« ausstießen. Sie selbst nennen sich **»Khoikhoi«**, was so viel wie »Männer aller Männer« bedeutet, oder eben »Nama«. Sie bilden die größte überlebende Gruppe der Khoikhoi, die einst weite Teile des südlichen Afrika bewohnten. Sprachlich und von der Physiognomie her sind die Nama und die San eng miteinander verwandt. Während die San jedoch von der Jagd leben, sind die Nama traditionell halbnomadische Hirten. Die meisten Nama wurden missioniert und haben einen westlichen Lebensstil angenommen. Viele arbeiten auf Farmen, besonders als Hirten von Karakulherden, und als Vieh haltende Bauern.

Nama-Kinder

Die rund 40 000 **Caprivianer** leben im äußersten Nordosten des Landes an der Grenze zu Angola, Sambia und Botswana. Die beiden größeren Völker sind die Mafwe (Mafue) und die Masubia (Subia). Sie gehören zur Bantu-Sprachfamilie und werden nach überlieferter Tradition von Stammeshäuptlingen regiert. Die Caprivianer leben vom Fischfang, von Viehzucht, Ackerbau und zum Teil auch von der Jagd. Verwaltungszentrum der Region ist Katima Mulilo am Sambesi.

Tswana Die rund 7000 Tswana sind die kleinste der ethno-linguistischen Gruppen Namibias. Sie leben nordöstlich und südöstlich von Gobabis, im sog. Sandveld, das an Botswana grenzt. Die katholisch missionierten Tswana arbeiten auf Farmen und in Städten, vor allem in Windhoek, oder sie widmen sich der Viehwirtschaft.

Baster

Die rund 30 000 Baster sind Nachfahren aus Ehen zwischen weißen südafrikanischen Farmern und Khoikhoi-Frauen. Sie wanderten in den 1860er-Jahren in Namibia ein, wo sie den Ort Rehoboth südlich von Windhoek gründeten. Dort errichteten sie eine kleine, von ihnen selbst verwaltete »Republik«, die sogar von der deutschen Kolonialmacht toleriert wurde. Die Baster sind alle calvinistisch, sprechen Afrikaans und führen einen verwestlichten Lebensstil. Sie haben eine strenge patriarchalische Gesellschaftsordnung und gelten als die konservativste Volksgruppe in Namibia. Ihre Lebensgrundlage bildet u. a. die Zucht von Rindern und Karakulschafen.

Farbige

Gemischter Abstammung sind etwa 50 000 Namibier. Die Angehörigen dieser heterogenen Gruppe werden als »Farbige« bezeichnet. Sie entstanden aus einer Vermischung der ersten europäischen Einwanderer mit schwarzen Frauen, aber auch mit aus Malaysia eingeführten Sklavenarbeiterinnen. Die Farbigen leben vor allem in den Farbigen-Vororten der Städte (z. B. in Khomasdal in Windhoek).

Weiße

In Namibia leben rund 75 000 Weiße europäischer Herkunft. Etwa zwei Drittel von ihnen sind **Buren**, die Nachkommen jener holländischer Einwanderer, die schon seit der Mitte des 17. Jh.s das südliche Afrika kolonisierten. Der überwiegende Teil der Afrikaans sprechenden Buren ist ab 1915 von Südafrika nach Namibia eingewandert, als im Ersten Weltkrieg der südliche Nachbar die Verwaltungsgeschäfte in Südwestafrika übernahm.

Die zweitstärkste Gruppe der Weißen Namibias bilden die **Deutschsprachigen**, Nachfahren von während der deutschen Kolonialzeit ins Land gekommenen Siedlerfamilien bzw. Neuzuwanderern. Von den rund 20 000 Deutschstämmigen besitzt etwa ein Drittel auch die deutsche Staatsangehörigkeit.

Die Englischsprachigen, die ebenfalls ab 1915 eingewandert sind, machen 7 % der weißen Bevölkerung aus. Im Norden des Landes, an der Grenze zu Angola, leben ca. 5000 Portugiesen.

Die Weißen spielen – auch nach der Unabhängigkeit – immer noch eine zentrale Rolle in der Wirtschaft des Landes. Sie besitzen das beste Farmland und arbeiten im Handel, in der Industrie und – wenn auch mit rückläufiger Tendenz – im öffentlichen Dienst. Die Mehrheit von ihnen lebt in den Städten Zentral- und Südnamibias.

Die meisten Farmen sind in weißer Hand.

Sprachen

Sprachgruppen In Namibia sind drei große Sprachgruppen vertreten mit 30 verschiedenen Unterformen und Dialekten: Bantu-Sprachen (Capriviamer, Herero, Kavango, Ovambo, Tswana), Khoisan-Sprachen (Damara, Nama, San), indogermanische Sprachen (Baster, Farbige, Weiße). Namibia legt Wert auf die Pflege der einzelnen Sprachen auch in den Schulen. Jeder Namibier wächst also heute mindestens zweisprachig auf, mit der Amtssprache Englisch und der eigenen Muttersprache.

Englisch Seit der Unabhängigkeit (März 1990) gilt Englisch als die offizielle Amtssprache des Landes. Allerdings müssen Gesetzestexte, Verwaltungsentscheidungen und Urteile auch in der jeweiligen Regionalsprache veröffentlicht werden.

Afrikaans Die in fast allen Landesteilen verbreitetste Umgangssprache ist das aus dem Niederländischen entstandene Afrikaans, das bis zur Unabhängigkeit Amtssprache war. Gesprochen wird es von den Buren (Kapholländern), den Baster und den Farbigen. Aber auch die übrigen Weißen beherrschen diese Sprache meist.

Deutsch Auch Deutsch ist noch eine Verkehrssprache in Namibia. Die deutsche Gemeinde war stets bemüht, ihre Traditionen zu pflegen und zu bewahren, so konnte die deutsche Sprache erstaunlich gut erhalten werden.

Bantu, Khoisan Die drei wichtigsten afrikanischen Sprachen sind die beiden Bantu-Sprachen Oshivambo und Otjiherero sowie die Khoisan-Sprache Nama/Damara. Oshivambo wird von den Ovambo gesprochen, Otjiherero ist die Sprache der Herero und Himba. Nama/Damara sprechen 13 % der Namibier.

Staat und Verwaltung

Verfassung Die Verfassung Namibias wurde am 9. Februar 1990 von der verfassunggebenden Versammlung, in der sieben Parteien vertreten waren, verabschiedet; sie trat mit der Proklamation der Unabhängigkeit am 21. März 1990 in Kraft.
Namibia erklärt sich in seiner an westlichen Demokratien orientierten demokratisch-liberalen Verfassung, die innerhalb Afrikas geradezu als mustergültig anzusehen ist, zu einem unabhängigen, säkularen und demokratischen Einheitsstaat mit Mehrparteiensystem. Die Verfassung garantiert grundlegende Menschen- und Freiheitsrechte sowie rechtsstaatliche Grundsätze. Gedanken-, Rede-, Presse-, Religions- und Versammlungsfreiheit dürfen von keiner Regierung, mit welcher Mehrheit auch immer, eingeschränkt oder abgeschafft werden. Mann und Frau sind gleichberechtigt, jeder Bürger darf sich frei bewegen und er hat das Recht auf freie Berufsausübung, auf Eigen-

tum und das Streikrecht. Die Todesstrafe, menschenunwürdige Behandlung, Zwangsarbeit und jede Diskriminierung aufgrund von Rasse, Glauben, Hautfarbe, Geschlecht, sozialer oder wirtschaftlicher Stellung sind strikt verboten. Eine Verfassungsänderung ist nur durch eine Zweidrittelmehrheit in der Nationalversammlung und im Nationalrat möglich, die Grundrechte aber können nicht geändert werden.

Exekutive

Staatsoberhaupt ist der direkt vom Volk gewählte **Präsident**, der mindestens 50 % der Stimmen erhalten muss. Seine Amtszeit beschränkt sich auf zweimal fünf Jahre. Der Präsident ist zugleich auch Oberkommandierender der Streitkräfte. Er ernennt den Premierminister und den Ministerrat, das Kabinett, und leitet gemeinsam mit ihnen die Regierungsgeschäfte. Darüber hinaus ernennt er die Befehlshaber der Armee, den Generalinspektor der Polizei, den Ombudsmann, den Generalstaatsanwalt (in Zusammenarbeit mit dem Kabinett) und alle Richter der beiden obersten Gerichtsinstanzen. Durch eine Zweidrittelmehrheit in der Nationalversammlung können Entscheidungen des Präsidenten aufgehoben werden. Alles in allem hat der namibische Präsident eine ähnlich starke Stellung wie der US-amerikanische oder französische Präsident. Stellvertreter des Präsidenten ist der **Premierminister**, der den Ministerrat leitet und zudem Sprecher der Regierung im Parlament ist.

Legislative

Die Gesetzgebung liegt in den Händen des **National Assembly** (Parlament) und des **National Council** (Nationalrat). Das Parlament setzt sich aus 72 auf fünf Jahre gewählten Abgeordneten zusammen. Der aus 26 Mitgliedern bestehende Nationalrat repräsentiert die 13 Regionalvertretungen, die in Regionalwahlen ermittelt werden.
Ein **»Rat der traditionellen Führer«**, d. h. der traditionellen Oberhäupter der einzelnen ethnischen Gruppen, berät den Präsidenten.

Judikative

Das namibische Gerichtswesen besteht aus drei Ebenen. Höchstes Rechtsorgan ist der auch als Verfassungsgericht fungierende **Supreme Court** (Oberster Gerichtshof). Ihm folgen der **High Court** (Obergericht) und die **Lower Courts** (Amtsgerichte). Laut Verfassung ist die Unabhängigkeit der Justiz garantiert. Als außergerichtliche Beschwerdeinstanz gibt es den vom Staatspräsidenten ernannten **Ombudsmann**, der auch die Exekutive und die Gerichtsbarkeit über Verletzungen der Grundrechte durch staatliche oder andere Stellen in Kenntnis setzt.

Regionalverwaltung

Bis 1992 gliederte sich Namibia in zehn **Homelands** (Reservate; ► Karte Seite 56). Das Restgebiet, das waren etwa 60 % der Landesfläche, beanspruchte die weiße Bevölkerung. Eine neue Regionalgliederung wurde 1992 durchgeführt. Seitdem ist das Land in 13 Regionen aufgeteilt (► Karte 36). Die jeweiligen Regionen wiederum sind in Städte, Gemeinden und Dörfer unterteilt.

Politische Verwaltung Orientierung

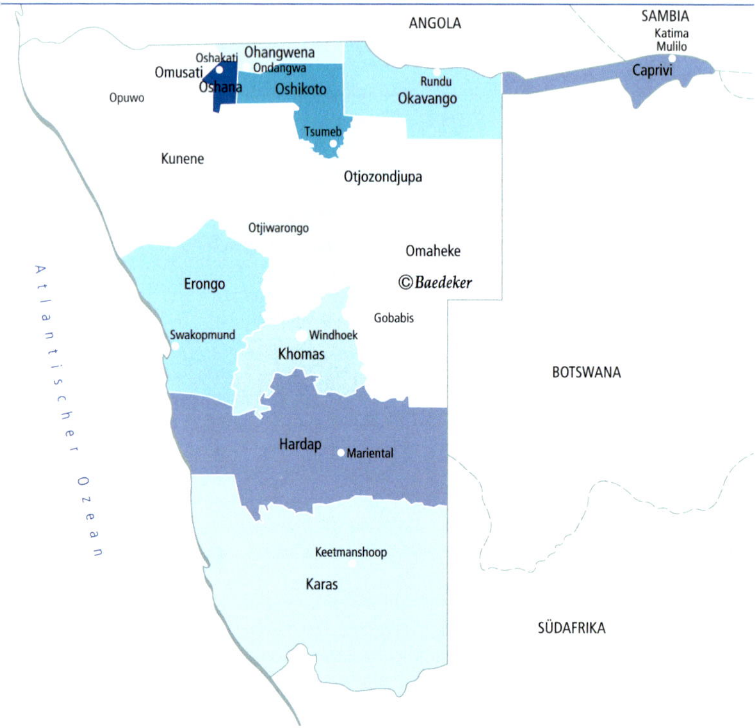

Armee Nach Erlangung der Unabhängigkeit erhielt Namibia eine eigene Armee, heute mit einer Truppenstärke von 10 000 Mann. Ausgebildet werden die Streitkräfte von britischen und deutschen Militärs.

Gesundheitswesen Neben dem Erziehungswesen gilt dem Ausbau der medizinischen Versorgung die größte Aufmerksamkeit im unabhängigen Namibia. Während in den städtischen Zentren und teils auch im weißen Farmland die ärztliche Versorgung gewährleistet ist, fehlen in den weit abgelegenen, überwiegend von Schwarzen bewohnten Gebieten Ärzte und medizinische Einrichtungen. Durch den Einsatz mobiler Praxen versucht man, eine medizinische Grundversorgung sicherzustellen.

Bildungswesen In das Bildungswesen fließen 20 % des gesamten namibischen Haushalts. Und dennoch reichen diese Geldmittel nicht aus, um dem Land zu einem für alle gleichermaßen guten Erziehungs- und Bildungssystem zu verhelfen. Noch immer können, vor allem in den dünn besiedelten Farmgebieten von Zentral- und Südnamibia, viele

Nichtweiße schulisch nicht betreut werden. Immerhin konnte die **Analphabetenquote** von 60 % (1990) auf rund 20 % (2003) gesenkt werden.

Parteien

Namibia ist verfassungsmäßig ein Mehrparteienstaat. Regierungspartei ist die **SWAPO** (South West African People's Organization of Namibia), die seit der Unabhängigkeit Namibias ununterbrochen an der Macht ist. Die Oppositionsparteien sind schwach und zunehmend zersplittert. Stärkste Oppositionspartei ist der 1999 gegründete **CoD** (Congress of Democrats), der allerdings bei den Parlamentswahlen 2004 Verluste hinnehmen musste. Die **DTA** (Democratic Turnhalle Alliance) hat nach den Abspaltungen der **NUDO** (National Unity Democratic Organisation) und der **RP** (Republican Party) stark an Bedeutung verloren.

SWAPO

Die stärkste politische Macht in Namibia ist die ehemals marxistisch orientierte SWAPO unter ihrem Parteipräsidenten **Sam Nujoma**. Ihre Ziele sind eine demokratische Gesellschaft ohne Berücksichtigung ethnischer Prinzipien und der Ausgleich der aus Kolonialzeiten überkommenen Landbesitzverhältnisse. Vorläufer der seit 1960 bestehenden Organisation war der 1957 in Kapstadt (Südafrika) gegründete »Ovamboland People's Congress« (OPC), der ein Jahr später in »Ovamboland People's Organization« (OPO) umbenannt wurde und ein Sammelbecken für im Nachbarland Südafrika lebende Arbeiter und Studenten bildete, die gegen das ungerechte, von Südafrika errichtete Kontraktarbeitersystem protestierten. Dann aber schrieben sich die Mitglieder der SWAPO die Unabhängigkeit Namibias auf die Fahnen. Die politische Aktion verlagerte sich nach Südwestafrika. Bis 1966 setzte sich die SWAPO ausschließlich mit diplomatischen Mitteln gegen die südafrikanische Herrschaft zur Wehr; mit der Gründung der **PLAN** (People's Liberation Army of Namibia) nahm sie dann auch den bewaffneten Kampf gegen den ungeliebten Kolonialherrn auf. Im Jahre 1969 wurde die SWAPO in Namibia offiziell verboten; die UN-Generalversammlung erkannte sie jedoch 1976 als alleinige rechtmäßige Repräsentantin des namibischen Volkes an und gewährte ihr bei der UNO Beobachterstatus. Zehn Jahre später, 1986, durfte sie zum ersten Mal eine freie Kundgebung in Namibia abhalten. Auf ihrem ersten Kongress im Dezember 1991 wandelte sich die Befreiungsbewegung zu einer politischen Partei.

Farmschule auf dem Land: Namibia unternimmt viel, um seine Analphabetenrate zu verringern.

Internationale Mitgliedschaften Namibia ist 160. Mitglied der Vereinten Nationen und seit 1991 50. Mitglied des Britischen Commonwealth. Das Land erhielt auch Zutritt zum Internationalen Währungsfonds, zur Weltbank und zur Entwicklungskonferenz der Staaten des südlichen Afrika.

Wirtschaft

Allgemeines Zwar strebte die SWAPO vor der Unabhängigkeit Namibias eine Verstaatlichung der Betriebe an, doch nach ihrer Machtübernahme 1990 setzte sie – für viele überraschend – auf eine relativ freie Marktwirtschaft. Nach Südafrika ist Namibia das Land mit dem höchsten Pro-Kopf-Einkommen im südlichen Afrika, es beträgt umgerechnet ca. 120 Euro pro Monat. Dennoch ist Namibia ein armes Land: Während 5 % der Bevölkerung, überwiegend Weiße, 70 % des nationalen Einkommens verdienen, kommt die Mehrheit der schwarzen Bevölkerung gerade auf 150 Euro im Jahr. Die Arbeitslosigkeit beträgt im Landesdurchschnitt 35 %, in den Wohngebieten der Schwarzen sogar bis über 70 %. Davon besonders betroffen sind Frauen. Verstärkt wird das Arbeitslosenproblem noch durch die vielen Flüchtlinge aus Angola. Nahezu alle Bevölkerungsschichten müssen sich mit einem sinkenden Realeinkommen abfinden. Immer noch zeigen sich in Namibia die Folgen der südafrikanischen Mandatszeit, als Namibia als »fünfte Provinz« in den Wirtschaftskreislauf Südafrikas integriert war.

Bergbau Etwa 20 % des Bruttosozialproduktes von Namibia wird im Bergbau erwirtschaftet. Die wichtigsten Rohstoffe des Landes sind Uran und Diamanten – etwa ein Drittel der Exporteinnahmen Namibias wird allein durch Diamantenausfuhr erzielt – doch werden auch Kupfer, Gold, Blei, Zink, Salz und Erdgas gefördert. Daneben enthält der Boden Namibias zahlreiche andere Edel- und Halbedelsteine in großen Mengen und in ausgezeichneter Qualität, darunter einige, die bisher noch an keinem anderen Ort der Welt gefunden worden sind, wie der Heliodor, eine goldfarbene Spielart des Beryll. Auf namibischem Boden soll es mehrere Erdölfelder geben, sie sind jedoch bisher noch nicht voll erforscht.

Bodenschätze ►

Landwirtschaft Der landwirtschaftliche Sektor trägt zwar nur mit 13 % zum Bruttoinlandsprodukt bei, doch stellt er fast jeden zweiten Arbeitsplatz des Landes. Über 90 % der landwirtschaftlichen Erträge kommen aus der Viehzucht. Der **Ackerbau** spielt aufgrund der zu geringen Niederschlagsmengen in den meisten Landesteilen nur eine untergeordnete Rolle. Der Anbau von Kartoffeln, Mais, Bohnen und Weizen genügt gerade für den Eigenbedarf, und auch die Gartenwirtschaft (Obst, Gemüse, Grünfutter, Hirse, Erdnüsse, Sonnenblumen, Wein) findet man nur in gut bewässerten Gegenden. Die einzigen großen Ackerbaugebiete liegen im Karstveld um Tsumeb und um den Hardap-Staudamm im Süden. Der Norden des Landes weist das höchste Po-

Überweidung ist ein Problem in den sensiblen Halbwüstenlandschaften.

tenzial für Getreideanbau auf. Rinder- und Schafzucht sind die wichtigsten Bereiche der **Viehhaltung**. Rinder werden hauptsächlich im Norden und Zentrum Namibias gezüchtet, Schafe im Süden des Landes. Wegen der geringen Niederschlagsmenge sind die Weiden sehr spärlich, so dass zur Ernährung des Zuchtviehs große Flächen nötig sind. Das meiste Schlachtvieh wird exportiert; allein 90 % gehen nach Südafrika. Neben der Zucht von Woll- und Fleischschafen konnte die **Karakulzucht** große Erfolge vorweisen (► Baedeker Special, S. 40).
Zuwachsraten sind seit einigen Jahren in der **Wildfarmerei** zu verzeichnen. Vor allem die Straußenzucht ist der wohl am schnellsten wachsende landwirtschaftliche Bereich. Die lukrativste Einnahmequelle in der Wildfarmerei stellt der **Jagdtourismus** (Trophäenjagd).

Tourismus

In den letzten Jahren hat sich der Tourismus in Namibia nach der Landwirtschaft und dem Bergbau zum drittwichtigsten Wirtschaftsfaktor entwickelt. Internationale Flugverbindungen und ein gut ausgebautes Straßennetz sowie eine stetig wachsende Anzahl hervorragender Unterkünfte locken neben Südafrikanern immer mehr Europäer in das Land im Südwesten Afrikas. Insbesondere Touristen aus Deutschland schätzen Namibia als ein Ziel, in dem man zur Not auch ohne Fremdsprache zurechtkommt.

Fischerei

Der kalte Benguela-Strom vor der Küste Namibias war bis vor drei Jahrzehnten einer der reichsten Fischfanggründe der Welt. Seit den 1970er-Jahren wurden die Fischreserven durch ausländische Flotten, die z. T. illegal und unkontrolliert vor der namibischen Küste fischten, stark dezimiert. Mit der Unabhängigkeit Namibias wurde eine 200-Meilen-Zone eingeführt, und die Fangquoten stiegen bis 1994

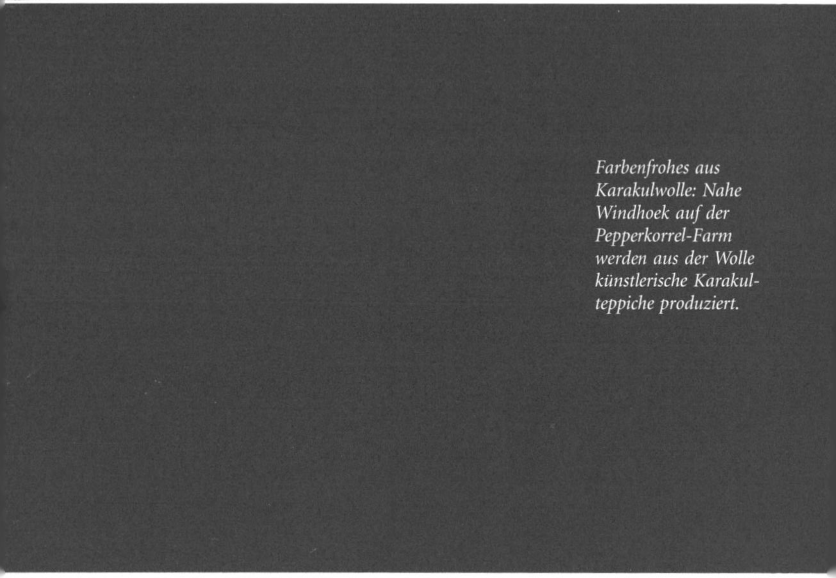

Farbenfrohes aus Karakulwolle: Nahe Windhoek auf der Pepperkorrel-Farm werden aus der Wolle künstlerische Karakulteppiche produziert.

PERSIANER IST OUT

Das Karakul ist die wohl bedeutendste Rasse von Wollschafen der Welt, und über Jahrzehnte hinweg galten die vorwiegend schwarzen Karakulfelle, das »schwarze Gold« Südwestafrikas, nach den Diamanten als wichtigstes Ausfuhrprodukt des Landes.

Zart, seidig, geschmeidig und glänzend muss das Fell der Karakulschafe sein, um daraus kostbare Persianermäntel und -jacken nähen zu können. Diese Wolleigenschaften besitzen die Lämmer der Karakulschafe allerdings nur in den ersten 24 Stunden ihres Lebens. Also wird all jenen Lämmern, die nicht das Glück gehabt haben, aussortiert und am Leben gelassen zu werden, weil man sich von ihnen gute Zuchterfolge verspricht, kaum sind sie geboren, schon »das Fell über die Ohren gezogen.«

Nach dem Abziehen werden die Edelfelle gründlich gewaschen, auf Rahmen gespannt und an der Luft getrocknet, dann imprägniert man sie gegen Insektenfraß und Fäulnis und verschickt sie schließlich an die Pelzfirmen.

Zentralasien ist ihre eigentliche Heimat

Zu verdanken ist dies dem deutschen **Gouverneur von Lindequist**, der 1907 auf die glorreiche Idee kam, Karakulschafe aus den weiten Steppen Zentralasiens in Namibia einzuführen und zu züchten, um die Wirtschaft der ihm unterstellten Kolonie anzukurbeln. Mit der Aufzucht der Karakulschafe im afrikanischen Klima gab es keine Probleme. Teilweise kreuzte man sie sogar mit den einheimischen Fettschwanzschafen, was der Rasse

zusätzliche Widerstandsfähigkeit verlieh. Die Tiere sind äußerst genügsam, gedeihen hervorragend auf Namibias trockenen, steppenhaften Weiden und vertragen sowohl sehr heiße als auch kalte Temperaturen. Im Jahr 1907 wurden gerade einmal zwei Böcke und zehn Muttertiere aus Zentralasien importiert – neunzig Jahre später betrug die Anzahl der Karakulschafe in Namibia weit über eine Million. Man züchtet sie in den Farben Schwarz, Weiß, Grau und Braun. Als Zentrum der namibischen Karakulschafzucht gilt das Gebiet östlich von Windhoek, zwischen Dordabis und Gibeon.

Rohstoff Wolle

Die Karakulschafe werden seit vielen Jahren nicht mehr nur wegen der wertvollen Lämmerfelle gezüchtet. Denn auch ohne das von vielen als grausam kritisierte Abschlachten der neugeborenen Lämmer sind die Tiere wahre Rohstofflager: Aus ihrer besonders feinen und langfädigen Wolle lassen sich wunderschöne handgewebte Boden- und Wandteppiche herstellen, die jedoch wegen der arbeitsintensiven Herstellung ebenso wie die Persianer-Felle nicht gerade billig sind.

Und ihre Zucht verspricht schließlich noch einen weiteren Gewinn: Das Fleisch der Karakulschafe ist ausgesprochen schmackhaft. Da die Karakulzüchter ja den von französischen, italienischen, deutschen und anderen Designern bestimmten Modetrends unterworfen sind und in der Vergangenheit auch schon den Pelzboykott in Europa und in den Verinigten Staaten hart zu spüren bekamen, haben mittlerweile viele von ihnen umgesattelt und sich vorrangig auf die Fleischzucht spezialisiert. Die Lämmer mit den Edelpelzen wird das freuen, denn dann dürfen sie noch etwas länger leben.

Geschichte

Im Südwesten Afrikas finden sich sehr alte Spuren der Menschheitsentwicklung, wenngleich der seit 1989 unabhängige Staat Namibia einer der jüngsten der Welt ist. Seine heute gültigen Grenzen erhielt Namibia erst gegen Ende des 19. Jh.s, als die Kolonialmächte Deutschland, Großbritannien und Portugal die Flächenausdehnung von Deutsch-Südwestafrika aushandelten.

Uralte Spuren

Vor 12 – 15 Mio. Jahren	Die ersten Hominoideae lebten auf dem Gebiet des heutigen Namibia.
vor 28 000 Jahren	Die ältesten Felsbilder in Namibia entstanden.
ab ca. 400 v. Chr.	Andere schwarze Völker zogen in das Gebiet Namibias und verdrängten die dort beheimateten San und Damara.

Hominoiden-Funde

In der Wissenschaft gilt Afrika als die »Wiege der Menschheit«. Hier entwickelte sich der moderne Mensch und drang dann nach Norden vor. In Namibia fand man Spuren sehr früher »Menschenartiger«, sog. Hominoiden. So stieß man 1991 bei den Ausgrabungen einer frühgeschichtlichen Siedlung in einer Höhle in den Otavi-Bergen auf die Kieferfragmente eines Otavipithecus namibiensis, dessen Alter auf 12 – 15 Mio. Jahre geschätzt wird. Im zentralen Hochland nördlich von Windhoek wurden Schädelknochen und Rückgrat eines weiteren Frühmenschen, des Menschen von Otjiseva, gefunden. Um welchen Menschentyp es sich hierbei handelt, konnte allerdings bisher noch nicht eindeutig festgestellt werden.

Urbevölkerung

Bedeutendste Hinterlassenschaft der Urbevölkerung Namibias sind **Felsbilder**, von denen die ältesten vermutlich bereits vor 28 000 Jahren entstanden (►Kunst und Kultur). Darüber hinaus gibt es zahlreiche Funde von Eisenwerkzeugen und -waffen aus der Mittel- und Jungsteinzeit in ganz Namibia, vor allem in der Umgebung von Windhoek, aber auch an einigen Stellen in der Namib-Wüste.
Viele der erhaltenen Felszeichnungen und -gravuren entstanden in den letzten beiden Jahrtausenden, bis ins 19. Jh. hinein. Sie werden den **San**, auch als Buschmänner oder Buschleute bezeichnete Jäger und Sammler, zugeschrieben, die zusammen mit den **Damara** als die ältesten bekannten Völker Namibias gelten (►Bevölkerung).

Schwarze Völker Namibias

Ein Großteil der San wurde durch Bantu-Völker, die von Norden her in ihr Gebiet einfielen, nach Süden, Osten und Südosten verdrängt. Aber auch das Hirtenvolk der Nama (oder Khoikhoi), das vor 2600 Jahren von Süden kommend in das Gebiet des heutigen Namibia eindrang, machte den San und den Damara den Lebensraum streitig. Die Nama bevölkerten vor allem die zentralen und südlichen Gebiete des Landes. Vermutlich wanderten ab dem 16. Jh. aus den Savannen Ostafrikas die Herero, ein halbnomadisches Hirtenvolk, in das nördliche Siedlungsgebiet der Buschleute und Damara ein. Auf der Suche nach neuen Weidegründen drangen sie immer weiter in den Süden

← *Großwildjagd in »Deutsch-Südwest«*

hängigkeit pochenden Herero zu missionieren. Die Rheinische Missionsgesellschaft erwarb sich im Südwestafrika des 19. Jh.s einen durchaus zweifelhaften Ruf. Sie trieb einen schwunghaften Handel mit Waffen. Unterstützt wurde damit immer das schwarze Volk, das die eigenen Interessen am wenigsten gefährdete. Als sich die Auseinandersetzungen zwischen Herero und Nama zuspitzten, plädierte die Missionsgesellschaft für die Errichtung einer Kolonialherrschaft, man bat 1863 Großbritannien um Schutz.

Britische Einflussnahme

Tatsächlich erklärten die Briten, die mittlerweile einen Machtzuwachs des Deutschen Reiches fürchteten, lediglich das Gebiet um die Walvis Bay 1878 zu ihrem Besitz. Ansonsten beabsichtigten sie nicht, sich in die Auseinandersetzungen der schwarzen Völker einzumischen.

Die deutsche Ära

Geschichte

1884	Proklamation der Deutschen Schutzherrschaft
1890	Gründung der Hauptstadt Windhoek
1893	Nama-Aufstand
1904	Herero-Aufstand
1908	Entdeckung der ersten Diamanten bei Lüderitz
1914	Beginn des Ersten Weltkriegs
1915	Südafrika erobert Deutsch-Südwestafrika – Ende der deutschen Kolonie

Lüderitz

Am 1. Mai 1883 unterzeichnete der 21 Jahre alte Kaufmannsgehilfe Heinrich Vogelsang im Auftrag des Bremer Tabakhändlers Adolf Lüderitz (► Berühmte Persönlichkeiten) mit dem Nama-Führer Joseph Fredericks einen Vertrag, in dem dieser im Tausch gegen Gewehre und Geld die Bucht von Angra Pequena und den angrenzenden Küstenstreifen an Lüderitz abtrat.

Schutzherrschaft

Ein Jahr später, am 24. April 1884, kam Reichskanzler Bismarck einem Interventionsantrag von Adolf Lüderitz nach und proklamierte die deutsche »Schutzherrschaft« über dessen käuflich erworbene Gebiete in Südwestafrika. Das deutsche Kaiserreich des ausgehenden 19. Jh.s hatte seine erste Kolonie.

Die Hoffnung Lüderitz', in dem von ihm erworbenen Gebiet riesige Erz- und Edelsteinvorkommen, Silber, Gold und Diamanten zu finden, erfüllte sich nicht. Aus Geldnot war er 1885 gezwungen, seine gesamten Ländereien an die auf Betreiben Bismarcks im April desselben Jahres gegründete Deutsche Kolonialgesellschaft für Südwestafrika zu verkaufen. Auch diese Gesellschaft erschöpfte ihre Mittel, ohne die erhofften Bodenschätze je gefunden zu haben. Sie wurden erst 1908 entdeckt.

Aufbau der deutschen Kolonialherrschaft

In den ersten Jahren tat sich in **Deutsch-Südwestafrika** verwaltungstechnisch nicht viel. Außerhalb der Hauptstadt gaben vor allem die Handels- und Bergbaugesellschaften den Ton an, die auch über eine gewisse Rechts- und Militärhoheit verfügten. Die Deutsche Kolonialgesellschaft für Südwestafrika holte deutsche Siedler ins Land und verkaufte oder verpachtete ihnen Ländereien ohne Rücksicht auf die eigentlichen Eigentümer. Die San und die Ovambo ergaben sich in ihr Schicksal, die Nama und die Herero aber nahmen die deutsche Herrschaft nicht ohne weiteres hin. Ihnen missfiel, dass sich die Deutschen nicht an die vereinbarten »Schutzverträge« hielten. Innerhalb von zwei Jahren hatten die Deutschen mit einem Dutzend solcher »Schutzverträge« ihr Herrschaftsgebiet immer weiter ausgedehnt, bis es die Größe des heutigen Namibia erlangt hatte. Die schwarze einheimische Bevölkerung in Südwest wollte aber tatsächlich, wie in den Verträgen von deutscher Seite zugesichert, beschützt werden: die Nama gegen ihre Feinde, die Herero, und umgekehrt. Doch die Reichsregierung verfolgte natürlich ihre eigenen Interessen und war, selbst wenn sie gewollt hätte, zu diesem Zeitpunkt auch kaum in der Lage, sich militärisch allzu sehr zu engagieren: Bis 1888 bestand die kaiserliche Kolonialtruppe nur aus zwei deutschen Offizieren, fünf Unteroffizieren und zwanzig schwarzen Soldaten.

Namibisches Notgeld

Curt von François

Hauptmann Curt von François ging 1889 in Walvis Bay mit 21 Soldaten an Land, um die sich ständig bekämpfenden Völker der Herero und Nama zu befrieden und die deutschen Siedler, die von diesen Kriegen nicht unverschont blieben, zu schützen. Um besser zwischen den beiden streitenden Parteien taktieren zu können, gründete er am Rande der Hauptsiedlungsgebiete der Völker und am Schnittpunkt traditioneller Verkehrswege die Stadt **Windhoek**, die dann Sitz der Schutztruppe und der Kolonialverwaltung wurde.

Festschreibung der Grenzen

Nach der Berliner Afrika- bzw. Kongo-Konferenz von 1884/1885, in der sich Deutschland Südwestafrika als deutsches »Schutzgebiet« bestätigen ließ, wurden mit europäischen Kolonialmächten weitere Grenzziehungen vereinbart. 1886 einigte sich das Deutsche Reich mit dem nördlichen Nachbarn Portugal auf die Nordgrenze Südwestafrikas. Durch den Helgoland-Sansibar-Vertrag, den Reichskanzler Leo von Caprivi, Bismarcks Nachfolger, am 1. Juli 1890 mit Großbritannien schloss, erhielt Deutschland den nach dem Reichskanzler benannten Caprivi-Zipfel im Nordosten der Kolonie, einen Landkorridor zum Sambesi.

Etablierung der Kolonialmacht

Erst nach der Gründung von Windhoek (1890) begann eine systematische Einwanderung deutscher Siedler. Als Fortbewegungsmittel dienten ihnen zunächst Ochsengespanne. Als 1897 eine Rinderpest ausbrach, die zu verheerenden Verlusten unter den Herden führte, beschlossen die Behörden den Bau einer **Bahnlinie**: 1902 wurde die Strecke von Swakopmund nach Windhoek dem Verkehr übergeben. Die Deutschen bauten nicht nur Straßen und Eisenbahnlinien, es entstanden Farmgebäude, ganze Dörfer, Militäreinrichtungen, Kirchen, Schulen und Krankenhäuser. Kaufleute und Handelsgesellschaften machten gute Geschäfte in Südwestafrika. Doch ein Problem hatten fast alle Neuankömmlinge: Es herrschte Frauenmangel! Dass viele nun ihr Glück bei schwarzen Frauen suchten, liegt auf der Hand. Man fürchtete eine zukünftige »Bastardkolonie« und so schickte die Deutsche Kolonial-Gesellschaft zwischen 1896 und 1902 insgesamt 57 weibliche (weiße) Personen nach Südwestafrika, um »wenigstens dem größten Übelstande zu steuern«.

Diamanten

Der Arbeiter Zacharias Lewala entdeckte 1908 ca. 15 km östlich von Lüderitz zufällig einen Diamanten im Sand. Diese Neuigkeit verbreitete sich wie ein Lauffeuer. Innerhalb weniger Monate war das gesamte Gebiet mit Claims abgesteckt. Obwohl Bergbauexperten von einer »maßlosen Überschätzung« der Vorkommen sprachen, erklärten die deutschen Behörden das Gebiet zur Sperrzone und übertrugen die Schürfrechte der Deutschen Diamantengesellschaft. Allein auf den Diamantenfeldern bei Lüderitz betrug die Fördermenge mehr als 800 000 Karat jährlich, was etwa 160 kg entspricht; zwischen 1908 und 1914 wurden 5 145 000 Karat geschürft.

Nama-Aufstand

Der Nama-Führer **Hendrik Witbooi** (► Berühmte Persönlichkeiten) erhob sich 1893 gegen die deutschen Kolonialherren. Nachdem mehrere Versuche, ihn zu einer freiwilligen Unterwerfung zu bewegen gescheitert waren, versuchte man mit einer 214 Mann starken Schutztruppe den Nama-Führer militärisch in die Knie zu zwingen. Als sich die Kämpfe ohne entscheidende Erfolge für die Deutschen hinzogen, entsandte Berlin **Major Theodor Leutwein**. Gegen die Übermacht der Schutztruppe, die nun auf fast tausend Mann verstärkt worden war, und vor allem gegen die schweren Feldgeschütze, hatten die Nama keine Chance. Am 15. September 1894 unterwarf sich Witbooi.

Herero-Aufstand

Theodor Leutwein blieb bis 1905 in Südwestafrika – als Reichskommissar und Gouverneur. In seiner Amtszeit wurde die deutsche Herrschaft, die bisher nur auf dem Papier bestanden hatte, zu einem realen Machtfaktor.

Der Übermacht der deutschen Truppen in der Schlacht am Waterberg waren die Herero unter ihrem Führer Maharero hoffnungslos unterlegen.

Auch der größte Aufstand in der Kolonie, der so genannte Herero-Aufstand, konnte an dieser Tatsache nichts mehr ändern. Dieser Aufstand, der am 12. Januar 1904 in Okahandja ausbrach, war nicht allein eine Erhebung der Herero. Er erfasste schließlich das ganze Land, auch die Nama und die Ovambo versuchten, die deutsche Herrschaft abzuschütteln. Doch gingen die schwarzen Völker nicht gemeinsam gegen die verhassten Kolonialherren vor, sondern bekämpften sich auch weiterhin untereinander und schlossen zeitweilig Bündnisse mit dem weißen Eindringling zur Durchsetzung ihrer jeweiligen Interessen.
Initiator des Aufstandes war der Herero-Führer **Samuel Maharero** (► Berühmte Persönlichkeiten). Die Herero überfielen Farmen, eine kleine Militärstation und Handelsniederlassungen. Die Reichsregierung sah sich zur Reaktion genötigt und schickte einen neuen Truppenführer nach Südwest: General Lothar von Trotha, einen erfahrenen Frankreich- und China-Kämpfer, der den »weichlichen« Theodor Leutwein ablösen sollte. In Trothas Gefolge befanden sich zudem 10 000 Soldaten und modernstes Kriegsgerät, Kanonen und Maschinengewehre. Am 11. August 1904 kam es am Waterberg, wo sich Maharero mit seinem Volk und Kämpfern verschanzt hatte, zur Entscheidungsschlacht. Gegen den Artilleriebeschuss und die überlegene Militärtechnik der Deutschen konnten sich die Herero nicht behaupten. Sie flüchteten nach Osten, in die Omaheke-Wüste, ein riesiges, wasserloses Sandfeld. Für die meisten Herero gab es hieraus kein Zurück mehr. Berittene Patrouillen suchten in der Wüste nach herum-

Auch die **Baster**, die unter den Deutschen weitgehend autonom gewesen waren und die von Südafrika 1924 die vollständige Unabhängigkeit forderten, mussten klein beigeben, als Südafrika ihre Hauptstadt von einem großen Truppenaufgebot umzingeln ließ.

Fünfte Provinz Die UNO, Nachfolgeorganisation des Völkerbundes, verlangte 1946 von Südafrika die Treuhandschaft über Südwestafrika. Doch die Regierung in Pretoria weigerte sich, das Gebiet an die Vereinten Nationen abzutreten. Sie verwaltete Südwestafrika weiterhin als »fünfte Provinz«.

Apartheidspolitik Die schwarze Bevölkerung, die sich nach dem Ende der deutschen Herrschaft 1915 eine Revision kolonialer Landverteilung und eine Verbesserung ihrer sozialen und wirtschaftlichen Lage erhofft hatte, sah sich bald bitter enttäuscht. Während immer mehr Weiße ins Land geholt wurden, zu deren Nutzen Südafrika die infrastrukturelle und wirtschaftliche Entwicklung fast ausschließlich förderte, mussten die Schwarzen in kleine und unfruchtbare, also wirtschaftlich unrentable Reservate ausweichen.

Benachteiligung erfuhren sie auch in den Städten: Hier durften sie sich nur in den Randbezirken niederlassen. Selbst der Viehbesitz unterlag gesetzlichen Einschränkungen. Schwarze Hausangestellte durften körperlich gezüchtigt werden, sie wurden mit nächtlichen Ausgangssperren belegt und verhaftet, wenn sie sich irgendwo im Land »illegal« aufhielten. Wie die deutsche Kolonialverwaltung mischte sich auch die Mandatsmacht in die Erbfolge und Ernennung von »Häuptlingen« ein, um die schwarze Bevölkerung mittels willfähriger Führer besser kontrollieren zu können.

Der Weg in die Unabhängigkeit

1960	Gründung der SWAPO
1964	Südafrika richtet sog. Homelands für die verschiedenen Bevölkerungsgruppen ein.
1973	Die UNO erkennt die SWAPO als alleinigen Vertreter des namibischen Volkes an.
1975/1976	Turnhallenkonferenz mit Verfassungsentwurf für ein unabhängiges Namibia
1990	Proklamation der Unabhängigkeit

Internationale Proteste Afrikanische Politiker wiesen vor der UNO wiederholt auf die Unterdrückungspolitik Südafrikas hin und forderten eine von den Vereinten Nationen geleitete Kontrollinstanz für das Land im Südwesten Afrikas. Die Durchführung der Apartheidspolitik in Südafrikas »fünfter Provinz« stieß international auf Ablehnung. Ende der 1950er-Jahre formierte sich auch in Südwestafrika selbst der Widerstand gegen die politische Bevormundung aus Pretoria.

SWAPO

Von aus Südafrika zurückkehrenden Studenten wurde 1959 die »South West African National Union« (SWANU) gegründet, die sich die Unabhängigkeit Namibias auf ihre Fahnen schrieb. Doch mehr Breitenwirkung als dieser Zusammenschluss Intellektueller erzielte eine Arbeiterorganisation: Im südafrikanischen Kapstadt wurde 1957 der »Ovamboland People's Congress« (OPC) gegründet. Um alle Namibier ansprechen zu können, nannte sich diese zunächst gewaltfrei operierende Organisation ab 1960 »South West Africa People's Organization« (SWAPO). Bald kam man jedoch zu der Erkenntnis, dass ein unabhängiges und von Apartheid freies Namibia nicht allein mit friedlichen Mitteln zu erreichen sei. Daraufhin verließen Hunderte von SWAPO-Anhängern das Land, um sich in Ägypten militärisch ausbilden zu lassen.

Homelands

Der Internationale Gerichtshof in Den Haag wies 1966 eine Klage Liberias und Äthiopiens gegen Südafrika wegen illegaler Machtausübung und wegen Einführung der Apartheid zum wiederholten Male (1950, 1955, 1956) zurück. Nach Vorschlägen der »Odendaal-Kommission« hatte Südafrika 1964 damit begonnen, auch im Gebiet des heutigen Namibia »Homelands« für die verschiedenen Bevölkerungsgruppen einzurichten, also Gebiete mit begrenzter Autonomie, die aber unter Kontrolle der südafrikanischen Behörden blieben (► Karte S. 56). Die Ovambo waren die ersten, die in ein solches »Homeland« gepfercht wurden, es folgten Gebiete für die Herero, Damara, Kavango, Tswana, Nama, Baster und San. Die schwarzen »Homelands« sollten, nach südafrikanischem Vorbild, mit der Zeit »unabhängig« werden – schwarze Namibier wären damit in einem Großteil ihres Geburtslandes zu Ausländern mit Gastarbeiterstatus verdammt gewesen. Diesmal setzte sich die Generalversammlung der UNO über die Entscheidung des Internationalen Gerichtshofes hinweg und forderte Südafrika auf, sich aus der »fünften Provinz« zurückzuziehen. Das Land sollte unmittelbar der UNO-Kontrolle unterstellt werden. Südafrika jedoch ignorierte den Beschluss der Vereinten Nationen.

Guerillakrieg

In der Zwischenzeit hatte die SWAPO von südangolanischen Basen aus schon längst den Guerillakrieg gegen südafrikanische Truppenverbände aufgenommen, der erst 24 Jahre später ein Ende finden sollte. Die SWAPO musste in den Untergrund ausweichen.

Neuer Staatsname: Namibia

Die SWAPO schlug 1968 der UNO die Umbenennung des Landes in Namibia vor. Noch im selben Jahr nahm die UNO diesen Vorschlag an. Der UN-Sicherheitsrat erklärte 1969 die südafrikanische Mandatsherrschaft in Namibia für illegal und forderte Pretoria zum sofortigen Rückzug auf; 1971 wurde diese Erklärung vom Internationa-

Ehemalige Homelands Orientierung

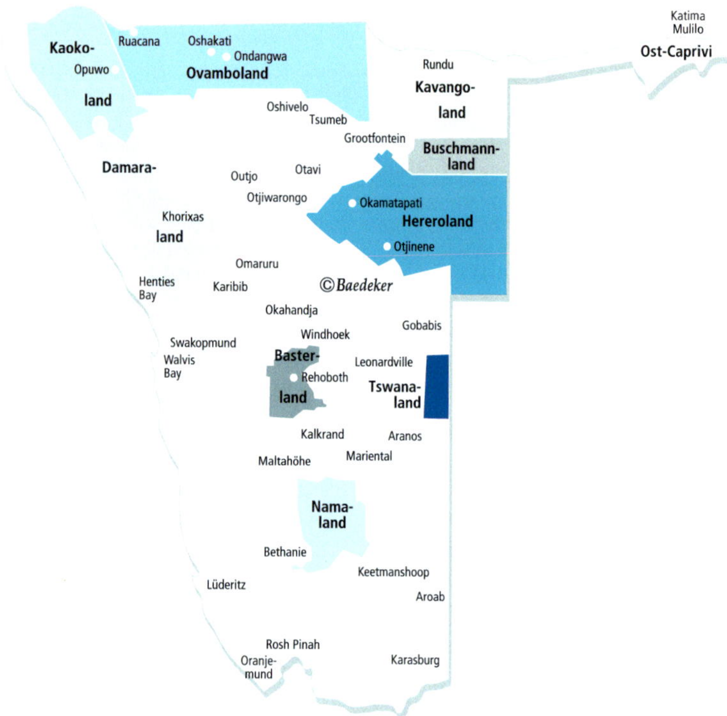

len Gerichtshof in Den Haag bestätigt. Südafrika verstärkte jedoch eher sein diktatorisches Regime in Namibia und schlug 1972 im Ovamboland einen Aufstand brutal nieder. Im Jahre 1973 entschloss sich die UNO, die SWAPO als »alleinigen Vertreter« des namibischen Volkes anzuerkennen. Die Befreiungsorganisation erhielt einen Beobachterstatus bei den Vereinten Nationen. Nach der Entlassung der portugiesischen Kolonien Angola und Mosambik in die Unabhängigkeit (1975) erlaubte die neue Regierung von Angola der SWAPO, entlang der Grenze zu Namibia Militärstützpunkte zu errichten und damit ihre Angriffe auf die südafrikanischen »Besatzer« zu forcieren.

Turnhallen-konferenz

Doch die Regierung in Pretoria hatte ihre Strategie schon längst geändert: Mit der Schaffung einer scheinbar unabhängigen Verwaltung versuchte sie, eine innenpolitische Opposition gegenüber der SWAPO zu errichten und an der UNO vorbei eine eigene Lösung des Namibia-Problems zu finden. Auf der so genannten Turnhallenkonferenz 1975/1976 (benannt nach dem Tagungsgebäude in Wind-

hoek), an der Delegationen und Parteien aller Bevölkerungsgruppen beteiligt waren, ließ sie einen Verfassungsentwurf für ein unabhängiges Namibia ausarbeiten.
Im September 1978 verabschiedete der UN-Sicherheitsrat die Resolution 435, die einen Friedensplan für Namibia festschrieb und den Abzug der südafrikanischen Truppen zur Vorbedingung für die Unabhängigkeit des Landes erklärte. Aus den ersten namibischen Wahlen im Dezember 1978 ging die DTA, ein Zusammenschluss von zwölf liberal-konservativen Parteien, als eindeutiger Sieger hervor. Von der UNO jedoch wurde das offensichtlich manipulierte Wahlergebnis nicht anerkannt, auch weil die SWAPO die Wahlen boykottiert hatte. Der weiße Siedler Dirk Mudge wurde Vorsitzender des Ministerrats, doch die wesentlichen politischen Entscheidungen fielen weiterhin in Pretoria. Mudge gab 1983 wegen seiner eingeschränkten Handlungsfreiheit resigniert auf, woraufhin Südafrika wieder, wie kurz vor den Wahlen 1978, einem südafrikanischen Generaladministrator die Alleinherrschaft über das Land übertrug.

Übergangsregierung

Zwischen 1984 und 1986 setzte Pretoria eine Übergangsregierung aus sechs politischen Gruppierungen (einschließlich der DTA und der SWAPO-Demokraten) ein, die auf der Basis der 1982 von Südafrika anerkannten UNO-Resolution 435 eine interne politische Lö-

Wandmalerei: »Nach langem Kampf ist Namibia endlich frei«

sung zu erreichen versuchte. Die SWAPO lehnte eine Beteiligung ab und die Interimsregierung wurde international nicht anerkannt, dennoch leistete auch sie einen Beitrag auf dem langen Weg zur Unabhängigkeit. Doch zunächst verschärften sich die bewaffneten Auseinandersetzungen zwischen SWAPO-Kämpfern und südafrikanischen Armee-Einheiten: Immer wieder drangen südafrikanische Kommandos in Angola ein, das den namibischen Guerillas Rückzugsgebiete eingeräumt hatte. Die westlichen Staaten (darunter auch die Bundesrepublik Deutschland) versuchten mehrmals, mit Südafrika über Namibia zu verhandeln, doch ohne Erfolg.

Freie Wahlen Erst im Rahmen der Ost-West-Entspannung Ende der 1980er-Jahre bemühten sich alle Parteien verschärft um eine Lösung im Namibia-Konflikt. Man einigte sich darauf, dass die UNO-Resolution 435 am 1. April 1989 endgültig in Kraft treten sollte. Anfang Juni 1989 durften die ersten der insgesamt 40 000 Exilanten nach Namibia zurückkehren, darunter auch der Nationalheld **Sam Nujoma**. Im November fanden die ersten freien Wahlen zur verfassunggebenden Versammlung unter UN-Aufsicht statt. Zehn Parteien und mehrere Wahlbündnisse bewarben sich um die Sitze im Parlament. Die Wahlbeteiligung betrug über 95 %. Eindeutiger Sieger war die SWAPO, die 41 von 72 Sitzen erhielt. Kurz darauf verließen die letzten südafrikanischen Truppen das Land. Anfang 1990 wählte das Parlament Sam Nujoma zum ersten Präsidenten. Am 21. März 1990 wurde die **Unabhängigkeit Namibias** feierlich proklamiert.

Das unabhängige Namibia

1990	Wahl Sam Nujomas zum Präsidenten
1994	Nujoma wird überlegen wiedergewählt, die SWAPO erreicht im Parlament eine Zweidrittelmehrheit.
1999	Gründung der neuen Partei Congress of Democrats (CoD), Nujoma wird für eine dritte Amtszeit gewählt.
2004	Feierlichkeiten zum 100. Jahrestag des Beginns des Kolonialkriegs
2005	Amtsübergabe an Präsident Pohamba

Politik der Versöhnung Die Angst vieler Namibier, weißer wie auch schwarzer, vor Vergeltungsmaßnahmen der SWAPO erwies sich als unbegründet: »Reconciliation«, »Versöhnung«, schrieb sich die erste freie, demokratische Regierung auf ihre Fahnen und holte sich auch Weiße und Mitglieder verschiedener schwarzer Volksgruppen in ihre Ministerien. Auch nach der zweiten Wahl 1994, die der SWAPO fast eine Dreiviertelmehrheit bescherte, hielt die amtierende Regierung an ihrer Versöhnungspolitik fest. Diese Politik, mit der das jahrzehntelange Misstrauen zwischen Schwarzen und Weißen abgebaut wurde, und die Stabilität des Landes haben weltweite Anerkennung ausgelöst. Namibia sei ein »bemerkenswertes Beispiel für ein dauerhaft friedliches Zusammenleben unterschiedlicher Bevölkerungsgruppen«, erklärte Bundeskanzler Helmut Kohl im September 1995 in Windhoek anlässlich des ersten Besuches eines deutschen Regierungschefs in der ehemaligen Reichskolonie.

Die 1990er-Jahre

Eine 1992/1993 durchgeführte Reform der Regional- und Kommunalverwaltung hatte die Auflösung der »Homelands« zur Folge, an ihre Stelle sind 13 gleichberechtigte Regionen getreten. 1993 führte Namibia eine eigene Währung, den Namibia-Dollar, ein. Ein Jahr später erhielt das Land von Südafrika Walvis Bay und zwölf vorgelagerte Inselchen zurück, damit verfügt es nun über einen bedeutenden Handels- und Fischereihafen. Im Mai 1995 wurde Walvis Bay zur Freihandelszone erklärt, die Investoren mit Befreiung von Steuern, Einfuhrzöllen und Devisenrestriktionen sowie einer Lockerung der Arbeitsgesetze anlocken soll.
Der gute Ruf Namibias als Hort der Demokratie erlitt Schaden, als 1998 bekannt wurde, dass Präsident Nujoma im November 1999 für eine dritte Amtszeit kandidieren wollte, obwohl die Verfassung die Amtsdauer des Präsidenten auf zwei Regierungsperioden beschränkt. Tatsächlich setzte er sein Anliegen durch und wurde – trotz immer schleppenderer Entwicklung beim Umbau des Landes – mit sogar noch größerer Mehrheit wiedergewählt.

? WUSSTEN SIE SCHON …?

- … dass Aids eines der beherrschenden Probleme des jungen Staates geworden ist? War Namibia zum Zeitpunkt der Unabhängigkeit noch praktisch Aids-frei, gehört es heute zu den Ländern mit der höchsten Infektionsrate. Über 20 % der Bevölkerung zwischen 15 und 49 Jahren ist mit dem HIV-Virus infiziert, die durchschnittliche Lebenserwartung ist auf 44 Jahre gesunken.

Deutsche Hilfe

Bei einem Besuch 2003 sagte Bundesaußenminister Joschka Fischer Namibia juristische und technische Hilfe bei der Umsetzung der Landreform zu. Entschädigungszahlungen für das 1904 an den Herero und Nama begangene Unrecht lehnt die Bundesregierung weiterhin ab.

Ende der Ära Nujoma

Zu den jüngsten Wahlen Ende 2004 konnte Nujoma nun endgültig nicht mehr kandidieren. An seine Stelle trat der bisherige Landwirtschaftsminister **Hifikepunye Pohamba**. Er wurde am 31. März 2005 in sein Amt eingeführt.

Kunst und Kultur

Der Kunstbegriff ist ein Konzept der Weißen. Im traditionellen Afrika war und ist Kunst immer ein ganz selbstverständlicher Teil des Lebens. Und zum Leben gehören Spiritualität, Musik und Tanz aber auch kunsthandwerkliche Gebrauchsgegenstände und kulturelle Alltagstraditionen.

Felsbilder · Volkskunst · Bildende Kunst

Felsbilder

Die frühesten Zeugnisse namibischer Kunst sind Felsbilder. Man unterscheidet zwischen **Malereien** und in Steinplatten eingekratzten **Gravierungen.** Die Malereien sind häufig ein-, selten mehrfarbig. Als Farbstoff dienten hauptsächlich Mineralien oder Holzkohle. Bisher hat man etwa 20 000 Malereien und 15 000 Gravierungen entdeckt; viele davon sind noch nicht registriert und dokumentiert. Die Fachwelt geht davon aus, dass noch weitere Felszeichnungen auf ihre Entdeckung warten.

Zentrales Thema der Gravierungen sind Antilopen, Giraffen, Nashörner, Elefanten, Zebras etc. oder ihre Fährten, jedoch auch geometrische Formen (Kreise, Spiralen etc.), bei denen es sich vermutlich um Landkarten handelt, die beispielsweise zu einer Quelle weisen. Selten finden sich gravierte Darstellungen von Menschen. Bei den Malereien hingegen zeichneten die frühen Künstler Menschen ebenso häufig wie Tiere. Doch anders als die meist naturgetreu dargestellten Tiere treten die Menschen in stilisierter Form auf. Alle Kunstwerke sind relativ klein – es gibt selten größere Figuren als 30 cm. Die Bedeutung der Bilder konnte bis heute nicht geklärt werden: Sind die Felszeichnungen Abbildungen des Alltags oder haben sie einen magisch-religiösen Hintergrund?

i Bilderbücher in Stein

- Die bedeutendsten Felsbilder wurden am Brandberg und in Twyfelfontein gefunden, weitere im Erongo-Gebirge, in den Hunsbergen, im Khomas-Hochland, in der Naukluft und im Spitzkoppe-Gebirge.

Auch die Datierung stellt die Wissenschaftler vor Probleme. Es gibt keine zuverlässige Methode, das Alter der Felsbilder zu bestimmen. Da die aufgetragene Farbe überwiegend aus Stoffen besteht, die mineralischen Ursprungs und daher Millionen von Jahren alt sind, erwies sich die Radiokarbonmethode als wenig hilfreich. In jüngster Zeit konnte man durch den Beschuss mit Atompartikeln Erfolge verbuchen: Kleine Steinplättchen, die 1969 in den westlichen Hunsbergen in der »Apollo-11-Höhle« entdeckt wurden – hier gibt es die wohl sensationellsten Kunstwerke unter den Felsbildern – sollen um die 28 000 Jahre alt sein.

Die meisten anderen Felsmalereien und -gravuren sind vermutlich erheblich jüngeren Ursprungs. Nach Augenzeugenberichten weißer Forscher, Abenteurer und Siedler im 18. und 19. Jh. haben die San solche Kunstwerke hergestellt; auch fand man einmal am Gürtel eines von Weißen erschossenen San einen Beutel mit zehn verschiede-

← Mbangura Woodcarvers Markets am Ortseingang von Okahandja: Geschickte Holzschnitzer präsentieren ihre Arbeit.

Die ältesten Felszeichnungen in Twyfelfontein sind vermutlich bis zu 6000 Jahre alt. Die dargestellten Tiere sind zumeist Giraffen, Antilopen, Zebras oder Löwen.

nen Farben, darunter Metall- und Pflanzenfarben sowie eine Mischung aus gebranntem Kalk und Blut von erlegten Wildtieren. Sicherlich sind viele der jüngeren Felsbilder von den Buschleuten angefertigt worden, bei den älteren Bildern jedoch geht die Wissenschaft mittlerweile davon aus, dass sie von einem anderen, bisher nicht bekannten nomadisierenden Jägervolk stammen.

Volkskunst

Im traditionellen Kunsthandwerk unterscheiden sich die Nomadenstämme von den sesshaften Volksgruppen. Die Nomaden konnten nur das Notwendigste auf ihren Wanderungen mitnehmen, ihre handwerklichen Erzeugnisse beschränken sich auf Schmuck, Kleidung, Transportgefäße und andere Haushaltsgeräte. Die Materialien sind Leder, Fell, Horn, Elfenbein, Muscheln, Schnecken, aber auch Straußeneischalen sowie Kupfer, Eisen und Messing.

Die im Nordwesten des Landes lebenden Himba haben einen besonderen Reichtum an Arm- und Beinschmuck aus Eisen und Kupfer. Bei den sesshaften Völkern findet man auch kunstvoll hergestellte Schemel und Vorratsgefäße, Töpferwaren und Götter-, Tier- und Menschenstatuen aus Lehm. In Nordnamibia, bei den Ovambo und den Völkern von Caprivi, werden zunehmend Holzschnitzereien (Masken, Trommeln, Hocker und andere Kleinmöbel) angeboten. Allerdings sind diese »typisch namibischen« Holzarbeiten auf den Einfluss von Schnitzern aus Angola und Simbabwe zurückzuführen und dienen in erster Linie dazu, Touristen zum Kauf zu verlocken – also Massenware statt Kunst.

Bildende Kunst

Der wohl bekannteste namibische Künstler, der auch zu internationalem Ansehen gelangte, war bereits in den 1970er-Jahren der schwarze Maler und Grafiker **John Muafangejo** (►Berühmte Persönlichkeiten). Für Aufsehen sorgten vor allem seine Linolschnitte, die vom Stammesleben seines Volkes, der Ovambo, erzählen. **Joseph Madisia** entwickelte die Linoltechnik zu so genannten Cardboard Prints weiter, indem er das teure Linol durch einfache Pappe ersetzte und so interessante Effekte erzielte.
Mittlerweile gibt es eine junge Generation von schwarzen Künstlern, die mit Stipendien eine künstlerische Ausbildung u. a. an der Windhoeker Akademie erhalten und sich mit oft schrillen, kontrastreichen Grafiken und Gemälden einen Namen machen. Zu den bekannteren unter ihnen gehören Andrew van Wyk und Tembo Masala. Aktuell beobachten lässt sich das Bestreben der Künstler, sich wieder verstärkt den traditionellen Wurzeln anzunähren.
Eine erwähnenswerte Bildhauerin ist die in Deutschland aufgewachsene Dörte Berner. Sie stellt aus einheimischem Material (Steatit, Marmor, Sandstein) faustgroße bis lebensgroße Skulpturen, Einzelplastiken und Gruppendarstellungen her. Die Künstlerin ist mit Volker Berner verheiratet, der aus der Wolle von Karakulschafen monumentale Wandteppiche mit vielfarbigen geometrisch-abstrakten Formen anfertigt.

Architektur

Deutsche Kolonialzeit

Während der deutschen Kolonialzeit entstanden in Namibia die ersten Massivbauten en gros, noch heute sind viele Orte des Landes von der damaligen Architektur geprägt. Und diese orientierte sich am Baustil des recht verspielten **wilhelminischen Barock**, an **Jugendstil** und **Historismus**. Die Festungsanlagen hatten Zinnen und Wehrtürme, wie die Alte Feste in Windhoek und das Namutoni-Fort im Osten der Etosha-Pfanne, Privathäuser und -villen waren mit ornamental verspielten Erkern und Giebeln geschmückt, es wurden Fachwerkhäuser errichtet und – in Windhoek und Swakopmund – sogar »mittelalterliche Ritterburgen«.
Auch in der Sakralarchitektur nahm man sich wilhelminische Kirchen zum Vorbild und fügte in den Kirchenbauten in Südwestafrika neoromanische, neogotische und neobarocke Bauelemente ein. Vor allem aber Privatleute – oft gut betuchte Händler oder zu Geld gekommene Hasardeure – bauten nach Lust und Laune, sie ließen ihre Häuser und Villen derart pompös gestalten, dass die Deutsche Kolonialgesellschaft 1913 das Reichskolonialamt bat, darauf hinzuwirken, »die Neubauten in Südwestafrika mehr dem Charakter des Landes anzupassen und mehr im Sinne einer bodenständigen Architektur auszuführen«.

Zeugnisse der Blütezeit der Stadt: Kolonialstilgebäude in Lüderitz

Klimatisch angepasstes Bauen

In zumindest einer Hinsicht hatte sich die deutsche Kolonialarchitektur doch den Gegebenheiten des Landes angepasst: Entsprechend den klimatischen Verhältnissen baute man den Gebäuden Veranden und Pultdächer an. Auf diese Weise blieb das Innere des Hauses angenehm beschattet kühl, und die Mauern wurden vor Witterungseinflüssen geschützt. Auch wenn der Veranda-Stil keine deutsche Erfindung ist – entwickelt wurde er von Missionaren in Südafrika und dann im frühen 19. Jh. in Namibia verbreitet –, so stellt er doch die einzige eigenständige Leistung im deutschen Kolonialbau dar. Privathäuser wurden mit solchen überdachten Veranden umgeben, aber auch offizielle Bauten – das berühmteste Beispiel hierfür ist der von Staatsarchitekt Gottlieb Redecker 1913 erbaute Tintenpalast in Windhoek, der Sitz der heutigen Regierung von Namibia.

Südafrikanisches Mandat

Während der südafrikanischen Mandatsherrschaft geschah bis in die 1950er-Jahre hinein architektonisch nicht viel. Im Rahmen der Apartheidspolitik entstanden dann die slumartigen Vororte für Schwarze und Farbige. In den Großstadtzentren mussten Wohngebiete der Schwarzen Bürobauten und Geschäftshäusern weichen. In dieser Zeit wurden viele Gebäude aus der Kolonialzeit abgerissen.

Nach der Unabhängigkeit

Mit der Unabhängigkeit setzte sich die neue Regierung für den Erhalt der deutschen Kolonialbauten ein. Das architektonisch bisher auffälligste Projekt im unabhängigen Namibia ist die Post Street Mall, ein postmodernes Einkaufszentrum mit Fußgängerzone mitten in der Hauptstadt Windhoek.

Literatur und Musik

Literatur

Noch gibt es keine eigenständige namibische Literatur. Das literarische Schaffen in dem südwestafrikanischen Land wird bisher nur von einzelnen Namen geprägt, so von dem Pastor **Zephaniah Kameeta** und dem Journalisten **Mvula Ya Nangolo**, deren Werke stark von der Bibel inspiriert sind. Besondere Erwähnung verdient die Schriftstellerin **Ndamononghenda Haileka**. Sie erhielt 1990 den Literaturpreis der südafrikanischen University of Western Cape. Ein namibischer Autor deutscher Sprache, der 1958 geborene **Giselher W. Hoffmann**, landete mit seinem Roman »Die Erstgeborenen« einen großen Erfolg. Lesenswert ist das Buch »The Prince of Freedom« (1997) der Autorin **Ellen Ndeshi Namhila**.

Musik

In der namibischen Musikszene gibt es kaum Namen, die außerhalb des Landes bekannt sind, doch viele Künstler, die versuchen, die Musiktraditionen der einheimischen Völker mit europäischer und amerikanischer Musik zu verschmelzen. Der bekannteste Musiker ist **Jackson Kaujeua**, der wegen seiner Protestsongs gegen die Apartheid bis 1989 im Exil lebte. Er verbindet den im südafrikanischen Raum beliebten Kwela-Beat, modern gespielte traditionelle Flötenmusik, mit Liedern der Herero und Nama.

Natürlich gibt es in Namibia auch Hip-Hop, Hardrock- und Popmusikbands. Zuhörer aus allen Gesellschaftsgruppen zieht der namibische Rapper Shikololo mit modernen Klängen und Texten in seiner Sprache Oshivambo an.

Zu internationalem Ansehen gelangte der erste gemischtrassige Chor Namibias, der Anfang der 1980er-Jahre gegründete Cantare-Audire-Chor, der geistliche und klassische europäische Lieder singt ebenso wie afrikanische und namibische Spirituals. Apropos Chor: Die deutschen Gesangvereine – wie der Swakopmunder Männergesangverein (gegründet 1902) und der von Windhoek – bestehen heute noch.

Auch die klassische Musik erfreut sich in Namibia großer Beliebtheit: 1971 wurde in Windhoek das Staatliche Musikkonservatorium ins Leben gerufen. Die Hauptstadt ist auch Sitz des National Symphonie Orchestra und in Swakopmund gibt es das Swakopmunder Jugendorchester. Beide Klangkörper führen neben dem klassischen Repertoire auch Musik der verschiedenen Ethnien des Landes auf. Aus Walvis Bay kommen die »Marimba Group« und der »Coastal Choir«. Auf internationalen Tourneen machten sie ethnische namibische Musik auch im Ausland bekannt.

Seit 35 Jahren findet einmal jährlich die »Swakopmunder Musikwoche« mit Seminaren, Workshops und vielen Konzerten statt. Träger ist die kulturell sehr engagierte deutsch-evangelisch-lutherische Kirche (DELK) in Namibia.

Berühmte Persönlichkeiten

Ist Lüderitz eine Stadt in Namibia oder ein Kaufmann aus Bremen? Wurde der Caprivi-Zipfel nach einer exotischen Frucht oder einem deuschen Reichskanzler benannt? Warum erinnert man sich an Hendrik Witbooi und Samuel Maharero? Hier gibt es die Geschichten zu den Menschen hinter den Namen.

Diogo Cão († ca. 1486)

Entdecker

Der erste Europäer, der – urkundlich belegt – seinen Fuß auf namibischen Boden setzte, war der Portugiese Diogo Cão, der erfolgreichste Entdecker seiner Zeit und der erste Europäer, der den Äquator überquerte. Er war 1482 von König João II. von Portugal beauftragt, einen Seeweg nach Indien zu finden. Dabei erreichte er die Küste des zentralafrikanischen Königreichs Kongo und wenig später das Kap Santa Maria (im heutigen Angola). Eine zweite Afrikareise führte bis 1485 zum Swakop-Fluss. Hier, beim heutigen Cape Cross, ging Diogo Cão an Land und errichtete ein Steinkreuz als Zeichen dafür, dass nun die portugiesische Krone Anspruch auf diesen Landstreifen erhob. Sein weiteres Schicksal ist unbekannt, vermutlich erkrankte er und starb auf der Rückreise nach Portugal.

Leo von Caprivi (1831–1899)

Reichskanzler

Leo von Caprivi, der im März 1890 Otto von Bismarck im Amt des deutschen Reichskanzlers nachfolgte, wollte zwar in seiner Kolonialpolitik den Status quo des deutschen Engagements in Südwestafrika nicht in Frage stellen, doch war er an sich ein Gegner aller kolonialen Ambitionen. Sein bedeutendstes kolonialpolitisches Werk war der deutsch-englische Helgoland-Sansibar-Vertrag, in dem das Deutsche Reich im Austausch gegen Sansibar Helgoland erhielt sowie im Nordosten von Deutsch-Südwestafrika einen Landkorridor, der den Deutschen den Zugang zum Sambesi und damit zu den Märkten Ostafrikas erlauben sollte. Noch heute trägt er den Namen des Kanzlers: Caprivi-Zipfel.

Frank Fredericks (* 1967)

Sportler

Der Leichtathlet Frank Fredericks aus Katutura bei Windhoek zählt zu den schnellsten Männern der Welt. Vor den Olympischen Spielen in Barcelona 1992 war er – selbst im eigenen Land – noch weitgehend unbekannt. In Barcelona jedoch wurde er mit einem Schlag berühmt, als er für Namibia zweimal Silber gewann, im 100-Meter-Lauf (mit 10,02 Sekunden) und über 200 Meter (20,13 Sekunden). Ein Jahr später holte er in Stuttgart den ersten Weltmeistertitel für sein Land und verwies den großen Carl Lewis aus den USA im 200-Meter-Lauf auf den zweiten Platz.

← Adolf Lüderitz kaufte als erster Deutscher einen Landstreifen auf dem Gebiet des heutigen Namibia: Er hoffte auf Diamanten.

Adolf Lüderitz (1834 – 1886)

Kaufmann

Bis heute ist eine Stadt in Namibia nach dem Bremer Kaufmann Adolf Lüderitz benannt, auf dessen Initiative es zurückzuführen ist, dass sich das Deutsche Kaiserreich in Südwestafrika als Kolonialmacht engagierte.

Adolf Lüderitz, geboren 1834, lebte als junger Erwachsener in Mexiko und kehrte 1878 nach Bremen zurück, um das Tabakgeschäft seines Vaters zu übernehmen. In der Folge dehnte er seine Handelsbeziehungen nach Afrika aus. Hier erfuhr er, dass es an der Südwestküste gewaltige Erzvorkommen, aber auch Gold, Silber und Diamanten geben solle und fasste den Entschluss, dieses Gebiet den dort lebenden schwarzen Völkern abzukaufen. Er stellte eine Expedition unter der Leitung des afrikaerfahrenen Kaufmannsgehilfen Heinrich Vogelsang zusammen. Diesem gelang es, 1883 dem Nama-Anführer Joseph Fredericks die Bucht von Angra Pequena und das angrenzende Land gegen Geld und Gewehre abzukaufen. Lüderitz reiste nach Südwestafrika, um sich persönlich um seine Landerwerbungen zu kümmern.

Nachdem Lüderitz wiederholt in Berlin um staatlichen Schutz für seine Ländereien gebeten hatte, proklamierte Reichskanzler Bismarck im April 1884 die deutsche Schutzherrschaft über dessen Gebiete in Südwestafrika. Bereits ein Jahr später musste Lüderitz all seine afrikanischen Besitzungen für eine halbe Million Mark an die »Deutsche Kolonialgesellschaft für Südwestafrika« abtreten – in der Hoffnung auf enorme Gewinne in dem neu erworbenen Land hatte er bei immer neuen Expeditionen, Landaufkäufen und Probebohrungen sein ganzes Vermögen verloren. Doch er gab nicht auf und machte sich 1886 mit einem Trupp Männer auf die Suche nach Diamanten. Von dieser Expedition kehrte er niemals zurück.

Samuel Maharero (1854 – 1923)

Herero-Führer

Samuel Maharero gelang es 1890 nach dem Tod seines Vaters, die Herrschaft über die Herero an sich zu reißen. Zunächst war er an einer »Zusammenarbeit« mit den Deutschen durchaus interessiert, mit deren Hilfe er die von ihm angestrebte, in seinem Volk bisher nur ansatzweise vorhandene »Oberhäuptlingschaft« erringen wollte. Dank der Einkünfte aus Landverkäufen an den neuen weißen Herrn konnte er seine Machtposition festigen. Anfang 1894 allerdings rief er die Herero und andere Völker zum Widerstand gegen die Kolonialherren auf. Die Gründe hierfür waren die zunehmende Herrenpolitik der weißen Siedler und ihre Skrupellosigkeit gegenüber der schwarzen Bevölkerung. Für die Deutschen kam die Erhebung der Herero überraschend, mit Mut und Kampfeswillen bei der schwarzen Bevölkerung hatten sie nicht gerechnet.

Doch Maharero verlor den von ihm angezettelten Kampf. Nach der entscheidenden Schlacht am Waterberg am 11. August 1904 musste er mit einem Großteil seines Volkes in die wasserlose Omaheke-Wüste fliehen, aus der es für die meisten Herero kein Entrinnen mehr gab. Maharero gelang es, sich nach Britisch-Betschuana in Sicherheit zu bringen. Er starb 1923 im Exil.

John Muafangejo (1943 – 1987)

Künstler

John Ndevasia Muafangejo gilt als der bisher größte namibische Künstler. Schon zu seinen Lebzeiten fanden die von ihm erstellten Kunstwerke nicht nur in Namibia große Anerkennung; in vielen afrikanischen Staaten, aber auch in den USA und in einigen europäischen Ländern, darunter Deutschland, waren seine Arbeiten in Ausstellungen zu bewundern (►Kunst und Kultur S. 69).
Geboren wurde er 1943 in Angola. Im Alter von zwölf Jahren zog er nach Namibia. Dort entdeckte ein Missionar sein zeichnerisches Talent und verhalf ihm zu einem Stipendium an der Kunstschule Rorkes Drift im südafrikanischen Natal, wo er die Technik des Holz- und Linolschnitts erlernte. Nach seinem Studium kehrte er nach Namibia zurück und arbeitete in Oshikango als Kunstlehrer, bis er sich im Windhoeker Schwarzenviertel Katutura niederließ. Hier erhielt er Unterstützung von der Namibian Arts Association. Muafangejo verstarb überraschend 1987, im Alter von nur 44 Jahren.

Sam Nujoma (* 1929)

Erster Staatspräsident

1989 wurde in Namibia ein deutschstämmiger Rechtsanwalt namens Anton Lubowski ermordet, weil er sich für die Unabhängigkeitsbewegung SWAPO engagiert hatte. In der ersten Reihe der Trauergäste stand der gerade aus dem Exil zurückgekehrte Samuel Nujoma. Allgemein wurde von dem SWAPO-Chef nun eine Trauerrede erwartet, in der er zu Rache und Vergeltung aufrufen würde. Doch tatsächlich forderte er die »Wiederversöhnung aller Rassen in unserer gemeinsamen Heimat Namibia«.

Sam Nujoma wurde 1929 in Ongandjera, im Norden des Landes, als Sohn eines armen Bauern geboren. Nach einer kurzen Schulausbildung arbeitete er bei der staatlichen Eisenbahngesellschaft Südafrikas und anschließend bei der Stadtverwaltung in Windhoek. Als führendes Mitglied der OPO (Ovamboland People's Organization) organisierte er im Dezember 1959 Protestaktionen der schwarzen Bevölkerung von Windhoek gegen Umsiedlungspläne der südafrikanischen Regierung. Nach kurzem Gefängnisaufenthalt verließ er 1960 das Land. Zusammen mit anderen OPO-Führern gründete er im Exil die damals marxistisch geprägte SWAPO (South West African People's Organization), die sich für die Unabhängigkeit Namibias einsetzte. Ihr Hauptquartier

hatte die SWAPO, zu deren Präsident Nujoma ernannt worden war, im tansanischen Daressalam. Nujomas langes Wirken für die Unabhängigkeit seines Landes hatte schließlich Erfolg: Am 21. März 1990 wurde Nujoma als erster Präsident des neuen Staates vereidigt. Der einstige Rebellenchef, und mit ihm die gesamte SWAPO, schwor dem Marxismus ab, er verlieh dem Land eine liberale und investorenfreundliche Wirtschaftsordnung und er führte die »Politik der nationalen Versöhnung« ein.
Als 1994 die zweiten freien Wahlen in Namibia stattfanden, wurde er – diesmal direkt – mit überwältigender Mehrheit zum Staatspräsidenten wiedergewählt. Dennoch musste sich Nujoma den Vorwurf gefallen lassen er habe Machtstellen des Landes mit SWAPO-Leuten durchsetzt, die angekündigte Landreform schleppend umgesetzt und auch hier die eigenen Leute vorrangig bedacht. Während seiner Regierungszeit hat sich Nujoma verändert. Die viel beachtete »Versöhnungspolitik« drohte zum hohlen Lippenbekenntnis zu verkommen, die Kluft zwischen wohlhabenden Weißen und armen Schwarzen wurde immer tiefer. Der autokratische Regierungsstil des Präsidenten, der laut Verfassung im Jahr 2000 gar nicht mehr zur drittten Wahl hätte antreten dürfen, verärgerte und ernüchterte viele seiner Landsleute.

Ilse Schatz (* 1929)

Farmerin

Das kleine Museum von Tsumeb enthält Exponate zur historischen Entwicklung des Ortes, zum Bergbau und zur Kultur der San. Noch interessanter als die Ausstellungsstücke selbst sind die Erzählungen der Museumsgründerin Ilse Schatz.
Sie wurde am 14. Februar 1929 in Grootfontein geboren. Nach der Heirat mit Wolfgang Schatz zogen die Eheleute auf die Farm Otjiguinas bei Tsumeb. Hier lebten ca. 70 Menschen, die meisten waren San. Ilse Schatz war nicht nur Farmersfrau und Mutter, sondern gleichzeitig Hebamme, Ärztin und Lehrerin der Farmarbeiterfamilien. Es gelang ihr, das Vertrauen des Medizinmannes zu gewinnen und er erlaubte ihr, an San-Zeremonien teilzunehmen.
Das Museum in Tsumeb öffnete 1975 auf Initiative von Ilse Schatz seine Pforten. Ihre Erlebnisse, Eindrücke und Erfahrungen mit den San, ihr profundes Wissen über die Sitten und Bräuche dieses Volkes erschienen mit dem Titel »Unter Buschleuten« (Selbstverlag, Tsumeb 1993).

Hendrik Witbooi (ca. 1830 – 1905)

Nama-Führer

An den Herero-Führer Samuel Maharero schrieb Hendrik Witbooi: »Du wirst zum Ende schwer bereuen, dass Du Dein Land und Deine Regierungsrechte in die Hände der Weißen gegeben hast.« Während andere schwarze Führer bereitwillig große Gebiete ihres Landes an die Deutschen verkauften, rief Witbooi auch alte Feinde dazu auf, die mit dem Kaiserreich geschlossenen Verträge rückgängig zu machen. Hendrik Witbooi war der Anführer der mächtigsten Nama-Volksgruppe, der sog. Witbooi-Hottentotten. In der Nachfolge seines Vaters hatte er den Süden Namibias unter seine Herrschaft gebracht, und nun führte er sein Volk in den fruchtbareren Norden Südwestafrikas, um auch die hier lebenden Völker zu unterwerfen. Ab 1890 unternahm er immer wieder Vorstöße ins Herero-Land. Als er erkannte, dass die Deutschen eine größere Gefahr darstellten als die Herero, ergriff er die Waffen gegen die Kolonialherren. Auf Dauer hatte Hendrik Witbooi gegen die immer größer werdende Übermacht der Deutschen keine Chance: Als er mit seinem Volk genau vor eine deutsche Artillerie-Stellung lief und der deutsche Kommandeur Leutwein jedoch den Befehl gab, nicht zu schießen, war Witbooi von der Fairness des Gegners stark beeindruckt und erklärte sich 1894 bereit, einen Schutzvertrag mit dem deutschen Kaiser zu unterzeichnen.

Hendrik Witbooi widersetzte sich der Kolonialmacht – und unterlag.

Bis 1904 lebte Hendrik Witbooi in Gibeon unter der Aufsicht einer deutschen Polizeitruppe. Als in diesem Jahr der Herero-Aufstand ausbrach, erhob er sich erneut gegen die Kolonialmacht und fiel 1905 in einem Gefecht bei Fahlgras.

Praktische Informationen

WIE KOMMT MAN HIN? WIE REIST MAN WEITER? WIE SIND DIE STRASSEN? WAS ISST MAN IN NAMIBIA? UND WO SIEHT MAN ELEFANTEN? LESEN SIE NACH – AM BESTEN SCHON VOR DER REISE!

Anreise · Reiseplanung

Anreisemöglichkeiten

Mit dem Flugzeug

Als einzige reguläre Fluglinie fliegt Air Namibia vier Mal wöchentlich direkt von Frankfurt/Main nach Windhoek, Hosea Kutako International Airport. Internationale Anschlussflüge bestehen nach Maun/Botswana, Victoria Falls/Simbabwe, Johannesburg und Cape Town/Südafrika sowie Luanda/Angola. Als einzige Charter-Fluglinie fliegt LTU direkt nach Windhoek: zweimal wöchentlich von Düsseldorf und München. Die Flugdauer beträgt knapp zehn Stunden. Die Reisezeit verlängert sich auf ca. zwölf Stunden, dafür ist der Flug oft preisewerter, wenn man mit Lufthansa, SAA, KLM, Swiss oder British Airways über Johannesburg bzw. Cape Town/Südafrika anreist.

Internationaler Flughafen

Der internationale Flughafen liegt 45 km östlich von Windhoek. Vorbestellte Mietwagen können dort in Empfang genommen werden. Außerdem bringt ein halbstündig fahrender Bus die Passagiere preiswert und sicher in 45 Minuten entweder zum Safari Hotel am Stadtrand von Windhoek oder zum Kalahari Sands Hotel in die Stadtmitte. Schließlich warten auch Taxis auf Besucher. Viele Gästefarmer oder Hotels holen ihre Gäste direkt vom Flughafen ab.

Autotransport

Wer auf das eigene Wohnmobil oder den Pkw nicht verzichten möchte, kann diesen nach Walvis Bay verschiffen oder per Luftfracht

INFORMATIONEN ANREISE

LINIENFLÜGE

► **Air Namibia**
www.airnamibia.com
Buchung über Aviareps
Hessenring 32, 64546 Mörfelden
Tel. 0 61 05 / 20 60 30, Fax 20 60 38

CHARTERFLÜGE

► **LTU**
Tel. 01 90 / 21 17 67, www.ltu.de

AUTOTRANSPORTE

► **Spedition Dieter Ebert**
Trans World Cargo GmbH
TWC
Oststraße 50
22844 Norderstadt
Tel. 0 40 / 5 22 13 22
Fax 5 26 43 42
info@ebertsped.de

VISUMVERLÄNGERUNG

► **Ministry of Home Affairs**
Cohen Building
Casino Street, Windhoek
Tel.: 0 61 / 2 92 91 11
Fax 2 92 38 17
Bürozeiten: 8.00 – 16.30 Uhr

HAUSTIERE

► **Director of Veterinary Services**
P. O. Box 12022
Windhoek
Tel. 0 61 / 2 02 91 11

nach Windhoek transportieren lassen. Das Fahrzeug sollte möglichst in einem verplombten Container transportiert werden. Ein möglicher Partner in diesem teuren Unterfangen ist die Spedition Dieter Ebert (►Adresskasten unten). Als Luftfracht ist das Auto bei Air Namibia gut aufgehoben. Wer mit dem Auto einreist, muss eine Gebühr als Beitrag zur Straßeninstandhaltung entrichten.

Inlandsflüge

►Verkehr

Ein- und Ausreisebestimmungen

Reisepass

Deutsche, österreichische und Schweizer Staatsbürger benötigen für die Einreise nach Namibia einen über das Rückreisedatum hinaus noch mindestens sechs Monate gültigen Reisepass. Das Touristenvisum für 90 Tage wird am Flughafen ausgestellt. Journalisten benötigen ein gesondertes Visum.

Führerschein

Für Fahrten mit dem eigenen oder dem gemieteten Wagen benötigt man den **Internationalen Führerschein**. Man bekommt ihn bei der Führerscheinstelle oder bei den Motorclubs. Für das eigene Fahrzeug sind darüber hinaus die Internationale Zulassung und ein Carnet de Passage notwendig. Das Carnet de Passage kann beim ADAC erworben werden.

Es empfiehlt sich, alle **Reisedokumente** wenigstens einmal zu fotokopieren und die Kopien getrennt vom Original aufzubewahren.

Die **Mitnahme von Haustieren** nach Namibia ist nicht empfehlenswert (in die Naturschutzreservate dürfen sie nicht mitgenommen werden), darüber hinaus muss zuweilen mit einer Quarantänezeit gerechnet werden. Wenn Waldi doch mit muss: Formulare für die Ein- und Ausfuhr von Tieren hält das Veterinäramt in Windhoek bereit.

! *Baedeker* TIPP

Früh buchen!

Namibia ist ein Land, das man sehr gut individuell bereisen kann. Allerdings empfiehlt es sich grundsätzlich, den Mietwagen (Internationalen Führerschein nicht vergessen!) und – zumindest in Hochsaisonzeiten – in Nationalparks und in abgelegeneren Regionen auch die Unterkunft im Voraus zu buchen.

Nachweise für **Schutzimpfungen** sind für die Einreise nach Namibia nicht vorgeschrieben. Das Deutsche Auswärtige Amt empfiehlt jedoch: Schutz gegen Tetanus, Diphterie, Polio und Hepatitis A, bei Langzeitaufenthalten auch Hepatitis B.

Malariaprophylaxe

In Teilen von Namibia herrscht ein hohes Malariainfektions-Risiko. Eine medikamentöse Prophylaxe sollte vor der Reise mit einem Tropen-/Reisemediziner besprochen werden, im Land selber geben Apotheken kompetente Malaria-Beratung (►Gesundheit).

Zollbestimmungen

Einreise nach Namibia

Zollfrei bei der Einreise nach Namibia sind Dinge des persönlichen Gebrauchs; ferner 1 l Spirituosen, 2 l Wein, 50 ml Parfüm, 250 ml Eau de Toilette, 400 Zigaretten, 50 Zigarren, 250 g Tabak und Geschenke im Wert von 200 N$.

Wiedereinreise nach Deutschland und Österreich

Bei der Wiedereinreise in die EU-Länder Deutschland und Österreich sind für Personen über 15 Jahren 500 g Kaffee oder 200 g Pulverkaffee und 100 g Tee oder 40 g Teeauszüge, 50 g Parfüm und 0,25 l Toilettenwasser sowie für Personen über 17 Jahren 1 l Spirituosen über 22 % oder 2 l Spirituosen unter 22 % oder 2 l Schaumwein und 2 l Wein sowie 200 Zigaretten oder 50 Zigarren oder 250 g Tabak zollfrei.
Reiseandenken dürfen nach Deutschland bis zu einem Warenwert von 180 € zollfrei eingeführt werden, Waren aus Duty Free Shops sind nur bis 90 € zollfrei.

Wiedereinreise in die Schweiz

Für die Schweiz gelten folgende Freimengengrenzen: 250 g Kaffee, 100 g Tee, 200 Zigaretten oder 50 Zigarren oder 250 g Tabak, 2 l Wein oder andere Getränke bis 15 % Alkoholgehalt oder 1 l Spirituosen mit mehr als 15 % Alkoholgehalt. Souvenirs dürfen bis zu einem Wert von 100 sfr zollfrei eingeführt werden.

Reiseversicherungen

Auslandskrankenversicherung

Es ist ratsam, auf alle Fälle eine private Auslandskrankenversicherung abzuschließen. Angeboten werden auch Versicherungspakete, die neben der Krankenversicherung eine Gepäck-, Unfall- und Haftpflichtversicherung einschließen.

Auskunft

WICHTIGE ADRESSEN

AUSKUNFT ZU HAUSE

▸ **Namibia Tourism Board**
Schillerstr. 42 – 44
D-60313 Frankfurt am Main
Tel. 0 69 / 1 33 73 60, Fax 13 37 36 15
www.namibia-tourism.com
Auch für Anfragen aus Österreich und der Schweiz

▸ **Deutsch-Namibische Gesellschaft**
Sudetenlandstr. 18
D-37085 Göttingen
Tel. 05 51 / 7 07 67 - 81
Fax 7 07 67 - 82
www.dngev.de

AUSKUNFT IN NAMIBIA

▸ **Namibia Tourism Board**
Private Bag 13244
Independence Avenue
Windhoek
Tel. 0 61 / 2 90 60 00
Fax 25 48 48
www.namibiatourism.com.na
Öffnungszeiten: Mo. – Fr.
8.00 – 12.00, 14.00 – 16.00 Uhr.
Die übergeordnete Tourismusbehörde im Land

▸ **Namibia Wildlife Resorts**
Private Bag 13267
Independence Avenue, Windhoek
Tel. 0 61 / 23 69 75
Fax 22 49 00
www.nwr.com.na
Wichtigste Adresse für Permits, Wanderungen und Übernachtungen in den Nationalparks. Einfache Reservierung über ein Onlineformular möglich

▸ **Tourism Information Centre**
Post Street Mall, Windhoek
Tel. 0 61 / 2 90 20 58
Fax 2 90 20 91
Öffnungszeiten: Mo. – Fr.
9.00 – 19.00, Sa 9.00 – 12.00 Uhr
Vor-Ort-Informationen über Hotels, Gästefarmen, Safaris

INTERNET

▸ **www.dngev.de**
Übersichtlich und informativ ist der Internetauftritt der Deutsch-Namibischen Gesellschaft.

▸ **www.grnnet.gov.na**
Die offizielle Seite des Staates Namibia

▸ **www.namibia.de**
Internet-Portal zum Land mit nützlichen Links und Foren

▸ **www.namibia-tourism.com**
Seite des Namibia Tourism Board in Frankfurt. Ein Relaunch der zu Redaktionsschluss leider nicht sehr ergiebigen Seite ist angekündigt.

▸ **www.namibia24.com**
Reisetreff und Forum im Internet mit einer Fülle von Beiträgen zu Reisezielen, Unterkünften, Aktuellem etc.

▸ **www.nwr.com.na**
Seite des Namibia Wildlife Resort. Onlinebuchungen für Nationalpark-Permits und -Unterkünfte möglich.

! *Baedeker* TIPP

www.natron.net
Namibia Travel Online. Hervorragende und sehr übersichtliche Linkliste mit komplettem und aktuellem (!) Beherbergungsführer, Liste der Mietwagen- oder Safarianbieter, Nationalparks mit aktuellen Eintrittsgebühren etc.

▸ **www.namibweb.com**
Englischsprachige Seiten

NAMIBISCHE BOTSCHAFTEN

▸ **Deutschland**
Botschaft der Republik Namibia
Wichmannstraße 5
10787 Berlin
Tel. 0 30 / 2 54 09 50
Fax 25 40 95 55

▸ **Österreich**
Botschaft der Republik Namibia
Strozziggasse 10 – 14
1080 Wien
Tel. 01 / 4 02 93 74
Fax 4 02 93 70

▸ **Schweiz**
Namibia hat in der Schweiz keine Vertretung.

DIPLOMATISCHE VERTRETUNGEN IN NAMIBIA

▸ **Botschaft der Bundesrepublik Deutschland**
154 Independence Avenue
P. O. Box 231, Windhoek
Tel. 0 61 / 27 31 00, Fax 22 29 81
info@german-embasssy.org.na

▸ **Konsulat der Republik Österreich**
1 Schäfer Street
Klein Windhoek, Windhoek
Tel. 0 61 / 22 21 59, Fax 23 23 53

▸ **Konsulat der Schweizerischen Eidgenossenschaft**
5 Schönlein Street
P. O. Box 9298, Eros/Windhoek
Tel. 0 61 / 22 28 13
Fax 22 01 04

Badestrände

Kaltes Vergnügen

Namibia besitzt zwar endlos lange Traumstrände, doch eignen sie sich leider nur wenig zum Baden und Sonnenbaden. Als einziger Badeort kann **Swakopmund** gelten, doch hier ist es nur in den Sommermonaten möglich, sich Badefreuden hinzugeben – und auch dann ist der Atlantik empfindlich kalt, denn selten ist das Wasser wärmer als 19 °C. Die Brandung ist fast überall sehr stark und Haie gibt es auch, so dass das Baden und Schwimmen gefährlich werden kann. Badezeug sollte man dennoch für eine Namibia-Reise einpacken: Ein Swimmingpool gehört fast zu jeder Lodge, auch viele Hotels und die staatlichen Restcamps haben einen Pool.

Mit Behinderung in Namibia

Die neuen Hotels sind behindertengerecht ausgestattet, einige ältere und Gästefarmen/Lodges nach Renovierungen ebenso.

ROLLSTUHLFAHRER

▸ **CARAN Car Rental Association of Namibia**
Tel. 0 61 / 25 63 23, Fax 25 63 33
caran.natron.net
Auskünfte über Autoverleiher mit rollstuhlgerechten Fahrzeugen.

TOUREN FÜR BEHINDERTE

▸ **UCT United Colours of Travelling**
Ansprechpartner: Nils Sattelkau
Tel. (Deutschl.!) 0 40 / 63 31 19 47
info@uct-world.com
Individuelle Touren oder Gruppenreisen von Deutschland aus

Endlose Sandstrände, nur Wasser und Wüste – und zum Baden fast immer zu kalt →

Elektrizität

Das Stromnetz in Nambia ist für 220/240 Volt Wechselstrom ausgelegt. Die Stecker sind allerdings dreipolig. Entsprechende Zwischenstecker (Adapter) erhält man im Fachhandel, in allen Hotels auch leihweise an der Rezeption.

Essen und Trinken

Deutsche Küche

Nur noch selten wird man Schnitzel, Rouladen oder Eisbein, Sauerkraut oder saure Bohnen auf den Buffets in Lodges und Gästefarmen finden. Typisch germanische Kost findet man allenfalls noch in deutschen Traditionslokalen, als Relikt aus alten Zeiten. Schließlich ist man in Namibia auf den Geschmack internationaler Küche gekommen; Italiener, Griechen und Chinesen sind keine »Ausländer« mehr und mit Hilfe der abwechslungsreichen Küche Südafrikas entwickelt sich in Namibia eine delikate Cuisine. Unangetastet allerdings sind die »deutschen« Backwaren, diese traumhaft mächtigen Frankfurter Kränze, Schwarzwälder Kirschtorten, Windbeutel und Käsekuchen nach Rezepten aus Großmutters Zeiten.

Traditionelle namibische Küche

Mit traditionellen namibischen Gerichten wie **Milipap** (Maisbrei) oder Hirsebrei, Ziegen- oder Kuhmilchprodukten kann sich der Besucher nur auf Wunsch verköstigen.

Fleischgerichte

Namibia ist ein Fleischland. Hier kommen Rind- und Lammfleisch von wirklich ausgezeichneter Qualität und Frische auf den Tisch, sehr beliebt sind jedoch auch Kalb- und Schweinefleischgerichte. Wild in Form von Steak, Braten oder Ragout von Kudu, Springbock und Oryxantilope steht regelmäßig auf der Speisekarte. Zebra- und Warzenschweinsteaks werden auch serviert und Krokodil- oder Straußenfleisch sind von keiner modernen Speisekarte mehr wegzudenken.

Eine besondere Spezialität ist das auch in Südafrika geschätzte **»Biltong«**, stark gewürztes, an der Luft getrocknetes rohes Fleisch, meist von Rind, Kudu oder Strauß. Ferner zählen geräucherte **»Landjäger«** und **»Boerewors«**, eine gut gewürzte Bratwurst aus Rinder- und Hammelfleisch, zu den Spezialitäten im Land.

Fischgerichte

Fischliebhaber kommen vor allem in den Küstenstädten Swakopmund und Lüderitz auf ihre Kosten, bei hervorragend zubereiteten Seezungen, Kabeljaugerichten, Tintenfischringen oder vielen anderen Speisefischen. In Lüderitz werden Austern gezüchtet, die zu den besten der Welt zählen, und Hummer (Crayfish) und Langusten landen fangfrisch auf dem Tisch.

Auch bei **Backwaren** ist der deutsche Einfluss unübersehbar: Pumpernickel, Schwarzbrot, Vollkornbrot und Brötchen natürlich. Hinzugekommen sind Pasteten, köstlich gefüllt mit Fleisch- oder Gemüse.

Wer selbst einkaufen geht, wird von den hohen Preisen bei **Obst** und **Gemüse** überrascht sein. Doch Frisches gibt es in Namibia kaum, die Anbaubedingungen sind einfach zu schwierig. Was auf dem Markt ist, stammt zum größten Teil aus Südafrika, die Transportkosten erklären die hohen Kaufsummen.

Echte **namibische Delikatessen** sind Termitenpilze (Omajowas), Kalahari-Trüffel und der grüne Spargel aus Swakopmund.

Bäcker mit deutscher Tradition

Getränke

Verschiedene Sorten Mineralwasser und die international bekannten Erfrischungsgetränke sind auch in Namibia erhältlich. Auf der namibischen Beliebtheitsskala rangieren Appletizer und Grapetizer – extrem Durst löschende Getränke aus Apfel- oder Traubenkonzentrat – ganz oben.
Die »Nummer eins« unter den alkoholischen Getränken in Namibia ist das Bier. Gebraut wird es nach dem von Herzog Wilhelm von Bayern 1516 erlassenen – deutschen – Reinheitsgebot, es enthält also nur reines Wasser, ausgewählten Hopfen und feinstes Gerstenmalz.
Aufgrund des trockenen und heißen Klimas haben die in den namibischen Brauereien in Windhoek und Swakopmund hergestellten Biere einen niedrigeren Alkoholgehalt als die in Mitteleuropa gebrauten Sorten. Das beliebteste Bier im Lande ist das leichte »Windhoek Lager« (Alkoholgehalt 4 %). Etwas bitterer und stärker ist das »Windhoek Export«. Am meisten Alkohol (5,3 %) enthält das »Windhoek Special«. Es gibt sogar ein Maibock-Bier (5,5 %), das allerdings nur in den Wintermonaten gebraut wird. Auch ein »Light-Bier«, ein Bier mit eher geringem Alkoholgehalt, ist auf dem Markt: »Windhoek-Light« (1,9 %).

i Alkoholausschank

- Alkohol darf nur in bestimmten Restaurants bzw. Hotels und Gästefarmen sowie Geschäften ausgeschenkt bzw. verkauft werden. Man kann sich in Namibia an folgenden Symbolen orientieren:

Y = Bier nur mit dem Essen
YY = Wein und Bier dürfen verkauft werden
YYY = volle Lizenz, gesetzlich begrenzte Ausschankzeiten

In Restaurants und »Bottle Stores« (Spirituosengeschäften) sind diverse importierte Liköre, Schnäpse und Weinbrände erhältlich. Besonders groß ist das Angebot an südafrikanischen Weinen und Schaumweinen, u. a. aus den Anbaugebieten von Paarl, Stellenbosch und Franschhoek. Diese Weine schmecken nicht nur hervorragend und sind von hoher Qualität, sie kosten in Namibia auch weniger als in mitteleuropäischen Ländern.

Die in diesem Führer im Kapitel ►Reiseziele von A – Z empfohlenen Restaurants sind in folgende Preiskategorien eingeteilt (Menü ohne Getränke):

Fein & teuer; über 120 N$
Erschwinglich: 70 – 120 N$
Günstig: unter 70 N$

Restaurants

Die Essenspreise in den Restaurants sind in Namibia deutlich niedriger als in Deutschland. Für ein dreigängiges Menü muss man in eleganten Restaurants mindestens 100 N$ bezahlen (ohne Getränke), in einfachen Lokalen kostet es häufig nicht mehr als 30 N$.

Eine größere Auswahl an Restaurants unterschiedlicher Kategorien gibt es nur in Lüderitz, Swakopmund und natürlich Windhoek. Ansonsten speist man an seinem jeweiligen Übernachtungsort – auf der Gästefarm oder in der Lodge, auf jeden Fall ist die Küche fast immer ausgezeichnet.

ENGLISCHES SPEISE- UND GETRÄNKELEXIKON

Englisch	Deutsch
anchovie	Sardellen
apple	Apfel
asparagus	Spargel
bacon	Schinkenspeck
baked	gebacken
beef	Rind
beer	Bier
beverages	Getränke
boiled	gekocht
bottle	Flasche
braised beef	Schmorbraten
bread	Brot
bream	Brasse
Brussels sprouts	Rosenkohl
butter	Butter
cabbage	Kohl
cake	Kuchen

carrots	Karotten
cauliflower	Blumenkohl
celery	Sellerie
cereal	Getreide
cheese	Käse
cherry	Kirsche
chicken	Hähnchen
chips	Pommes frites
chop	Kotelett
cod	Kabeljau
coffee	Kaffee
decaffeinated coffee	koffeinfreier Kaffee
cooked	gekocht
crab	Krebs
cream	Sahne
cutlet	Kotelett bzw. Schnitzel
cuttle fish	Tintenfisch
dish	Gericht
draught beer	Fassbier
duck	Ente
egg	Ei
soft (hard) boiled	weich (hart) gekocht
fried egg	gebratenes Ei
poached egg	verlorenes Ei
scrambled egg	Rührei
fish	Fisch
french beans	grüne Bohnen
fried	in der Pfanne gebraten
fruit juice	Fruchtsaft
game	Wild
gammon	geräucherter Schinken
garlic	Knoblauch
ginger	Ingwer
goose	Gans
grapes	Weintrauben
haddock	Schellfisch
halibut	Heilbutt
ham	gekochter Schinken
haricot beans	weiße Bohnen
herbs	Kräuter
honey	Honig
ice-cream	Speiseeis
ice cubes	Eiswürfel

Was essen diese Damen? Richtig: »Chips« heißt es auf Englisch.

intestines	Innereien
jam (marmelade)	Konfitüre (Orangenmarmelade)
lamb	Lamm
leek	Lauch, Porree
lettuce	Kopfsalat
liver	Leber
lobster	Hummer
loin	Lendenstück
mackarel	Makrele
main course	Hauptgericht
meat balls	Fleischklößchen
milk	Milch
minced meat	Hackfleisch
mineral water	Mineralwasser
mushrooms	Pilze
mussel	Muschel
mustard	Senf
mutton	Hammelfleisch
noodles	Nudeln
oil	Öl
onion	Zwiebel
orange juice	Orangensaft
oyster	Auster
pancake	Pfannkuchen
parsley	Petersilie

pastry	Gebäck, Kuchen
pea	Erbse
peach	Pfirsich
pear	Birne
pepper	Pfeffer
peppers	Paprikaschoten
perch	Barsch
pineapple	Ananas
plaice	Scholle
plums	Pflaumen
pork	Schweinefleisch
porridge	Haferbrei
potatoes	Kartoffeln
poultry	Geflügel
prawn	Garnele
pumpkin	Kürbis
rabbit	Kaninchen
red cabbage	Rotkohl
rice	Reis
roast	Braten
roll	Brötchen
salad	Salat
salmon	Lachs
salt	Salz
sausages	Würstchen
seafood	Meeresfrüchte
shark	Hai
sirloin steak	Rumpsteak
slice	Scheibe
smoked	geräuchert
sole	Seezunge
soup (clear soup)	Suppe (Fleischbrühe)
sparkling wine	Schaumwein
spice	Gewürz
squid	Tintenfisch
starter	Vorspeise
steak	Steak
rare	englisch, (kurz angebraten)
medium	mittel
well done	gut durchgebraten
stuffed	gefüllt
sweetcorn	Mais
sweets	Süßigkeiten, Nachspeise

tart	Obsttorte
tea with lemon	Tee mit Zitrone
tender	zart
tomato juice	Tomatensaft
tough	zäh
trout	Forelle
tunny	Thunfisch
turkey	Truthahn
veal	Kalb
vegetable	Gemüse
vinegar	Essig
wine (red, white, rosé)	Wein (rot, weiß, rosé)

Feiertage · Feste · Events

FEIERTAGE UND EVENTS

- **1. Januar**
  Neujahrstag
- **21. März**
  Tag der Unabhängigkeit
- **März/April**
  Karfreitag und Ostermontag
- **1. Mai**
  Tag der Arbeit
- **4. Mai**
  Cassinga-Tag (in Erinnerung an den Unabhängigkeitskampf)
- **April/Mai**
  Christi Himmelfahrt
- **25. Mai**
  Afrika-Tag
- **26. August**
  Heldengedenktag
- **10. Dezember**
  Tag der Menschenrechte
- **25./26. Dezember**
  Weihnachten

FEBRUAR

- **Walvis Bay – Lüderitz**
  Große Segelregatta entlang der gefährlichen Nebelküste von Walvis Bay nach Lüderitz, Start ist immer am Monatsanfang.

APRIL

- **Windhoek**
  Der Windhoek-Karneval, auch als WIKA bekannt, hat Ende April/Anfang Mai seinen Höhepunkt mit einem Umzug durch Windhoek. Und natürlich gibt es eine Weiberfastnacht, einen Prinzenball, einen Maskenball sowie den Jugend- und Kinderkarneval.

JUNI

► Okahandja

Bei der »Mbanderu Procession« gedenken die Herero ihres am 13. Juni 1896 hingerichteten »Chiefs« Nguvauva. Ein farbenfrohes Ereignis, das man sich nicht entgehen lassen sollte.

JULI / AUGUST

► Swakopmund

Wer noch nicht genug vom Karneval in Windhoek hat, kann in Swakopmund weiterfeiern: KÜKA, Küstenkarneval ist angesagt.

AUGUST

► Waterberg Plateau Park

Am ersten Sonntag nach dem 11. August treffen sich Deutschstämmige und Herero auf dem Soldatenfriedhof am Waterberg. Sie gedenken der am 11. August 1904 in der Schlacht am Waterberg Gefallenen beider Seiten.

► Okahandja

Am ersten Sonntag nach dem 23. August findet der »Red Flag Day« bzw. das »Herero-Treffen« statt, bei dem der Toten des Herero-Aufstandes gedacht wird. Bei der feierlichen und farbenfrohen Prozession erscheinen die Herero-Männer in alten Uniformen und die Frauen der Herero sind in besonders farbenprächtige viktorianische Gewänder gekleidet (►Abb. S. 225).

► Swakopmund

In Swakopmund begeht man das »Cultural Festival« mit Theater- und Musikvorführungen sowie Kunst- und Handwerksausstellungen.

SEPTEMBER

► Walvis Bay

Die Walvis Bay Speed Week zieht begeisterte Segler aus aller Welt an.

► Windhoek

Die »Agricultural and Industrial Show« ist die größte Industrie- und Landwirtschaftsmesse des Landes.

OKTOBER

► Windhoek

Oktoberfest – selbstverständlich orientiert man sich am weltberühmten Münchner Original und Vorbild!

► Damara-Gebiete

Alljährlich um den 10. Oktober herum feiern die Damara das Otjimbingwe-Fest, mit dem sie der Geschichte ihres Volkes und ihrer Ahnen gedenken.

i Die schönsten Feste

- Karneval in Windhoek
- Mbanderu Procession der Herero in Okahandja
- »Red Flag Day« in Okahandja
- Swakopmunder Cultural Festival

► Nama-Gebiete

Die Nama begehen jährlich um den 29. Oktober ein ähnliches Stammesereignis: das Witbooi-Fest.

NOVEMBER

► Windhoek

Seit 1990 wird an einem Samstag im November das Enjando-Straßenfest gefeiert. Die für den Autoverkehr gesperrte Independence Avenue gehört dann einzig und allein Musikern, Tanzgruppen, Straßenhändlern und dem flanierenden Publikum.

▸ **Damara-Gebiete**
Mitte November begehen die Damara das Okombahe-Fest. Sie erinnern an ihre Traditionen und gedenken ihrer Vorfahren.

DEZEMBER

▸ **Walvis Bay**
Ausstellungen und andere Kulturveranstaltungen im Rahmen des »Community Festival«.

▸ **Küste**
Bei der »Angling Bonanza« geht es entlang der Küste zwischen Sandwich Harbour und der Ugab-Flussmündung darum, wer den größten Fisch an Land zieht.

▸ **Swakopmund**
Die »Swakopmunder Musikwoche« findet seit 35 Jahren ein mal jährlich mit Seminaren, Workshops und vielen Konzerten statt.

Geld

Währung Währungseinheit des jungen Landes ist der erst im Jahre 1993 eingeführte Namibische Dollar (N$).
Es gibt Banknoten zu 10, 50 und 100 Dollar sowie Münzen zu 10 und 50 Cents sowie zu 1 und 5 Dollar.

Währungskoppelung Der Namibische Dollar hat den gleichen Wert wie der Südafrikanische Rand, der in Namibia vorläufig ebenfalls legales Zahlungsmittel ist (in Südafrika kann allerdings nicht mit dem Namibischen Dollar bezahlt werden).

Ein- und Ausfuhr von Geld Devisen dürfen in unbegrenzter Höhe ein- und ausgeführt werden, die Landeswährung darf nur bis 500 N$ eingeführt werden.

WECHSELKURSE

▸ **Euro**
1 N$ = 0,10 €
1 € = 9,54 N$

▸ **Schweizer Franken**
1 N$ = 0,17 CHF
1 CHF = 5,69 N$

Von den meisten Hotels, Geschäften, Restaurants, Mietwagenunternehmen etc. werden internationale **Kreditkarten** wie Eurocard/Mastercard, Visa, American Express und Diners Club akzeptiert.
Doch Achtung: an Tankstellen darf nicht mit Kreditkarte bezahlt werden, deshalb hierfür immer genügend Bargeld bereithalten!
An den in größeren Städten vorhandenen Bankautomaten kann mit Kreditkarte und Maestro-Karte (ehemals: EC-Karte) in Verbindung mit dem PIN-Code Geld abgehoben werden.

Zu empfehlen ist die Mitnahme von **Reiseschecks**, am besten ausgestellt in Euro oder US-Dollar.

Wer von Namibia aus zu den Victoria-Fällen oder zu anderen Zielen in den Nachbarländern **Simbabwe** und **Sambia** weiterreisen möchte, muss darauf achten, in US-Dollar ausgestellte Reiseschecks bzw. Bargeld in US-Dollar dabeihaben. Die Visa zur Einreise in die Nachbarstaaten gibt es nur gegen US $.

! *Baedeker* TIPP

Karte verloren? Tel. 116 116

Unter der neu eingerichteten zentralen **Sperr-Notrufnummer** (aus dem Ausland mit Vorwahl 0049!) kann man verlorene oder gestohlene Bank- und Kreditkarten sowie Handys sperren lassen.
Der **Bankkarten-Notfallservice** unter Tel. 0049 / 1805 / 021 021 oder 00 49 / 69 / 74 09 87 ist weiterhin erreichbar.

Banken

Die Banken sind in der Regel Mo. – Fr. 9.00 – 15.30 sowie Sa. 9.00 – 11.00 Uhr geöffnet.

Gesundheit

Impfungen

Bei der Einreise aus europäischen Ländern nach Namibia sind Impfungen nicht vorgeschrieben.

Malaria

Wer den Norden des Landes bereist – dazu gehört auch der Etosha-Nationalpark – sollte eine Malaria-Prophylaxe einnehmen. Besonders im wasserreichen Nordosten (Caprivi) ist die Malaria ganzjährig verbreitet und auch in Windhoek tritt neuerdings Malaria auf. Die Forschung hat gezeigt, dass viele der gängigen Medikamente nicht immer vor einer Infektion schützen. Abends ist das Tragen von langärmeligen Hemden und langen Hosen in Malariagebieten daher unbedingt zu empfehlen. Moskitoabweisende Mittel wie Sprays und Roll-ons sind ebenfalls effektiv, wenn man sie regelmäßig aufträgt. Sinnvoll ist es auch, unter einem Moskitonetz zu schlafen. Professionelle Prophlyaxe-Beratung erteilen alle Apotheken in Namibia.

Ärztliche Versorgung

Namibia gehört nicht zu den Ländern, die man im Krankheitsfall schleunigst verlassen muss. Krankenhäuser, Kliniken und Apotheken (genannt: »Apteek«, »Pharmacy« oder »Chemist«) findet man in allen Städten. Ärzte stehen im Telefonbuch unter »Medical Practitioners«, die Botschaften haben Vertrauensärzte. Jeder Gästefarmer muss eine Erste-Hilfe-Apotheke besitzen, zu der auch diverse Schlangenseren gehören sollten.

Krankenversicherung

Europäische Auslandskrankenscheine werden in Namibia nicht akzeptiert. Es empfiehlt sich der Abschluss einer privaten Auslandskrankenversicherung (►Anreise • Reiseplanung).

RETTUNGSDIENSTE

▸ **MRI Medical Rescue Tourmed**
P.O. Box 31, 220 Windhoek
Tel. 0 61 / 23 51 88

▸ **MedRescue Namibia**
Tel. 0 61 / 23 05 05

KLINIKEN

▸ **Katholisches Krankenhaus**
Stueble Street, Windhoek
Tel. 0 61 / 23 72 37
Bei Notfällen empfohlen

▸ **Mediclinic**
Heliodoor Street, Windhoek
Tel. 0 61 / 22 26 87
Gilt als beste Klinik des Landes

ONLINE REISEMEDIZIN

www.travelmed.de
www.crm.de
www.gesundes-reisen.de
www.fit-for-travel.de
www.kaunzner.de

TELEFONISCHE ANSAGEN

▸ **Tropeninstitut München**
Tel. 0 89 / 2 18 01 35 - 97 (Afrika)

▸ **Tropeninstitut Berlin**
Tel. 0 30 / 1 97 - 22 (Afrika)

Reiseapotheke Vergessen Sie nicht, eine kleine Reiseapotheke mitzunehmen. Enthalten sollten sein: Medikamente gegen Durchfall, Fieber und Schmerzen sowie Verbandsstoff, Pflaster und Wunddesinfektionsmittel, so dass Sie für kleinere Notfälle gerüstet sind.

Trinkwasser In den Städten ist das Wasser sauber, und Leitungswasser kann überall bedenkenlos getrunken werden. Mancherorts, vor allem in ländlichen Gegenden, schmeckt das Wasser recht salzig, ist jedoch nicht gesundheitsschädlich.

Knigge

Vielvölkerstaat Namibia ist ein Vielvölkerstaat mit einer von Konflikten und Gewalt geprägten Geschichte. Mehr als ein Jahrhundert lang haben Krieg, Kolonialisierung, Rassismus, Enteignung, Unterdrückung, Apartheid und eine Politik des »divide et impera« tiefe Wunden geschlagen, die in knapp 15 Jahren der Unabhängigkeit natürlich nicht verheilt sind. Ungeachtet vieler Kontakte zwischen den Bevölkerungsgruppen im Alltag ist gegenseitiges Misstrauen nach wie vor spürbar. Das gilt übrigens keineswegs nur für das Miteinander von »Weiß«, »Farbig« und »Schwarz«, sondern auch für den Umgang der Völker innerhalb dieser Gruppen – etwa zwischen Ovambo und Herero oder Herero und Dama sowie zwischen Deutschstämmigen und Afrikanern/Buren. **»Reconciliation«** (Versöhnung) und **»Nation Building«** stellen Regierung und gesellschaftliche Gruppen vor große Herausforderungen; Landfrage, Bildungsdefizit und die auseinander klaffende Schere zwischen Arm und Reich sind komplexe und mit Emotionen beladene Probleme, die sich nicht in drei Wochen besprechen oder gar lösen lassen. Als Gast aus dem sehr viel wohlhabenderen Europa ist es allemal ratsam, sich mit Bemerkungen zurückzuhalten, auf keinen Fall den Zeigefinger auszufahren und stattdessen lieber aufmerksam zu beobachten, zu fragen und zuzuhören.

Alles Deutsch – oder was?

Der Tourist, der vorwiegend Lodges und Gästefarmen besucht, begegnet vielen deutschen Gastgebern – pardon! Deutschstämmigen Namibiern, muss es heißen. Denn auch, wenn sie (Südwester-) Deutsch sprechen und sehr auf ihre kulturellen Wurzeln bedacht, ja oftmals »deutscher als die Deutschen« sind – sie empfinden sich als Namibier. Viele Deutschstämmige leben in der dritten oder vierten Generation im Land und grenzen sich bewusst von den »Deutschländern« ab, die sie gern scherzhaft als **Schneebantus** oder **Jerries** (engl. Jerry Can = Kanister) bezeichnen. Mit urigem Humor und oftmals telegrammartigem Sprachduktus vermitteln sie eine gute Vorstellung von Alltag und Lebensgefühl der Deutschstämmigen in Namibia. Wer den besserwisserischen Jerry herauskehrt, darf sich über kühle Distanz nicht wundern.

Das ganze Land ist ein Dorf – und innerhalb der Volksgruppen kennt jeder jeden.

Fotografieren – nur mit Zustimmung

Namibia ist zweieinhalb Mal so groß wie Deutschland. Und zugleich ein Dorf. Innerhalb der Volksgruppen kennt jeder jeden, ist fast jeder mit jedem über mehrere Ecken verwandt oder befreundet. Ein wahres Minenfeld also für die Konversation, in dem der Ahnungslose mit jeder abfälligen Bemerkung über einen Dritten tiefe Krater reißen kann. Also: Vor jedem Schritt erstmal vorsichtig das Terrain sondieren (»Wir haben XY getroffen. Kennen Sie den?«).

Begrüßung Der Händedruck vieler Schwarzer wirkt oft »schlaff«. Dies ist ein Ausdruck von Respekt, der mitunter noch dadurch unterstrichen wird, dass man die linke Hand in die rechte Armbeuge legt und sich beim Handreichen verbeugt. Viele Schwarze pflegen auch das Begrüßungsritual des **»Give me Five«**: Man drückt sich ganz normal die Hand, lockert den Griff, umgreift dann gegenseitig den Daumen, lockert den Griff erneut und drückt sich nochmals die Hand.

Fotografieren Den erwiesenen Respekt sollte man erwidern. So gehört es sich, dass man jemanden um Erlaubnis bittet, bevor man ihn fotografiert. Falls im Gegenzug Geld, Zigaretten oder Süßigkeiten verlangt werden, empfiehlt es sich, abzulehnen und auf das Fotomotiv zu verzichten. Die Entscheidung bleibt natürlich jedem selbst überlassen, nur steht zu bedenken, dass Almosen in der Regel nicht helfen, sondern das Problem des Bettelns verstärken. Wird man angebettelt, sollte man bestimmt, aber in freundlichem Ton ablehnen. So mancher probiert es einfach, akzeptiert aber auch ein Nein.

Handeln ist Ehrensache Die Souvenirs auf Straßenmärkten sind meist überteuert. Beim ersten Zögern wird der Preis oft schon auf die Hälfte reduziert. Handeln ist daher ein Muss, auch wenn man es angesichts der Armut der Menschen kaum übers Herz bringt.

Literatur

Bildbände **Bodo Bondzio, Bernd Wiese, Jürgen Kempf:** Namibia. Mit Reiseteil und historischen Bilddokumentationen, München 2001

Tippi Degre: Tippi aus Afrika. Das Mädchen, das mit den Tieren spricht, Ullstein 2000
Tippi, Tochter französischer Naturfotografen, wächst inmitten der

namibischen Natur und Tierwelt auf. Hinreißende Fotos, versehen mit Kommentaren der damals Zehnjährigen.

HB Bildatlas Namibia Hamburg/Ostfildern 2000

Belletristik

Giselher W. Hoffmann: Die Erstgeborenen. Unions Verlag 2002
Der weiße Besitzer einer abgelegenen Farm in der Kalahari träumt von enormen Diamantenfunden. Die Begegnung mit einer Gruppe Buschmänner führt zu folgenschweren Ereignissen.

Reiner Kunze: Steine und Lieder. Namibische Notizen und Fotos. Frankfurt am Main 1996
Namibische Eindrücke und Erlebnisse des Schriftstellers

Henno Martin: Wenn es Krieg gibt, gehen wir in die Wüste. 2002
Zwei Deutsche versteckten sich im Zweiten Weltkrieg in den Schluchten des Kuiseb zweieinhalb Jahre lang, um der Internierung zu entgehen.

! *Baedeker* TIPP

Bücherspezialist für Namibia

Das wohl weit und breit reichhaltigste Angebot an Büchern aus allen Epochen, Karten und Videos zum Thema Namibia sowie eine durchaus informative Internetseite hat die Versandbuchhandlung
Namibiana Buchdepot
An den Grafen 38, D-27753 Delmenhorst
Tel. 0 42 21 / 1 23 02 40, www.namibiana.de

Uwe Timm: Morenga. München 2000
1904 beginnt der erbarmungslose Kolonialkrieg gegen Hereros und Hottentotten. An der Spitze der für ihre Freiheit kämpfenen Schwarzen steht Jakob Moremga, ein früherer Minenarbeiter. Uwe Timm hat in einer grandiosen Montage Historie und Fiktion zu einem packenden Roman verarbeitet.

Sigrid Schmidt: Märchen aus Namibia. Rowohlt 1997
Märchen der San, Herero, Damara, Ovambo und Nama

Sachbücher

Walter Nuhn: Sturm über Südwest. Koblenz 1989
Detaillierte Beschreibung des des Herero-Aufstands, des wohl düstersten Kapitels der deutschen Kolonialgeschichte

Siegfried Groth: Namibische Passion. Wuppertal 1996
Pastor Groth, einst Seelsorger für Dissidenten der SWAPO, beschreibt die Greueltaten in den SWAPO-Camps.

Frieder Sauer, Dieter Frank: Säugetiere Afrikas. 2003
170 Farbfotos und Beschreibungen der Säugetiere, für alle, die ganz genau wissen möchten, was da vor's Fernglas gelaufen ist.

Zeitschrift

Namibia Magazin, Die Vierteljahres-Zeitschrift für Politik, Tourismus, Kultur und Wirtschaft der Deutsch-Namibischen-Gesellschaft

Medien

Radio

Die Namibia Broadcasting Corporation (NBC) sendet in allen Landessprachen Nachrichten und Unterhaltung. Besondere Erwähnung verdient dabei der Deutsche Hörfunk auf UKW (Frequenz in Windhoek: 95.8). Es gehört zu den seltsamen Erlebnissen eines Namibia-Aufenthaltes, mitten in Afrika die neuesten deutschen Schlager hören zu können und samstags um 19.15 Uhr über die aktuellen Bundesliga-Ergebnisse informiert zu werden. Um 13.00 Uhr werden deutsche Korrespondenten-Berichte aus aller Welt gesendet.

Mit einem Kurzwellengerät kann man ab 20.00 Uhr die Deutsche Welle aus Köln empfangen, u.a. auf 9735 kHz im 31-m-Band.

Zeitungsjunge in Windhoek

Die Programme der öffentlichen Fernsehgesellschaft **Namibian Broadcasting Corporation** (NBC) werden meist in englischer Sprache gesendet. Einige Hotels verfügen zudem über Satelliten-TV, rund um die Uhr sind diverse ausländische Kanäle, darunter auch deutschsprachige, zu empfangen.

In Windhoek erscheinen täglich vier Zeitungen, darunter als einzige deutschsprachige Tageszeitung der südlichen Hemisphäre die **»Allgemeine Zeitung«**. In Swakopmund wird das deutsche Wochenblatt **»Plus«** herausgegeben.

Die wichtigste Zeitung im Land ist der **»Namibian«**, will man sich über die neuesten Skandal- und Klatschgeschichten informieren, dann muss man den **»Windhoek Observer«** am Samstag erwerben.

Ausländische Tages- und Wochenzeitschriften erhält man in Swakopmund und Windhoek.

Nationalparks

National- und Wildparks

In Namibia ist der Schutz von Natur und Umwelt in der Verfassung verankert. Rund 14% der Landesfläche stehen unter staatlichem Schutz, als Nationalpark oder Wildpark, als Naturschutzreservat oder Erholungsgebiet. Am bekanntesten ist zweifelsohne der **Etosha-Nationalpark** im Norden des Landes, wo sich hervorragende Möglichkeiten zur Tierbeobachtung ergeben. Spektakulär ist die Schlucht des **Fish River Canyons**, des zweitgrößten Canyons der Welt. Eines der größten Naturschutzgebiete Afrikas ist der **Namib Naukluft Park**. Hier steht das Erlebnis der Wüstenlandschaft im Vordergrund. Wegen der üppigen Vegetation sind die Wildreservate des **Caprivi-Zipfel** (Mahango Game Reserve, Mudumu-Nationalpark, Mamili-Nationalpark und mit Einschränkungen Caprivi Game Park) besuchenswert. Nur Abenteuerlustigen kann die Fahrt zum **Kaudom Game Park** im Nordosten des Landes, an der Grenze zu Botswana, empfohlen werden. Ein Erlebnis besonderer Art bietet der **Skeleton Coast Park** mit seiner unberührt wirkenden Wüstenlandschaft. Der Nordteil dieses Parks darf allerdings nur im Rahmen organisierter Fly-in Safaris besucht werden. Gut erreichbar ist der **Waterberg Plateau Park**, östlich von Otjiwarongo. Hier kann man Wanderungen unternehmen und dabei zahlreiche der in Namibia vorkommenden Wildtierarten beobachten. Auch für einen Tagesausflug von Windhoek aus eignet sich der **Daan Viljoen Game Park**. Auf der Fahrt von Windhoek in Richtung Süden kann man den Wildpark rund um den **Hardap Dam** besuchen.

Stecken geblieben?

Alle diese Nationalparks und Wildschutzgebiete sowie die kleineren Naturschutzgebiete des Landes sind bei »Reiseziele von A bis Z« unter dem jeweiligen Stichwort beschrieben.

Restcamps

Als Unterkunftsmöglichkeiten stehen in den Nationalparks und Naturschutzgebieten (mit Ausnahme einer privaten Lodge im Mudumu-Nationalpark) nur so genannte **Restcamps**, »Staatliche Rastlager«, zur Verfügung. Man übernachtet in Bungalows bzw. Holzhütten, Zimmern oder auf dem Zeltplatz. Die Häuschen sind generell zweckmäßig ausgestattet, Bettzeug und Handtücher werden – außer im Kaudom-Wildpark und im Von-Bach-Erholungsgebiet sowie auf den Campingplätzen – zur Verfügung gestellt. In der Zeit der namibischen Schulferien beschränkt sich der Aufenthalt auf drei Nächte pro Camp im Etosha-Nationalpark und auf zehn Nächte in allen anderen Erholungsorten oder Rastlagern. Die Restaurants sind nur zwei bis drei Stunden zu den Mahlzeiten geöffnet. In den Touristencamps gibt es keine Banken, wo Geld getauscht werden kann – nur in Okaukuejo und Namutoni im Etosha-Nationalpark hat zeitweise eine kleine Bankfiliale geöffnet.

Einlassgenehmigung, Permit

Auch Tagesausflügler benötigen bei Einfahrt in die Nationalparks eine Einlassgenehmigung (Permit). Eine Genehmigung für den Nordteil des Namib Naukluft Park erhält man im Windhoeker Reservierungsbüro (▸ Kasten) sowie in den NWR-Büros in Lüderitz und Swakopmund. Für die Fahrt auf den Hauptstraßen des Namib Naukluft Parks wird keine Genehmigung benötigt. Bei den übrigen Naturschutzgebieten wird die Einlassgebühr bei der Anmeldung im Touristencamp oder am Eingang bezahlt; bei Fahrten in den Skeleton Coast Park sollte man sich schon in Swakopmund erkundigen, ob man das »Permit« tatsächlich noch am Einfahrtstor erhält.

ÜBERNACHTEN IM NATONALPARK

- **Ai-Ais und Hobas**
  (Fish River Canyon)
  Wohnungen, Hütten, Campingplatz; in Hobas nur Campingplatz! Das Camp Ai-Ais ist nur von Mitte März bis Oktober geöffnet!

- **Cape Cross Seal Reserve**
  Keine Übernachtungsmöglichkeit

- **Caprivi Game Park**
  Keine Übernachtungsmöglichkeit

- **Daan Viljoen Game Park**
  Bungalows, Campingplatz

- **Etosha-Nationalpark**
  Drei Camps (Okaukuejo, Namutoni und Halali): Bungalows, Campingplatz

- **Gross Barmen (Thermalquelle)**
  Bungalows, Zimmer, Campingplatz

- **Hardap Dam**
  Bungalows, Campingplatz

- **Mahango Game Reserve**
  Keine Übernachtungsmöglichkeit

- **Mamili-Nationalpark**
  Campingplatz

- **Mudumu-Nationalpark**
  Private Lodge

- **Namib Naukluft Park**
  Einfach ausgestattete Campingplätze

- **National West Coast Recreation Area**
  Campingplätze

- **Popa Falls**
  Hütten, Campingplatz

- **Reho Spa**
  (In Rehoboth; Thermalquelle)
  Bungalows, Campingplatz

- **Skeleton Coast Park**
  Im Camp Terrace Bay: Bungalows, Campingplatz; im Camp Torra Bay: nur Campingplatz

- **Von Bach Dam**
  Hütten, Campingplatz

- **Waterberg Plateau Park**
  Bungalows, Campingplatz

RESERVIERUNGEN

Für die Übernachtung in den meisten staatlichen Touristencamps ist wegen der begrenzten Bettenzahl eine frühzeitige Reservierung obligatorisch, auch für die dort befindlichen Zelt- und Wohnwagenplätze:

- **Namibia Wildlife Resorts (NWR)**
  Reservations, PPS 13267
  Windhoek
  Independence Ave.
  (neben Bushmen Art)
  Tel. 0 61 / 23 69 75, Fax 22 49 00
  www.iwwn.com.na
  Mo. – Fr. 8.00 – 15.00 Uhr
  Informationen bis 17.00 Uhr

VERHALTEN IM NATIONALPARK

Auf alle Fälle sollten in Namibia folgende Verhaltensregeln zum Schutz der Natur, aber auch zum eigenen Schutz beachtet werden:
Wenn es nicht ausdrücklich erlaubt ist, sollte man das Fahrzeug in den

Nationalparks und Wildparks keinesfalls verlassen. Im Etosha-Nationalpark ist es aus Sicherheitsgründen ratsam, die Autotüren immer geschlossen zu halten und sich nicht weit aus dem Autofenster bzw. aus dem Schiebedach hinauszulehnen.

Um **Flächenbrände** zu vermeiden, dürfen offene Feuer, z. B. zum Grillen, nur an den dafür vorgesehenen Stellen in den Rastlagern angezündet werden. Lagerfeuer müssen total gelöscht werden, z. B. durch Austreten oder Abdecken der Feuerstelle mit Sand. Natürlich sollten auch keine brennenden Zigarettenkippen aus dem Autofenster geworfen werden. Übrigens ist das Sammeln von Feuerholz in allen Naturschutzgebieten verboten.

Abfälle, wie Glas, Blechdosen und Plastiktüten, gehören in die eigens dafür aufgestellten Mülleimer, denn Abfall verschandelt nicht nur die Landschaft, sondern kann manch einem Tier auch Verletzungen zufügen oder gar den Tod bringen.

Auf keinen Fall wilde Tiere füttern, zum einen, weil sie dann zuweilen sehr aufdringlich und für die Besucher sogar äußerst gefährlich werden, zum anderen, weil sie an diesem »Futter« auch verenden können.

In den Naturschutzreservaten sollte strikt auf die **Geschwindigkeitsbeschränkung** geachtet werden, vor allem um eine Kollision mit auf der Straße laufenden Tieren zu vermeiden. In den Tierparks liegt die Geschwindigkeitsbeschränkung bei 60 km/h, in den Rastlagern bei 20 km/h.

Die markierten Straßen dürfen nicht verlassen werden. Reifenspuren zerstören viele empfindliche Lebensformen und verunzieren die trockene Wüstenlandschaft oft über Jahrzehnte hinweg.

Elefanten am Wasserloch: Von Betrachtern im Auto lassen sie sich nicht stören.

Notrufe

NOTRUFNUMMER

► **Landesweit Tel. 1 01 11**
Hier gibt man an, wo man sich befindet und fragt dann nach der örtlichen Polizeirufnummer (englisch: the local emergency police number, please)

RETTUNGSDIENSTE

► **Helicopter Doctors**
Tel. 0 61 / 23 47 87

weitere Rettungsdienste:
►Gesundheit

Post · Telekommunikation

Briefe Luftpostbriefe nach Europa kosten N$ 3,40 für jeweils 10 Gramm; Postkarten werden für 3,10 N$ befördert. Meistens sind Briefe von Windhoek und Swakopmund etwa fünf Tage nach Europa unterwegs, von anderen Landesteilen aus dauert es bis zu zwei Wochen. In Namibia gibt es keine Hauszustellung von Briefen, deshalb ist die Angabe der Postfachnummer (P. O. Box oder Private Bag) sehr viel wichtiger als die der Straße oder Hausnummer!

Tief in der Wildnis kann es hilfreich sein, ein Satellitentelefon bei sich zu haben.

TELEFONIEREN

VORWAHLEN

▸ **Deutschland**
nach Namibia: 0 02 64

▸ **Österreich**
nach Namibia: 0 02 64

▸ **Schweiz**
nach Namibia: 0 02 64

▸ **Von Namibia**

nach Deutschland: 00 49

nach Österreich: 00 43

in die Schweiz: 00 41

TELEFONAUSKUNFT

▸ **National / International**
Tel. 10 23

▸ **Telefonbuch online**
www.creative-logic.org

MOBILTELEFONNETZE

▸ **D 1 - und D 2 - Netz**
Die Netze können in vielen Regionen des Landes genutzt werden.

HANDY/SIM-KARTE MIETEN

▸ **CELURENT**
Tel. 0 61 / 25 29 37, Fax 25 29 26
celurent@iafrica.com

Postämter

Postämter findet man in allen Städten. Hier kann man telefonieren, Telegramme, teilweise auch Telefaxe aufgeben. Öffnungszeiten: Mo. – Fr. 8.30 – 12.30 und 13.30 – 18.30 Uhr.

Telefon

In den Städten (und vielfach auch auf dem Land) bereitet das Telefonieren kein Problem: In rund 200 Länder bestehen gute Direktverbindungen. Von vielen Hotelzimmern aus kann man die im Ausland gewünschte Rufnummer direkt anwählen.
Billiger sind Gespräche von öffentlichen Fernsprechern (z. B. bei der Post). Sie funktionieren mit Münzen (selten) bzw. mit einer Telecard, die bei der Post oder in Teleshops erhältlich ist.
Auf dem Land wird teilweise noch von Hand verbunden. Anrufer wählen nur die Vorwahl und teilen dem Operator die Nummer mit, die Kosten beginnen erst, wenn der Teilnehmer sich meldet.

Telefonbuch

Im Telekom Shop, neben der Hauptpost in Windhoek, kann man sich ein Telefonbuch besorgen, das für ganz Namibia gilt. Für Autofahrer ist das nur 700 g schwere Buch allein schon wegen der Gelben Seiten sehr nützlich. Wer beispielsweise in Katima Mulilo schnell die einzige Apotheke finden muss, findet sie auf S. 83 unter »Pharmacies«. Wo erhält man ofenfrisches Brot und Gebäck in Otjiwarongo? Die Antwort steht auf S. 11 unter »Bakers & Confectioners«: Dampfbäckerei Carstensen in der St Georges Street. Kunstgalerien (Art Dealers & Galleries), Buchhandlungen (Booksellers), Souvenirläden – selbst im kleinsten Dorf ist man im Handumdrehen informiert.

Preise · Vergünstigungen

WAS KOSTET WIE VIEL?

PREISE IM VERGLEICH

3-Gang-Menü
ab 75 N$

Imbiss
24–50 N$

Eine Tasse Kaffee
6–12 N$

Ein Liter Benzin
7,20 N$

1 Flasche Wein
11–120 N$

1 Doppelzimmer
ab 350 N$

Trinkgeld In Restaurants geben zufriedene Kunden ein **»Tip«** von bis zu 10 %. Kellner bringen zumeist, auch wenn mündlich aufgerundet wurde, zunächst das gesamte Wechselgeld zurück. Anschließend lässt der Kunde das Trinkgeld zurück. Beim Bezahlen mit Kreditkarte kann das Trinkgeld auch per Karte gegeben werden.

Gepäckträger erwarten 2–5 $, an Tankstellen gibt man 1–2 $, dem Autowäscher oder -Aufpasser 1 $.

Vergünstigungen Flüge mit Air Namibia innerhalb des Landes oder ein Weiterflug zu den Victoria-Fällen sind erheblich billiger mit einem bei der Flugbuchung zu Hause erworbenen **Air Pass** (►Verkehr, Flugverkehr).

Reisezeit

Ganzjahresreiseziel Mit über **300 Sonnentagen** im Jahr ist Namibia ganzjährig ein Reiseland. Am wärmsten ist es im namibischen Sommer (Oktober bis April) mit häufig über 30 °C, manchmal über 40 °C im Schatten.

Zwischen Januar und März fallen die meisten Niederschläge, in der Regel aber nur in Form von kurzen Gewitterschauern, im Süden und im Westen des Landes regnet es auch in diesen Monaten kaum.

Kommt die Wüste doch einmal in den Genuss eines stärkeren Regenschauers, dann verwandelt sie sich für kurze Zeit in ein Blütenmeer. Im wasserreicheren Norden des Landes muss man damit rechnen, dass sich die ansonsten meist trockenen Flussbetten für kurze Zeit in reißende Ströme verwandeln und die Straßen überschwemmen. Kein Regen fällt hingegen im namibischen Winter (Mai bis September). Der Himmel ist strahlend blau bei Tagestemperaturen zwischen 20 – 25 °C. In der Nacht kühlt es sich stark ab, Temperaturen unter 10 °C sind keine Seltenheit, manchmal sinken die Temperaturen sogar bis zum Gefrierpunkt ab (►Hintergrund, Klima S. 21).

Beste Reisezeit

Ist man bezüglich des Termins der geplanten Reise völlig frei, so bieten sich die Monate Mai und Juni als Reisezeit an. Tagsüber ist es nicht zu heiß, nachts nicht zu kalt, und man hat die besten Chancen, viel Wild zu beobachten. Die Tiere sammeln sich in den trockenen Wintermonaten an den wenigen Wasserstellen. Zudem herrscht zu diesem Zeitpunkt keine Hochsaison in Namibia, so dass man die Naturerlebnisse mit nicht allzu vielen Reisenden teilen muss.

Shopping

Öffnungszeiten

Zum deutschen Vermächtnis Namibias gehört (leider) auch, dass die meisten Geschäfte ab Samstagmittag geschlossen sind; selbst die Hauptstadt wirkt am Wochenende wie ausgestorben. Werktags haben die Geschäfte normalerweise von 8.30 – 17.30 oder 18.00 Uhr geöffnet. Nur einige große Supermärkte (in Windhoek und Swakopmund) haben auch am Samstagnachmittag und am Sonntagvormittag geöffnet.

Lebensmittel

Es ist kein Problem, sich in Namibia mit Lebensmitteln bzw. mit Produkten des täglichen Bedarfs einzudecken. Ausreichend Läden gibt es in jeder größeren Ortschaft. Das umfangreichste Warenangebot findet man in Windhoek, Swakopmund, Lüderitz, Keetmanshoop, Otjiwarongo und Tsumeb.

Souvenirs

Produkte aus Leder und Karakulwolle, Schmuck, Holzschnitzereien und Flechtarbeiten sowie afrikanische Puppen bieten sich als schöne Souvenirs an. Am besten wird man dabei in Swakopmund und in Windhoek fündig, mit einigen Abstrichen auch in Lüderitz.

Diamanten, Schmuck

Das glitzerndste Namibia-Souvenir ist natürlich ein lupenreiner Diamant aus Oranjemund im Süden; dort werden angeblich die schönsten Steine der Welt gefunden. Der Verkauf von Rohdiamanten in Namibia ist jedoch verboten. Man kann also nur im Ausland geschliffene Diamanten erwerben. Seriöse und gut sortierte Juweliere findet

Modernes afrikanisches Kunsthandwerk im Craft Centre in Windhoek

man in Windhoek und Swakopmund; aber günstiger als daheim kauft man die Edelsteine in Namibia nicht. Namibia ist auch bekannt für seinen Mineralienreichtum. Verschiedentlich werden Halbedelsteine wie Achat, Tigerauge, Jaspis oder Rosenquarz relativ günstig angeboten. Ein ausgefallenes Mitbringsel sind Schmuckstücke in kreativem afrikanischem Design. Die Juweliere verwenden dafür gern Gold, Horn, Elfenbein und Halbedelsteine.

Sandrosen Die seltsamen aus Kalziumsulfatkristallen bestehenden Sandrosen kann man mit viel Glück in der Umgebung von Lüderitz finden, man kann sie aber auch in verschiedenen Läden kaufen. Nur Vorsicht beim Verpacken: Übrig bleiben sonst nur Krümel.

Webteppiche Aus der in Namibia produzierten Karakulwolle (► Baedeker Special, S. 40) werden Teppiche, Wandbehänge und vieles mehr hergestellt. Gern ist man in den Webereien bereit, auf Wunsch des Käufers individuelle Motive in das Produkt einzuweben. In dem Gebiet östlich von Windhoek, zwischen Dordabis und Gobabis, kann man verschiedene Karakul Weaveries besichtigen und deren Erzeugnisse natürlich auch erstehen. Größere Teppiche werden von vielen Webereien auch als Seefracht an die Heimatadresse versandt.

Vielfältig ist das Angebot an Kunsthandwerk. Neben Schnitz- und Flechtarbeiten faszinieren die bunt gekleideten Herero-Püppchen. Ein ausgefallenes Souvenir sind Ketten aus Straußeneierschalen oder auch Trommeln und Masken.

Felle

Bekannt sind natürlich die **Persianer-Felle** aus Namibia, sie werden unter dem Handelsnamen SWAKARA verkauft. Wer Felle von Wildtieren erwerben möchte, sollte bedenken, dass viele Arten vom Aussterben bedroht sind. Die Felle aller gefleckten Katzen fallen unter das Washingtoner Artenschutzabkommen und dürfen nicht in die Länder der Europäischen Union eingeführt werden.

! *Baedeker* TIPP

Karakulteppich mit eigenem Design

Nicht weit vom internationalen Flughafen Windhoek entfernt liegt Dörte und Volker Berners **Pepperkorell Farm**. Dem Besucher erschließen sich nicht nur die Ateliers und damit die Arbeit der Künstler, man kann auch seinen eigenen Teppich entwerfen und in der komfortablen Enigu Clayhouse Lodge sogar wohnen. Informationen: Tel. 0 61 / 22 69 79.

Auf alle Waren (außer Grundnahrungsmittel) wird eine **Mehrwertsteuer** erhoben. Touristen bekommen die Mehrwertsteuer oft zurückerstattet – man erkundige sich beim Kauf in dem jeweiligen Geschäft!

Die **Straßenmärkte** in Namibia sind meist klein, hier werden in der Regel ausschließlich Lebensmittel angeboten. Eine Ausnahme bildet der riesige Kunsthandwerkermarkt in ► Okahandja. In ► Windhoek ist die Fußgängerzone Post Street Mall fast immer ein einziger Straßenmarkt, hier findet man neben Kleidung, Schuhen und Hausrat auch diverses Kunsthandwerk. Am größten ist das Angebot am Samstag.

Sicherheit

Sicheres Reiseland

Namibia ist immer noch ein relativ sicheres Reiseland. Die Kleinkriminalität (Taschendiebstahl, Wageneinbrüche, Betrügereien, aber auch Straßenraub) ist allerdings in den vergangenen Jahren angewachsen. In der Regel handelt es sich aber nur um ein Problem in den Städten, vor allem Windhoek und Swakopmund.

Vorsichtsmaßnahmen

Grundsätzlich sollte man einige überall geltende Vorsichtsmaßnahmen beachten: Große Geldbeträge und andere Wertgegenstände im Hotelsafe aufbewahren, Fahrzeuge immer abschließen und keine Sachen darin liegen lassen, die die Aufmerksamkeit von Dieben herausfordern, Handtaschen und Fotoapparate (in Windhoek) eng am Körper tragen, nachts unbeleuchtete Straßen in einsamen Gegenden meiden. Von Überlandfahrten in der Dunkelheit wird abgeraten, das Risiko eines Verkehrsunfalls durch auf der Straße befindliche Tiere ist groß. Vorsicht ist bei kleinen, unbewirtschafteten Rastplätzen entlang der Landstraßen angebracht, wo es wiederholt zu Überfällen auf Touristen gekommen ist.

Dreisprachige Hinweisschilder sind in Namibia nicht selten.

Sprache

Englisch ist die offizielle Landessprache, weit verbreitet ist daneben **Afrikaans**. Da viele der Gästefarminhaber und Hotelbesitzer deutscher Abstammung sind, wird man sich jedoch auch häufig in **Deutsch** verständigen können. Innerhalb der schwarzen Bevölkerung werden mehr als 25 verschiedene Sprachen und Dialekte gesprochen (►Zahlen und Fakten, Bevölkerung).

Wörterbuch In den Kapiteln ►Essen und Trinken und ►Tiere

Tiere

Tierbeobachtung Um die 135 Säugetierarten und 620 Vogelarten sind in Namibia heimisch. Das meiste Wild sieht man naturgemäß in den National- und Wildparks des Landes (►Nationalparks), aber auch sonst trifft man bei Überlandfahrten immer wieder auf Großwild, vor allem die verschiedenen Antilopenarten und Wildschweine zeigen sich gern rechts und links (oder auch auf) der Straße (Fernglas nicht vergessen!). Die besten Möglichkeiten zu einer aufregenden Tierbeobachtung ergeben sich in den trockenen Wintermonaten, wenn die Vegetation noch relativ spärlich ist und sich das Wild an den wenigen vorhandenen Wasserstellen sammelt.

An viele Wasserstellen kann man in den Nationalparks ganz nah heranfahren. Am besten wartet man dann geduldig ab, welche Tiere sich zeigen (im Sommer dagegen ist die Chance größer, bei Rundfahrten durch das Gelände Tiere zu beobachten). Beste Tageszeiten zur Wildbeobachtung sind der frühe Morgen oder dann der Spätnachmittag und Abend.

DIE WICHTIGSTEN SÄUGETIERE IN NAMIBIA

Deutsch	Englisch
Breitmaulnashorn	White Rhinoceros
Büffel	Buffalo
Elefant	Elephant
Elenantilope	Eland
Flusspferd	Hippopotamus
Gepard	Cheetah
Giraffe	Giraffe
Hartmann-Bergzebra	Hartmann's Mountain Zebra
Hyäne	Spotted Hyaena
Hyänenhund	Wild Dog
Schwarzfersenantilope	Impala
Kirkdikdik	Damara Dik-Dik
Klippspringer	Klipspringer
Krokodil	Crocodile
Kudu	Kudu
Kuhantilope	Red Hartebest
Leopard	Leopard
Löffelhund	Bat-eared Fox
Löwe	Lion
Oryxantilope/Spießbock	Gemsbok
Pferdeantilope	Roan Antelope
Rappenantilope	Sable Antelope
Robbe	Seal
Schabrackenschakal	Black-backed Jackal
Schwarznasenantilope	Black-faced Impala
Spitzmaulnashorn	Black Rhinoceros
Springbock	Springbok
Stachelschwein	Porcupine
Steppenzebra	Burchell's Zebra
Strauß	Ostrich
Streifengnu	Blue Wildebeest
Sumpfantilope	Sitatunga
Warzenschwein	Warthog
Weißschwanzgnu	Black Wildebeest

Übernachten

Hotels · Gästefarmen · Lodges

Hotels, Pensionen In Namibia steht ein breites Angebot an Unterkünften unterschiedlicher Kategorien zur Verfügung. In den Städten kann man in Hotels oder Pensionen übernachten. Der Standard entspricht dem von Häusern vergleichbarer Kategorie in Mitteleuropa.

Restcamps In den Nationalparks und Naturschutzgebieten des Landes gibt es so genannte Restcamps, unter staatlicher Verwaltung stehende »Rastlager«, die häufig sehr einfach ausgestattet sind. Eine Übersicht findet man im Kapitel ►Nationalparks.

Gästefarmen Eine Besonderheit in Namibia sind Gästefarmen, die man über das ganze Land verteilt findet. Die Inhaber betreiben weiterhin Viehzucht oder unterhalten eine Wild- oder Jagdfarm und vermieten da-

Wüste, Weite, Wolken: Blick aus einem Apartment der Wolwedans Dune Lodge

rüber hinaus mindestens vier Gästezimmer (selten sind es mehr als zehn). Die Zimmer sind meist ansprechend ausgestattet. Großes Plus bei einer Übernachtung auf einer Gästefarm ist der persönliche Kontakt zu den Betreibern. Individuelle Betreuung und persönlicher Service sind für die Gästefarmer eine Selbstverständlichkeit. Sprachprobleme gibt es in der Regel nicht, viele Farmer sind deutscher Abstammung.

Lodges, Tented Camps

Lodges liegen meist innerhalb eines ausgedehnten, in Privatbesitz befindlichen Geländes, das im Rahmen von geführten Pirschfahrten, Wanderungen, Flügen mit dem Heißluftballon, Ausritten u. a. erkundet werden kann. Den Gästen stehen in der Regel äußerst komfortable kleine Häuser oder in traditionellem Stil errichtete Hütten als Urlaubsdomizil zur Verfügung. Die Verpflegung ist fast immer exzellent und in der Regel im Preis inbegriffen.
Übernachtet man nicht in einem Gebäude, sondern in einem Zelt, so ist die Bezeichnung **»Tented Camp«** angebracht. Die zumeist sehr luxuriösen »Zelte« stehen vielfach auf festem Untergrund, haben regelrechte Betten und häufig gehören eine eigene Dusche und WC zum jeweiligen Zelt.

► **Preise**
Die in diesem Führer im Kapitel ►Reiseziele von A – Z empfohlenen Hotels, Lodges und Gästehäuser sind in folgende Preiskategorien eingeteilt (Doppelzimmer mit Frühstück):

Luxus; über 800 N$
Komfortabel: 400 – 800 N$
Günstig: unter 400 N$

Unterkunftsverzeichnis

Eine komplette Übersicht über alle Unterkünfte ermöglicht das jährlich vom namibischen Fremdenverkehrsamt (► Auskunft) herausgegebene Unterkunftsverzeichnis.

Camping

Campingplätze

Die Nationalparks und Naturschutzgebiete in Namibia verfügen über gut ausgestattete Zeltplätze bzw. Standplätze für Wohnmobile (► Mietwagen). Vor allem in den Ferien sind diese Plätze schon frühzeitig ausgebucht, es empfiehlt sich daher eine rechtzeitige Reservierung bei den Namibia Wildlife Resorts, ► Nationalparks. **»Camping and Caravan Parks«** gibt es ferner in Grootfontein, Keetmanshoop, Omaruru, Otavi, Otjiwarongo, Outjo, Swakopmund, Tsumeb und Walvis Bay. Sie haben immer Wasser-, aber nicht immer Stromanschluss; oft gibt es auch Tankstellen und Einkaufsläden. Die Kosten betragen zwischen 3 und 15 € pro Platz. Farmer sehen es in der Regel nicht gern, wenn man auf ihrem Land campt – aber fragen kostet nichts. Feuerstellen sollten von Steinen umringt werden, nachdem man zuvor trockenes Gras und Blätter entfernt hat.

Urlaub aktiv

Sport ist in In Namibia werden mehr als 50 Sportarten gepflegt. Nationalsport ist Fußball. Die namibische Fußballnationalmannschaft zählte einmal zu den besten des afrikanischen Kontinents. Populär sind auch Cricket und Baseball. Leichtathletik erfreut sich großer Beliebtheit, vor allem seit den spektakulären Siegen von Frank Fredericks (► Berühmte Persönlichkeiten).

Angeln In weiten Teilen der Westküste ist das Angeln ohne Angelschein erlaubt, es bestehen nur Beschränkungen hinsichtlich der Größe und Anzahl der zu fangenden Fische. Das etwa 300 km lange Küstengebiet von Sandwich Harbour über Walvis Bay, Swakopmund, Henties Bay bis zur Mündung des Ugab-Flusses im Norden, gilt als Anglerparadies. Besonders beliebt ist hier das Brandungsangeln. Man kann aber auch vom Boot aus fischen (Langusten, Seehechte oder sogar verschiedene Haie).

Ballonfahrt über der Wüste

Zum Süßwasserangeln in den Stauseen benötigt man einen Erlaubnisschein, der bei der jeweiligen Park- oder Gemeindeverwaltung oder im Windhoeker Reservierungsbüro (► Nationalparks) erworben werden kann.

Auf den ganzjährig Wasser führenden Grenzflüssen Kavango, Kunene und Oranje sind **Kanufahrten** möglich (Kanufahrten und leichtere Raftingtrips organisiert z. B. Felix Unite River Adventures; ► Reiseziele von A bis Z, Karasburg, Umgebung).
Teilnehmen kann man auch an den alle zwei Jahre stattfindenden großen **Kanurennen**: am Osterwochenende an den viertägigen Namibia-Kanu-Meisterschaften auf dem Oranje und an den dreitägigen offenen Namibia-Meisterschaften auf dem Okavango im Mai.

Ballonfahrten über die Wüste sind ein ganz besonderes Erlebnis. Man erkundige sich in Sesriem oder Swakopmund; auch die Besitzer einiger Lodges (u. a. Kulala Lodge und Wolwedans Dune Camp) organisieren Ballonfahrten. Von Usakos aus kann man im Heißluftballon über das Erongo-Gebirge und die Spitzkoppe schweben (Auskunft im Usakos-Hotel, Tel. 0 64 / 53 02 59, Fax 53 02 67).

Auf der unweit südlich von Mariental gelegenen Farm Bitterwasser ► (Reiseziele von A bis Z, Hardap Dam) ist **Segelfliegen** möglich. Auch Segelflugkurse stehen hier auf dem Programm.

Bei den ►Victoria Falls in Simbabwe können ganz Verwegene von einer Brücke bei den Wasserfällen den tiefsten **Bungee-Sprung** der Welt machen.

In Namibia gibt es über zwanzig Golfclubs. **Golfplätze** – darunter auch Wüsten-Golfplätze – findet man u. a. in Windhoek, Swakopmund, Walvis Bay, Lüderitz, Henties Bay, Tsumeb, Oranjemund und Katima Mulilo.

! *Baedeker* TIPP

Kite surfing

In der Lagune von Walvis Bay treffen sich Anhänger eines neuen Extremsports: Kite surfing heißt das Kind und ist ein Zwischending aus Windsurfen und Paragliding. Voraussetzungen: Mann muss gut schwimmen können, fit sein und ganz schön viel Kraft haben.

Jagen

Viele ausländische Touristen kommen ausschließlich wegen der Trophäenjagd nach Namibia. Dafür steht eine große Auswahl an Jagdfarmen zur Verfügung, manche dieser Farmen nehmen nur Jagdinteressenten als Gäste auf. Für die Jagd benötigt man einen **Jagdschein**. Um diesen Jagdschein zu erhalten, muss der Nachweis erbracht werden, dass unter Aufsicht eines eingetragenen Berufsjägers oder Jagdführers gejagt wird. Die Mitnahme des eigenen Jagdgewehrs ist erlaubt.

Reiten

Viele Gästefarmen verleihen Pferde, mit denen teilweise auch mehrtägige Reitsafaris unternommen werden können (z. B. Kambaku Lodge (www.reitsafari.com). Auf der Farm Okakambe östlich von Swakopmund werden Ausritte in die Namib-Wüste angeboten, auch auf dem Rücken eines Kamels (►Swakopmund).

LISTE DER JAGDFARMEN IN NAMIBIA

- **Namibia Professional Hunting Association**
  P. O. Box 11291, Windhoek
  Tel. 0 61 / 23 44 55
  Fax 22 25 67
  www.natron.net/napha

JAGDSCHEIN BEANTRAGEN

- **Directorate for Nature Conservation and Recreation Resorts**
  P. O. Box 13306
  Windhoek
  Tel. 0 61 / 26 31 31

Sandboarding in den Dünen findet eine wachsende Fangemeinde.

Tennis erfreut sich auch in Namibia großer Beliebtheit. Es gibt über das ganze Land verteilt über 40 Tennisclubs. Drei der staatlichen Ferienanlagen – Ai-Ais, Hardap und Gross Barmen – verfügen über eigene Tennisplätze; auch einige Hotels und Lodges haben eigene Anlagen.

In einigen Nationalparks kann man an bis zu einwöchigen **Trekkingtouren** teilnehmen. Die spektakulärsten Wanderrouten verlaufen durch den **Fish River Canyon**, durch die zum Namib Naukluft Park gehörenden **Naukluft-Berge** und durch den **Waterberg Plateau Park.** Sehr schöne kürzere Wanderungen kann man im Gebiet des Brandbergs und der Spitzkoppe sowie ebenfalls im Waterberg Plateau Park oder Daan Viljoen Wildpark unternehmen.
Bei den ► Reisezielen von A bis Z sind die schönsten Touren unter dem jeweiligen Stichwort beschrieben. Darüber hinaus organisieren auch die Inhaber der meisten Gästefarmen und Lodges geführte Wanderungen auf ihrem Gelände.

Wassersport

Auf den verschiedenen Stauseen des Landes (Hardap Dam, Naute Dam und Von Bach Dam) sowie an der Küste vor Swakopmund, Walvis Bay und Lüderitz bestehen Möglichkeiten zum Surfen und Segeln. Die Ausrüstung wird vor Ort verliehen.

Sterne beobachten

In Namibia ist die Luft außerordentlich klar, und so ist das Land für Hobby-Astronomen schon lange kein Geheimtipp mehr. Der Sternenhimmel der südlichen Hemisphäre ist für europäische »Nordlichter« die besondere Attraktion. 15 km südlich von Windhoek steht das **Cuno Hoffmeister Memorial Observatory**, die **Farm Okomitundu** westlich von Okahandja und die **Farm Peperkorrel** östlich von Windhoek, die **Hakos Guest Farm** und die **Sossusvlei Mountain Lodge** sind mit eigenen Teleskopen beliebte Adressen der »Sterngucker«.

4 x 4 Trails

Wer seine Fahrkünste und den gemieteten **Geländewagen** mal nach Lust und Laune bis an die Grenzen bringen möchte, sollte sich auf einem ausgewiesenen 4 x 4 Trail versuchen. Denn einfach abseits der Straßen zu fahren ist aus Rücksicht auf die empfindliche Vegetation nicht erlaubt (Infos: Namibia Tourism Board ►Auskunft).

Verkehr

Flugverkehr

Flughäfen

Air Namibia, Namibias nationale Fluglinie, bietet Flüge von Windhoek nach Frankfurt am Main und London (▶ Anreise • Reiseplanung), in einige angrenzende afrikanische Staaten und innerhalb des Landes an. Alle Auslandsflüge starten vom Windhoek International Airport (45 km östlich der Hauptstadt), viele Inlandsflüge vom **Flughafen Eros** am südwestlichen Stadtrand von Windhoek. Wegen der weiten Entfernungen in Namibia ist das Flugzeug ein beliebtes (und relativ preisgünstiges) Fortbewegungsmittel, jede größere Ortschaft besitzt einen Flugplatz.

Nationale Flugverbindungen

Von Windhoek aus fliegt Air Namibia regelmäßig Katima Mulilo, Lüderitz, Mokuti Lodge (Etosha-Nationalpark), Ondangwa, Swakopmund und Walvis Bay an. Ferner bestehen Verbindungen zwischen Oranjemund und Lüderitz sowie zwischen Oranjemund und Walvis Bay.

Flüge zu den Victoria Falls

Vom Windhoek International Airport fliegt Air Namibia dreimal wöchentlich nach Victoria Falls.

Flüge innerhalb Namibias und auch zu den Victoria-Fällen sind erheblich preiswerter, wenn man in Verbindung mit dem Flugticket Frankfurt – Windhoek bei Air Namibia einen so genannten **Air Pass** erwirbt. Zwei Flüge im Streckennetz der Air Namibia sind dann bereits ab 120 € zubuchbar.

Flugsafaris

Beliebt sind in Namibia so genannte Fly-in Safaris. Auf dem Landweg erreicht man einige abgelegene Reiseziele nur nach extrem langer Anfahrt (z. B. Caprivi) oder man benötigt mindestens zwei hervorragend ausgestattete Allradfahrzeuge (z. B. bei Touren ins Kaokoveld).

Einige Gebiete sind mit einem Pkw gar nicht erreichbar (dies gilt für den Nordteil der Skelettküste). Problemlos und schnell ist die Anreise dagegen mit Kleinflugzeugen. Landeplätze besitzen alle Naturparks und die meisten größeren Lodges.

FLUGVERKEHR

▶ **Air Namibia**
Independence Avenue 125
P. O. Box 731; Windhoek
Tel. 0 61 / 2 99 6 - 333 / 444
Fax 22 13 82

▶ **International Airport**
Tel. 0 62 / 54 03 51

▶ **Eros Airport:**
Tel. 0 61/23 98 50

Fly-in Safaris können über verschiedene deutsche Reiseveranstalter im Voraus gebucht werden, im Land selbst erhält man bei Reisebüros nähere Informationen.

Bahn

Eisenbahn

Bahnverbindungen bestehen zwischen Tsumeb – Windhoek, Walvis Bay/Swakopmund – Usakos – Tsumeb, Windhoek – Keetmanshoop – Ariamsvlei, Windhoek – Gobabis und zwischen Windhoek – Walvis Bay. Die Züge verkehren auf den meisten Strecken nur dreimal wöchentlich, lediglich von Windhoek nach Walvis Bay bzw. nach Keetmanshoop/Ariamsvlei bestehen täglich (außer Sa.) Zugverbindungen. Auskunft und Reservierung über die Transnamib Rail (Infos: ►Kasten übernächste Seite).

> ! *Baedeker* TIPP
>
> **Nostalgiezüge**
>
> Mit viel Zeit und ganz im Stil der Großwildjäger-Ära die grandiosen Landschaften Namibias durchqueren? Rovos Rail betreibt restaurierte Luxus-Züge, die schon in den 1920ern durch die Wüste sausten. »The Pride of Africa« fährt einmal jährlich im Mai in einer siebentägigen Fahrt von Pretoria nach Swakopmund. 16 Tage hingegen dauert die Fahrt im Shongololo Express, einem umgebauten, recht komfortablen D-Zug, der im Zickzack durch's Land schnauft. Jeden Tag schwärmen die Fahrgäste zu Safaris aus, um das Land jenseits der Schienen zu entdecken, ganz wie auch im Rovos Rail.

Seit 1998 verkehrt der nostalgisch-luxuriöse **Desert Express** mehrmals wöchentlich zwischen Swakopmund und Windhoek. Mit nur 30 – 60 km/h bezwingt der Wüstenexpress die knapp 400 km lange Strecke. So haben die Reisenden ideale Bedingungen zur Tierbeobachtung. Zwei Fahrtunterbrechungen erhöhen die gesamte Reisezeit auf ca. 22 Stunden. Auf der Strecke Windhoek – Swakopmund erfolgt ein Halt auf der Okapuka Ranch, auf der man aus nächster Nähe eine Löwenfütterung beobachten kann. Kurz vor Swakopmund stoppt der Zug auf freier Strecke, ringsum nichts als Sand. Ein kurzer Spaziergang gibt die Möglichkeit eines hautnahen Eindrucks von der Wüstenlandschaft. Man übernachtet in voll klimatisierten Abteilen. Ab und zu fährt der Desert-Express auch nach Etosha und einmal jährlich nach Lüderitz. Informationen: www.desertexpress.com.na und Namibia Tourism Board (►Auskunft).

Busse

Überlandbusse

Die größeren Ortschaften werden durch ein Überlandbusnetz miteinander verbunden. Einmal wöchentlich besteht die Möglichkeit, von Windhoek aus mit dem Bus zu den Victoria-Fällen (an der Grenze zwischen Sambia und Simbabwe) zu fahren. Die Busse halten in Tsumeb, Rundu und Katima Mulilo.

In der Kalahari trifft man auf die Nester von Webervögelkolonien. →

N 3
18 M

BAHN- UND BUSVERKEHR

BAHNINFO & BUCHUNG

▸ **Trans Namib Rail**
Central Reservations
Tel. 0 61 /2 98 20 32, Fax 2 98 24 95

▸ **Rovos Rail**
Sales und Promotion Services
(Dtschl.) Tel. 02 11 / 51 33 34 00
www.travelpromotion.de

▸ **Desert Express**
Cheetah Tours & Safaris
P. O. Box 23075 Windhoek
Tel. 0 61 / 23 02 87, Fax 23 02 86
www.cheetahtours.com

▸ **Shongololo Express**
Dertour Reisebüro
(Dtschl.) Tel. 0 61 09 / 30 02 50
www.dertour.de

BUSUNTERNEHMEN

▸ **INTERCAPE Mainliner**
Tel. 0 61 / 22 78 47
(nur Auskünfte)
Fax 3 86 24 88
(nur Reservierungen)
www.intercape.co.za

▸ **Ekonoliner**
Tel. 0 64 / 20 59 35 Fax 20 29 78

Straßenverkehr

Straßenkategorien Namibia durchzieht ein rund 48 000 km langes Straßennetz, wovon rund 4500 km geteert sind. Die einzelnen Straßentypen werden durch vorangestellte Buchstaben klassifiziert: B, C, D und P. »B« steht für die fast immer geteerten Überlandstraßen, »C« für die wichtigen geschotterten Verbindungsstraßen, »D« für Sandstraßen bzw. für Pisten, »P« bezeichnet Schotterstraßen, die durch privates Farmgelände führen und auf denen manchmal Viehtore geöffnet und wieder geschlossen werden müssen.

Straßenzustand Die asphaltierten Hauptverbindungsstraßen sind durchweg in gutem Zustand. Sie sind fast immer zweispurig, bis auf kurze autobahnähnliche Strecken rund um Windhoek und einige Überholspuren im Gebirge. Auch auf den geschotterten Hauptverbindungsstrecken kommt man in der Regel zügig vorwärts (das kann sich nach starken Regenfällen jedoch schnell einmal ändern!). Die Beschaffenheit der »D«-Strecken ist unterschiedlich. Manchmal gibt es hier Spurrillen, in den meisten Fällen sind jedoch auch diese Straßen gut befahrbar. Für die Pflege der durch Farmgelände führenden Pisten sind die Farmer selbst zuständig.

Verkehrsregeln In Namibia herrscht Linksverkehr. Abgesehen von den eigens im südlichen Afrika vorkommenden Verkehrsschildern, die z. B. vor Viehtoren warnen, die erst geöffnet werden müssen, um weiterfahren zu können, entsprechen die übrigen in Namibia denen in Europa. Es herrscht Anschnallpflicht.

ENTFERNUNGEN IN NAMIBIA

Entfernung in Kilometern	Keetmanshoop	Lüderitz	Swakopmund	Tsumeb	Walvis Bay	Windhoek
Ais-Ais	258	509	1084	1146	1119	733
Gobabis	672	999	548	610	583	197
Grootfontein	910	1237	658	57	693	435
Katima Mulilo	1614	1901	1322	721	1357	1099
Keetmanshoop	***	327	826	888	861	475
Lüderitz	327	***	1153	1215	1188	802
Namutoni (im Etosha-Nationalpark)	999	1326	747	111	782	524
Noordoever	310	637	1136	1198	1171	785
Ondangwa	1145	1472	893	257	928	670
Otjiwangoro	710	1037	458	178	493	235
Rehoboth	384	711	442	504	477	91
Rundu	1166	1493	914	313	949	691
Swakopmund	826	1153	***	636	35	351
Tsumeb	888	1215	636	***	671	413
Walvis Bay	861	1188	35	671	***	386
Windhoek	475	802	351	413	386	***

Höchstgeschwindigkeit

Die Geschwindigkeitsbeschränkung auf geteerten Überlandstraßen beträgt 120 km/h, auf Schotterstraßen 100 km/h und in den Städten 60 km/h.
Man sollte sich grundsätzlich nicht dazu verleiten lassen, die Höchstgeschwindigkeiten zu überschreiten und im Zweifelsfall lieber einmal langsamer fahren! Auf den geschotterten Pisten empfiehlt es sich, nicht schneller als 70 – 80 km/h zu fahren. Häufig tauchen völlig unerwartet Tiere auf der Fahrbahn auf, auch plötzliche Bodenwellen o. ä. führen immer wieder zu Unfällen. Bedenken Sie – es können Stunden vergehen, bis jemand den Unfallort erreicht! Besondere Vorsicht ist nachts angebracht, am besten sollte man nach Einbruch der Dunkelheit Überlandfahrten vermeiden.

Tankstellen, Kraftstoff

In Zentralnamibia ist die Versorgung mit Treibstoff unproblematisch. Ausreichend Tankstellen sind vorhanden. Im Norden und Süden des Landes kann es jedoch schon einmal geschehen, dass man Hunderte von Kilometern zurücklegen muss, bevor sich die nächste Möglichkeit zum Auftanken ergibt. Sicherheitshalber sollte man bei Fahrten in diese Regionen einen größeren Reservekanister mitführen (besondere Vorkehrungen sind bei Fahrten in das Kaokoveld und in einige völlig abgelegene Gebiete zu treffen), und wann immer es geht, den Wagen voll tanken! In Namibia sind verbleites (93 Oktan) und bleifreies Benzin (mit 91 und 95 Oktan) sowie Diesel erhältlich. Die Kraftstoffpreise liegen deutlich unter den in Mitteleuropa üblichen.

Mietwagen

Geländewagen, Pkw

Da Namibia über ein recht gutes Straßen- und Pistennetz verfügt, weite Entfernungen zurückzulegen sind und öffentliche Verkehrsmittel nur eingeschränkt zur Verfügung stehen, ist für Individualreisende das Reisen mit dem Mietwagen zweifellos die beste Art, Land und Leute kennen zu lernen. Grundsätzlich ist zu überlegen, ob man einen Pkw, ein Wohnmobil oder ein geländegängiges Fahrzeug mit Vierradantrieb anmietet. Fahrten in das Kaokoveld, in den Kaudom Game Park und in die Nationalparks im Caprivi-Zipfel sind nur mit einem gut ausgestatteten Geländewagen (und teilweise nur im Konvoi) möglich. Da diese Ziele von den meisten Touristen jedoch nicht bereist werden, reicht der Mehrzahl aller Namibia-Urlauber ein normaler Pkw als Fortbewegungsmittel. Sicherer fühlt man sich angesichts der nicht immer optimalen Straßenbeschaffenheit (und vor allem nach Regenfällen in den Sommermonaten) aber grundsätzlich mit einem Geländewagen.

Fahren auf den Pisten kann gefährlich sein.

Preise, Versicherung

Der Preis für einen einfachen Kleinwagen beträgt pro Tag ab ca. 50 €, für einen Geländewagen muss man ein Vielfaches bezahlen. Beim Abschluss der Vollkaskoversicherung sollte man den »Schadensbehalt« durch einen zusätzlichen Betrag ausschließen. Unbedingt auch eine Scheiben- und Reifenversicherung abschließen, damit im Schadensfall der Autovermieter für den kompletten Schaden aufkommt. Es ist nicht günstiger, aber bequemer, den Wagen in Deutschland, Österreich oder der Schweiz im Voraus zu buchen.

Hinweise

Bei Übernahme des Wagens sollte man sich die Reifen, auch den/die Ersatzreifen, genau ansehen und ggf. die Klimaanlage sofort auf ihre Funktionstätigkeit überprüfen. Eventuell vorhandene Vorschäden am Auto sollten mit dem Vermieter protokolliert werden, das kann eine Menge Ärger bei der Rückgabe ersparen. Es empfiehlt sich, grundsätzlich einen Benzinkanister mitzunehmen (und ausreichend Wasser). Der Grenzübertritt mit dem Mietwagen in die Nachbarländer muss mit der jeweiligen Verleihfirma abgestimmt werden!

MIETWAGEN UND AUTOMOBILCLUB

MIETWAGEN

▶ **Avis**
Deutschland: Tel. 01 80 / 5 55 77
Österreich: Tel. 06 60 / 87 57
Schweiz: Tel. 01 / 2 98 33 33
Namibia: Tel. 0 61 / 23 31 66

▶ **Budget**
Deutschl.: Tel. 01 80 / 5 21 41 41
Österreich: Tel. 0 72 42 / 4 99 30
Schweiz: Tel. 01 / 8 13 57 97
Namibia Tel. 06 26 / 4 02 25

▶ **Iwanowski's Individuelles Reisen GmbH**
Tel. (Deutschland) 0 21 33 / 2 60 30
Fax 26 03 33, www.afrika.de
Größter Spezialanbieter für das Südliche Afrika. Vorausbuchung von Mietwagen und Campern.

▶ **African Car Hire / AfriCar**
Tel. (Namibia) 0 61 / 22 32 46
Fax 22 32 64
africar@africancarhire
Der etwas kleinere African Car Hire nimmt es mit dem exzellenten Zustand seiner Fahrzeuge sehr genau; die Kunden werden optimal beraten und professionell betreut.

AUTOMOBILCLUB

▶ **AAN**
Carl List House 15
Fidel Castro Street, Windhoek
(Ecke Independence Avenue)
Tel. 0 61 / 22 42 01
Fax 22 24 46
Öffnungszeiten: Mo. – Fr. 8.00 – 17.00, Sa. 8.30 – 12.00 Uhr

Automobilclub

Die Leistungen der »Automobil Association of Namibia« (AAN) sind kostenlos für Besitzer eines gültigen ADAC- oder AvD-Ausweises. Eine Geschäftsstelle der AAN befindet sich nur in Windhoek.

Automobil Association Namibia

Zeit

In Namibia werden die Uhren am ersten Sonntag im September um eine Stunde vor, am ersten Sonntag im April wieder um eine Stunde zurückgestellt. Das heißt: Wer zwischen September und April, also im südafrikanischen Sommer, nach Namibia reist, muss seine Uhr eine Stunde vorstellen (Deutschland: 12.00 Uhr, Namibia 13.00 Uhr), zwischen April und September, im südafrikanischen Winter, muss man die Uhr eine Stunde zurückstellen (Deutschland: 12.00 Uhr, Namibia 11.00 Uhr).

V5-HAC

Touren

DIE FAHRT DURCH NAMIBIA, EIN LAND MIT WEITEN ENTFERNUNGEN, IST EINE HERAUSFORDERUNG UND WILL GUT GEPLANT SEIN. SIE WISSEN NOCH NICHT, WO ES LANGGEHEN SOLL? IM FOLGENDEN ZWEI ROUTEN FÜR UNTERSCHIEDLICHE ZEITBUDGETS

TOUREN DURCH NAMIBIA

Namibia hat viele Höhepunkte, die jedoch oft Tausende von Kilometern voneinander entfernt liegen. Wir beschreiben zwei Touren für Selbstfahrer, die die Sehenswürdigkeiten sinnvoll miteinander verknüpfen.

TOUR 1

Große Namibia-Rundreise
Dies ist die geeignete Route für diejenigen, die mit reichlich Zeit für ein ausführliches Kennenlernen des Landes ausgestattet sind. Wüste und Küste, der Fish River Canyon im Süden und der tropische Norden – kurz: ein allumfassender touristischer »Rundumschlag« mit ca. 4500 Fahrkilometern. ▸ **Seite 124**

TOUR 2

Rundfahrt durch den Norden
Für Reisende mit einem etwas kleineren Zeitbudget oder dem Bedürfnis, ein paar erholsame Tage an einer Stelle – beispielsweise einer der fantastischen Lodges – zu verweilen, eignet sich die »nur« ca. 2000 km lange Rundfahrt durch den Norden. ▸ **Seite 130**

Sossusvlei
Dünen wie aus dem Bilderbuch

Lüderitz
Stadt zwischen Wüste und Meer

Himba
Bedrohtes Volk

Etosha-Nationalpark
Tierwelt hautnah

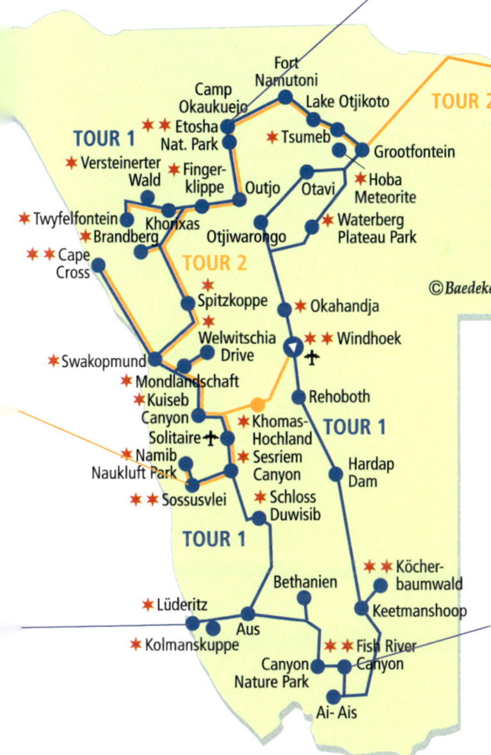

Fish River Canyon
Afrikas Grand Canyon

Unterwegs in Namibia

Ideales Reiseland Namibia ist ein Land, das man ohne spezielle Reiseerfahrung, überdurchschnittlichen Abenteuergeist oder besondere Kenntnisse ausgefallener Sprachen gut auf eigene Faust bereisen kann. Das Straßennetz ist eines der besten auf dem afrikanischen Kontinent, die Menschen sind gastfreundlich und hilfsbereit, überall spricht man Englisch und mancherorts sogar Deutsch und überall im Land gibt es schöne Übernachtungsquartiere.

Verkehrsmittel Namibia ist ein Land für Autofahrer. Die Entfernungen sind groß und viele der »Sehenswürdigkeiten« befinden sich fernab der Städte, so dass man nur mit öffentlichen Verkehrsmitteln kaum zurechtkäme. Es sei denn, man bucht eine Zugfahrt im luxuriösen Desert Express (►Praktische Informationen, Verkehr)

Mietwagen Mietwagen kann man bequem schon von zu Hause aus über das Internet buchen. Entscheiden muss man dabei lediglich, ob man einen normalen Straßenwagen möchte, ein off-road-taugliches Fahrzeug mit Allradantrieb, ein Wohnmobil oder doch den Geländewagen mit Dachzelt und kompletter Campingausstattung.

Unterkünfte Die Auswahl an Hotels, Gästefarmen, Lodges, Backpackerunterkünften oder Campingplätzen ist fast überall gut und immer noch im Wachsen begriffen, für jeden Stil und Geldbeutel lässt sich das Passende finden. Mitten in der einsamen Wildnis liegen luxuriöse **Lodges**, vielfach wahre Juwele afrikanischer Lebensart und vollendete Oasen des guten Geschmacks. Das etwas weniger exklusive Pendant sind die **Gästefarmen**. Farmer betreiben sie oft als zweites Standbein, sie haben auf ihren Anwesen wunderbare Unterkünfte geschaffen. Dazu gibt es fast immer gutes Essen, nette persönliche Kontakte zu den Gastgebern und Einblicke in das Alltagsleben im namibischen »Outback«. Ausfahrten, Wanderungen oder Safaris stehen auf dem Tagesprogramm sowohl der Lodges als auch der Gästefarmen, auch Jagdgesellschaften, naturkundliche Exkursionen oder sportliche Herausforderungen. Und abends dann kann man sich bei einem gepflegten »Sundowner« auf der eigenen Terrasse erholen, rundum nur Weite, Stille und die berühmten afrikanischen Sonnenuntergänge.

! *Baedeker* TIPP

Reiseplanung von zu Hause

Sie suchen einen Autovermieter in Namibia? Eine auf Jagd spezialisierte Gästefarm? Anbieter von Fly-in-Safaris? Oder Infos über Selbstfahrer-Reisen? Links zu Touristen-Informationsbüros vor Ort in Namibia? Oder detaillierte Straßenkartenausschnitte auf Mausklick mit Links zu Unterkunftsmöglichkeiten am Wegesrand? Ein unentbehrlicher Helfer für die eigene Recherche ist die hervorragende deutsch- und englischsprachige Internet-Seite **»Namibia Travel Online«, www.natron.net.**

Reiseveranstalter

Wer nicht gerne alleine reist oder sich die Mühen der eigenen Planung, Vorbereitung und Recherche ersparen möchte, wird bei den unzähligen Reiseveranstaltern fündig. Erholsame Touren von Lodge zu Lodge, aufregende 4 x 4-Touren in die abgelegensten Landesteile, oder Fly-in-Safaris für Eilige sind nur ein Bruchteil der angebotenen Möglichkeiten. Die Vorteile einer Reise-Organisation von Fachleuten, zusammen mit denen der Unanbhängigkeit und eigenen Zeiteinteilung verbinden so genannte Self-Drive-Tours. Der Veranstalter liefert Mietwagen, Routenbeschreibung und Gutscheine für die Übernachtung in Lodges, Gästefarmen und Hotels – alles andere kann der Kunde selbst gestalten.

Registrierte Firmen

Achten Sie bei allen Buchungen von Mietwagen, Safari-Touren, Jagdveranstaltungen oder Unterkünften auf das Logo »Registered with NTB«. Diese Firmen sind amtlich registriert und arbeiten nach den gültigen Richtlinien.

Kleidung

Im Südwinter (Mai – September) herrschen in Namibia angenehme Tagestemperaturen von um die 25 °C. Nachts hingegen kann es kalt werden. Man muss also sowohl sommerliche Kleidung als auch warme Pullover mitnehmen. In den Sommermonaten ist es tagsüber zumeist sehr heiß und kühlt nachts kaum ab. Also braucht man sehr leichte, luftdurchlässige Kleidung. Kopfbedeckung, Sonnenbrille, Sonnenschutzmittel und feste Schuhe nicht vergessen!

Besonders stilvoll: »Sundowner« auf der Terrasse der »Zambesi Lodge« in Katima Mulilo

Tour 1 Große Namibia-Rundreise

Start und Ziel: Windhoek
Länge der Tour: ca. 4500 km
Dauer: mindestens 3 – 4 Wochen
Beste Reisezeit: Mai – Juni

Für diese Reise, die zu allen Hauptsehenswürdigkeiten Namibias führt, benötigt man mindestens drei Wochen Zeit, besser wäre es, wenn vier Wochen zur Verfügung stünden. Die Tour lässt sich bis auf wenige, im Folgenden besonders erwähnte Teilstrecken mit einem normalen Pkw bewältigen; Probleme könnte es allenfalls nach heftigen Niederschlägen geben.

Nach Ankunft auf dem International Airport von ❶ ✶✶ **Windhoek** sollte man einen ein- bis zweitägigen Aufenthalt in Namibias Hauptstadt einplanen. Danach ist ein sehr früher Start notwendig, um bis zum Nachmittag das erste Etappenziel, Keetmanshoop, zu erreichen. Man verlässt Windhoek in südlicher Richtung, auf der B 1. Auf der gut ausgebauten Straße kommt man zügig voran. Nach 90 km tauchen die ersten Häuser von ❷ **Rehoboth** auf; sehenswert ist das kleine Museum, das besonders über die Geschichte der Baster informiert. Zu den Erholungseinrichtungen bei Reho Spa gehört auch ein Restaurant. An der B 1 verweist 13 km hinter Rehoboth ein Schild darauf, dass man nun den »Tropic of Capricorn«, den Wendekreis des Steinbocks, überfährt. Die schnurgerade verlaufende Straße säumen Farmzäune; im trockenen Süden Namibias sind die Farmareale relativ groß.

Für einen Stopp am Mittag bietet sich der ❸ **Hardap Dam** an (170 km südlich von Rehoboth). Den Stausee umschließt ein Wildschutzgebiet, das man auf Wanderungen oder Pirschfahrten erkunden kann. Falls man nur eine kurze Kaffeepause machen möchte, kann man im einfachen, aber gepflegten Hotel von Mariental einkehren. Knapp 100 km hinter Mariental zweigt bei Asab die D 1066 in östlicher Richtung ab, sie führt zur Einsturzstelle des Mukorob (Finger Gottes), einer einst bizarren Felsnadel. Da es außer Trümmern dort nicht mehr allzu viel zu sehen gibt, folgt man besser gleich der B 1 weiter in südlicher Richtung. Bald darauf erhebt sich rechts der Straße der markante Brukkaros, dessen gewaltigen Kessel man allerdings nur zu Fuß erreichen kann.

Nach insgesamt 475 km von Windhoek (ohne Abstecher) erreicht man ❹ **Keetmanshoop**. Die Ortschaft kann mit einigen hübschen historischen Bauten im Zentrum aufwarten. Unbedingt lohnend ist von hier jedoch die Fahrt zum 25 km nordöstlich, auf dem Gelände der Farm Gariganus gelegenen, berühmten ❺ ✶✶ **Köcherbaumwald**. Es empfiehlt sich, nicht zu spät anzukommen, denn am schönsten präsentieren sich die bizarren Köcherbäume im Licht der untergehenden Sonne! Will man wieder das beste Licht zum Fotografieren haben, so muss man auch am nächsten Morgen früh auf-

Vingerklip Lodge
Stilvolle Unterkunft

Köcherbaumwald
Wahrzeichen Namibias

Namib Naukluft Park
Größter Nationalpark Namibias

brechen. Die Anfahrt zum Fish River Canyon erfolgt von Keetmanshoop auf der B 4 bis zur Kreuzung bei Seeheim, dort biegt man nach links auf die C 12 ab. Auf ihr passiert man schon bald die Zufahrt zum Erholungsgebiet Nautedam und erreicht 77 km hinter Seeheim die Abzweigung der D 601, sie führt in westlicher Richtung zum **7 ** Fish River Canyon**. Eine grandiose Sicht auf die Canyonlandschaft bietet sich vom Main View Point und von zahlreichen weiteren Aussichtspunkten. Übernachtungsmöglichkeiten bestehen in dem weiter südlich gelegenen staatlichen Camp **6 Ai-Ais**, das allerdings nur zwischen Mitte März und Ende Oktober geöffnet ist. Vom Fish River Canyon fährt man zurück bis Seeheim.

Hat man ausreichend Zeit zur Verfügung, so empfiehlt sich ein mindestens zweitägiger Abstecher zum privaten **8 Canyon Nature Park** am Westrand des Canyons (Übernachtung in einem Zeltcamp, in dem auch Wanderungen hinab in den Canyon organisiert werden). Die Anfahrt erfolgt auf der 28 km westlich von Seeheim von der B 4 nach Süden abzweigenden D 463; die letzten Kilometer der Strecke stellen einen Pkw auf eine harte Probe!

Die Hauptstrecke verläuft von Seeheim weiter in westlicher Richtung. Ein kurzer Abstecher (asphaltiert) führt von Goageb in das 26 km entfernte **9 Bethanien**, wo das Haus des Missionars Heinrich Schmelen besichtigt werden kann. Nachdem man Goageb wieder erreicht hat, müssen noch ca. 105 km bis nach **10 Aus** zurückgelegt werden. Kurz vor Ortsanfang zweigt links die Zufahrt zu einem ehemaligen Deutschen Kriegsgefangenenlager ab. Bei der Weiterfahrt von Aus nach Lüderitz lohnt es sich, nach einer Wildpferdeherde Ausschau halten, die hier hin und wieder gesehen wird. Menschen dagegen dürfen das Gelände rechts und links der Straße nicht betreten: Rechts erstreckt sich der in diesem Teil für die Öffentlichkeit nicht zugängliche Namib Naukluft Park, links das Diamantensperrgebiet, dessen Betreten Schilder nachdrücklich verbieten. Fast 130 km geht es von Aus bis nach Lüderitz durch eine Wüstenlandschaft, mit Sandverwehungen auf der Straße ist immer zu rechnen. Dann passiert man 15 km vor Lüderitz die ehemalige Diamantenstadt **11 * Kolmanskuppe** und gelangt schließlich in das auf Felsen gebaute **12 * Lüderitz**, das sich seinen kolonialen Charme bis heute erhalten hat. Zwei Tage sollte man einplanen, um das Städtchen und das Umland zu erkunden.
Alle Wege enden in Lüderitz, so fährt man bis kurz hinter **10 Aus** zurück auf der schon für die Hinfahrt benutzten B 4. Dann zweigt man jedoch nach links auf die C 13 ab. Nach 55 km ist die Entscheidung über den Weiterweg zu treffen. Die links abbiegende D 707 verläuft am Rande des **16 * Namib Naukluft Park**; immer wieder ergeben

← *Es war einmal ein hübscher Kolonialbahnhof in Swakopmund – der sich als Luxushotel mit Spielkasino fein gemacht hat.*

sich eindrucksvolle Ausblicke. Begegnen wird man auf dieser Strecke jedoch möglicherweise auf einigen Hundert Kilometern niemandem. Wem das zu unsicher ist, der bleibt besser auf der C 13 und fährt weiter nach **Helmeringhausen** (Hotel, Tankstelle, Freilichtmuseum). Dort wechselt man auf die nordwärts führende C 14. Von ihr zweigt nach 68 km die Zufahrt (zunächst D 831, dann D 826) zum sehenswerten ⑬ * **Schloss Duwisib** ab (Campingplatz, Kiosk). Danach bleibt man auf der D 826, die sich nun nach Nordwesten wendet. Als Übernachtungsmöglichkeit bietet sich in dieser einsamen Gegend das Wolwedans Dune Camp im **Namib Rand Nature Reserve** an (Zufahrt von der D 826 beschildert).

Der D 826 in nördlicher Richtung folgend, kommt man nach **Sesriem**, Ausgangspunkt für die Fahrt in den ⑭ * **Sesriem Canyon** und zur grandiosen Dünenlandschaft rund um das ⑮ ** **Sossusvlei** im ⑯ * **Namib Naukluft Park**. Übernachtungsmöglichkeiten sind direkt in Sesriem bzw. in mehreren nahe gelegenen Lodges und Gästefarmen vorhanden. Für die Erkundung des Sossusvlei sollte man auf jeden Fall einen ganzen Tag einplanen. Bis auf die letzten 5 km kann man die Anfahrt auch mit einem normalen Pkw bewältigen.

Wenige Kilometer hinter Sesriem stößt die D 826 auf die C 14, der man nun in nördlicher Richtung folgt. Sie durchquert die Naukluft-Berge und erreicht dann ⑰ **Solitaire**. Hier sollte man den Wagen unbedingt noch einmal volltanken, denn nun geht es wieder mitten durch die Wüste. Nachdem man den Kuiseb-Pass erklommen hat, gelangt man erneut in den ⑯ * **Namib Naukluft Park**. Die schönste Route durch den Nordteil des Naturparks (mit Besichtigung des ⑱ * **Kuiseb Canyon**, des ⑲ * **Welwitschia Drive** und der ⑳ * **Mondlandschaft**) ist bei den Reisezielen von A bis Z beschrieben. Nach vielen grandiosen Landschaftserlebnissen erreicht man schließlich ㉑ * **Swakopmund**. Das »südlichste deutsche Seebad« lockt mit einem hübschen Stadtbild, vielen Läden und Boutiquen sowie etlichen Ausflugsmöglichkeiten in die Umgebung. Unbedingt einplanen sollte man von hier die Fahrt zum 130 km nördlich gelegenen ㉒ ** **Cape Cross**, wo sich Tausende von Robben am Strand tummeln.

Man verlässt Swakopmund auf der B 2 Richtung Usakos und biegt nach 115 km links auf die D 1918 ab, wechselt schließlich auf die D 3716 und gelangt zur ㉓ * **Spitzkoppe**, einem weithin sichtbaren Wahrzeichen des Landes. Die im Gebiet der Spitzkoppe gefundenen Felsbilder sind mittlerweile stark zerstört. Schönere Hinterlassenschaften der Urbevölkerung des Landes findet man in den nahen * **Erongo Mountains**. Hier bestehen auch, beispielsweise auf der Ameib Ranch, Übernachtungsmöglichkeiten.

Danach geht es auf der D 1930 weiter Richtung Norden. Über das Bergbaustädtchen Uis Myn gelangt man auf der C 35 (und der D 2359) zum ㉔ * **Brandberg**, berühmt für die Felszeichnung der »White Lady« in der Tsisab-Schlucht. Nunmehr geht es auf der C 35 weiter gen Norden, nach ㉕ **Khorixas**. Der Ort selbst bietet keinerlei

Sehenswürdigkeiten, doch gibt es in der Umgebung gleich mehrere lohnende Ziele: die Felszeichnungen von 26 ** **Twyfelfontein**, der 27 * **Versteinerte Wald**, der Verbrannte Berg, das Tal der Orgelpfeifen und die markante 28 * **Fingerklippe**. Zum Übernachten stehen ein empfehlenswertes Restcamp und mehrere Lodges zur Auswahl.
Die C 39 verbindet **Khorixas** mit 29 **Outjo**, wo sie auf die nordwärts zum 30 ** **Etosha National Park** führende C 38 trifft. Nach Passieren des Andersson-Tores erreicht man schon bald das 31 **Camp Okaukuejo** – wegen seiner beühmten beleuchteten Wasserstelle ein idealer Ort zum Übernachten! Am nächsten Tag sollte man sich langsam von Wasserstelle zu Wasserstelle entlang dem Südrand der Etosha-Pfanne vorwärts bewegen. Übernachten könnte man im 32 **Fort Namutoni** oder in einer der privaten Lodges am Ostrand des Parks. Man verlässt das Nationalparkgebiet durch das Von Lindequist Gate.
Knapp 35 km hinter dem Fort Namutoni trifft die C 38 auf die B 1, der man nun Richtung Süden nach Tsumeb folgt. Nach etwa 50 km Fahrt auf der B 1 liegt rechts der Straße der 33 **Lake Otjikoto**, einer der beiden natürlichen Seen Namibias. Hier gibt es einen Kiosk mit Erfrischungen. Zum Verweilen lädt auch das freundliche Städtchen 34 * **Tsumeb** ein, das man nach weiteren 25 km erreicht. Die 57 km von Tsumeb nach 35 **Grootfontein** werden auf der C 42 zurückgelegt. In Grootfontein selbst kann ein Altes Fort besichtigt werden; lohnend ist jedoch vor allem der Abstecher zum 36 * **Hoba-Meteoriten** (24 km westlich der Stadt).

Wer nun zügig nach Windhoek zurückkehren möchte, folgt von Grootfontein der B 8 nach 37 **Otavi** und von dort weiter der B 1 über 38 **Otjiwarongo** und 40 * **Okahandja** nach 1 ** **Windhoek**.

Alternativroute

Reizvoller ist jedoch die Strecke, die am Waterberg Plateau Park vorbeiführt. Von der B 8 zweigt 28 km südwestlich von Grootfontein die D 2612 ab, sie stößt schließlich auf die D 2512, die unterhalb des 39 * **Waterberg Plateau Park** verläuft. Einziger Zugang zu dem Wildschutzgebiet ist das Tor beim Bernabé de la Bat Camp (Anfahrt von der D 2512 beschildert). Man kann in dem Camp angenehm übernachten und von hier aus verschiedene kürzere Spaziergänge unternehmen. Bald nach Passieren der Zufahrt zum Camp trifft die D 2512 auf die C 22, der man nun in westlicher Richtung folgt, um dann nach links auf die B 1 abzubiegen. Auf ihr müssen ca. 145 km bis nach 40 * **Okahandja** zurückgelegt werden. Die Ortschaft hat für die Herero besondere Bedeutung, ihre wichtigsten Führer sind hier begraben. Bekannt ist Okahandja daneben für den riesigen Kunsthandwerker-Markt. Bis 1 ** **Windhoek** sind es danach nur noch 65 km.

✓ NICHT VERSÄUMEN

- Alljährlich am Sonntag vor dem 26. August kann man in Okahandja die farbenprächtigen Festumzüge der Herero miterleben.

Tour 2 Fahrt durch den Norden

Start und Ziel: Windhoek
Länge der Tour: ca. 2000 km
Dauer: 2 – 3 Wochen
Beste Reisezeit: Mai – September

Stehen nur zwei bis drei Wochen für einen Namibia-Aufenthalt zur Verfügung, so bietet sich eine Rundfahrt durch den Norden des Landes an. Auch diese Tour kann man auf drei bis vier Wochen verlängern, wenn man vom Etosha-Nationalpark nordwärts nach Rundu und von dort weiter zum Caprivi-Zipfel und gegebenenfalls bis zu den Victoria-Fällen im Grenzgebiet Sambia/Simbabwe fährt.

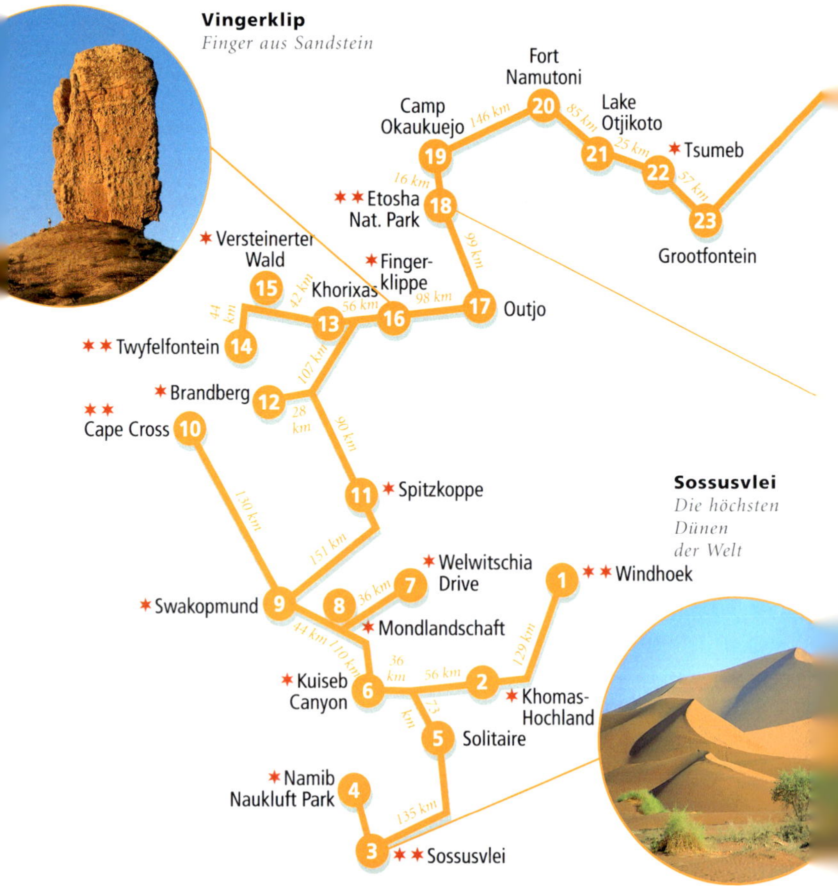

Mehrere landschaftlich reizvolle Strecken führen durch das ❷ ★ **Khomas-Hochland** westlich von ❶ ★★ **Windhoek**. Als besonders abwechslungsreich gilt die Fahrt auf der C 26 über den Gamsberg-Pass. Kurz vor Einfahrt in den Namib Naukluft Park trifft die C 26 auf die C 14.

Kann man in seine Reiseroute zwei Zusatztage einplanen, so empfiehlt sich unbedingt der Abstecher nach Süden, zur Dünenlandschaft rund um das ❸ ★★ **Sossusvlei** im ❹ ★ **Namib Naukluft Park**. Von der zuvor erwähnten Kreuzung müssen bis Sesriem, der Zufahrt zum Sossusvlei, gut 150 km zurückgelegt werden.

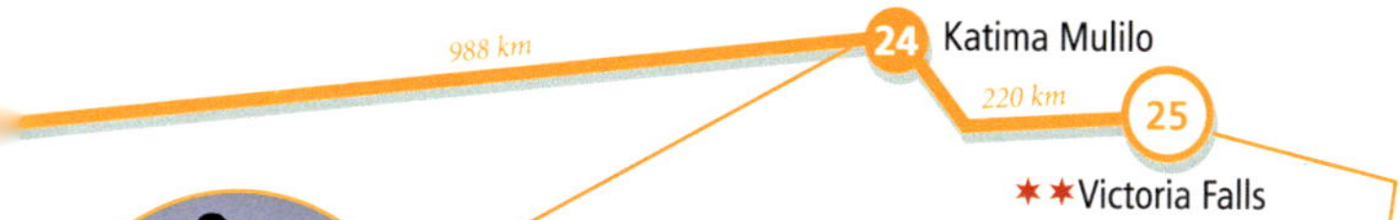

Sambesi
Grenzfluss mit Überschwemmungsneigung

Victoria Falls
Die größten Wasserfälle des Kontinents

Etosha-Nationalpark
Berühmtes Tierparadies

Den ❹ ✶ **Namib Naukluft Park** durchfährt man auf der bei den Reisezielen von A bis Z empfohlenen Route (mit Besichtigung von ❻ ✶ **Kuiseb Canyon**, ❼ ✶ **Welwitschia Drive** und ❽ ✶ **Mondlandschaft**). Sie endet in dem hübschen Seebad ❾ ✶ **Swakopmund**. Die Weiterfahrt erfolgt in nördlicher Richtung, entlang der Küste. Einen Stopp lohnt nach 130 km die Robbenkolonie am ❿ ✶✶ **Cape Cross**. Mit einem Pkw fährt man von hier zurück bis zur Abzweigung der C 35, kurz vor Henties Bay. Nach 116 km auf der C 35 erreicht man Uis Myn. Von hier aus erfolgt die Weiterfahrt, wie bei der Großen Namibia-Rundreise beschrieben, über ⓭ **Khorixas** und ⓱ **Outjo** in den ⓲ ✶✶ **Etosha National Park**, man verlässt ihn wieder über das östliche Tor beim ⓴ **Fort Namutoni** und fährt über ㉒ ✶ **Tsumeb** nach ㉓ **Grootfontein**.

Die einfache Strecke von ㉓ **Grootfontein** bis ㉔ **Katima Mulilo** am Ostende des Caprivi-Zipfels beträgt ohne Abstecher gut 650 km. Mittlerweile kann man fast durchgehend auf Asphalt fahren, nur für Abstecher in die Nationalparks benötigt man ein geländegängiges Fahrzeug (bzw. organisiert derartige Pirschfahrten über die im Caprivi ansässigen Lodges). Unter dem Stichwort ► **Caprivi** ist die Strecke im Kapitel Reiseziele von A–Z ausführlich beschrieben. Will man noch den sehr empfehlenswerten Ausflug zu den ㉕ ✶✶ **Victoria Falls** an der Grenze zwischen Sambia und Simbabwe einplanen, so benötigt man für den Abstecher in den Caprivi mindestens eine Woche Zeit. Lohnend ist die Fahrt in den tropischen Norden des Landes jedoch allemal. Von Victoria Falls kann man zurück nach Windhoek fliegen.

✓ NICHT VERSÄUMEN

- Im Stadtzentrum von Katima Mulilo gibt es CACA, ein Kunstzentrum,das von der nationalgalerie Windhoek betreut wird. In der Umgebung gefertigte traditionelle Korbflechtereien, Schnitzereien, Matten, Hüte und vieles mehr kann man kaufen und sich im angeschlossenen Café erfrischen.

Wer dagegen von ㉓ **Grootfontein** direkt nach Windhoek zurückkehren möchte, fährt wie bei der Großen Rundfahrt empfohlen, über Otavi (bzw. ggf. Umweg über den ✶ ✶ **Waterberg Plateau Park**), **Otjiwarongo** und ✶ **Okahandja** in die Hauptstadt ❶ ✶✶ **Windhoek**.

← Mit etwa 450 Arten ist die Vogelwelt im Caprivi-Zipfel großartig vertreten: Scharlachspinte vor ihren Nisthöhlen am Sambesi-Ufer.

Reiseziele von A bis Z

DEUTSCHES LEBENSGEFÜHL ZWISCHEN TROPISCHEM NORDEN UND TROCKENEN WÜSTEN, DAZU GRANDIOSE TIERBEOBACHTUNGEN UND NATURERLEBNISSE – DAS NAMIBIA VON HEUTE WARTET DARAUF, ENTDECKT ZU WERDEN!

Aus

D 6

Region: Karas
Einwohnerzahl: 1000
Höhe: 1446 m ü. d. M.

In der Sprache der Nama bedeutet der Ortsname »Schlangenquelle«. Nur hier gab es vor oder nach der Durchquerung der lebensfeindlichen Wüste Wasser. So wirkt der Ort mit Weiden, Wiesen und Gärten auch heute wie eine kleine Oase.

Winterregengebiet

Der Grund für die Fruchtbarkeit ist das Kapklima, das der Gegend entlang der Namib bis zu dem Gebiet um Rosh Pinah am Oranje mit winterlichen Regenfällen eine zweite Regenzeit beschert. Und alljährlich bietet sich dann ein Schauspiel, das seinesgleichen sucht: Nach dem Regen verwandelt sich das Grau, Beige und Braun von Geröll und Sand der Sukkulenten Karoo für kurze Zeit in ein wogendes Blütenmeer in Zartgelb, Rosa und Violett.

Umgebung von Aus

Deutsches Kriegsgefangenenlager

An das einstige deutsche Kriegsgefangenenlager, 4 km östlich von Aus (von der B 4 auf die Schotterstraße Richtung Rosh Pinah abbiegen), erinnern nur wenige Mauerreste und eine Gedenktafel. Nach der Kapitulation der deutschen Truppen vor den südafrikanischen Einheiten wurde hier im Juli 1915 ein Gefangenenlager angelegt, in dem ca. 1500 deutsche Unteroffiziere und Soldaten interniert wurden. Wegen der großen Hitze war die Situation für sie fast unerträglich. Dass nach vier Jahren, als ihre Gefangenschaft mit dem Versailler Vertrag endete, nur 65 Gefangene gestorben waren, war der Selbsthilfe der Deutschen zu verdanken. Mit selbst gebrannten Ziegelsteinen und flach geklopften Konservendosen als Dachziegel bauten sie Häuser, um alle Soldaten vor der unbarmherzigen Sonne zu schützen. Mit einer selbst konstruierten Wasserleitung konnten sie sogar kleine Gemüsegärten bewässern.

Seltene Wüstenbewohner: Wildpferde

Bei der Weiterfahrt von Aus nach Westen kann man mit etwas Glück die **Wildpferdeherde** sehen, die hier als verwilderte Nachkommen deutscher Kavalleriepferde seit fast einem Jahrhundert lebt. Die ans Überleben in der Wüste angepass-

AUS ERLEBEN

AUSKUNFT

Aus Tourist Information Centre
Tel. 0 63 / 25 81 16
Im 2005 eröffneten Zentrum mit Botanischem Garten und Lehrpfad kann man, neben Infos zur Geschichte und zu den berühmten Wildpferden, alles über die reiche Vegetation der drei bei Aus zusammentreffenden Wüstenformen erfahren. Daneben gibt es ein Café/Restaurant und einen Souvenirshop.

Namib-Garage
Alles in einem: Tankstelle, Snackbar, Autowerkstatt, Campingplatz, Treffpunkt und Informationszentrum ...

ÜBERNACHTEN

▶ Luxus
Eagle's Nest Lodge
Klein-Aus Vista
Tel. 0 63 / 25 81 16, Fax 25 81 16
www.namibhorses.com
Wüste hautnah, Stille und prächtige Sonnenuntergänge kann man in den acht Naturstein-Chalets des »Adlerhorstes« erleben, der mit dem Desert Horse Inn Teil der von Piet Swiegers geführten Gästefarm Klein-Aus Vista ist. Alle Chalets haben Bad, Kochnische und Kamin, Mahlzeiten werden im Desert Horse Inn serviert.

In den Chalets von Eagle's Nest

▶ Komfortabel
Desert Horse Inn
Kontakt ▶Eagle's Nest Lodge
Geschmackvolle Zimmer mit großem Bad. Im Restaurant gibt es frische ländliche Küche. Ebenfalls zur Farm geören ein Campingplatz und ein Blockhaus mit Schlafsälen.

▶ Günstig
Bahnhof Hotel
Tel. 0 63 / 28 30 13
Kleines Landhotel direkt in Aus für Eilige auf der Durchreise

ERLEBEN

In den Unterkünften von Klein-Aus Vista kann man geführte Fahrten zum Wasserloch Garub 2, wo man die Wildpferde beobachten kann, oder eine sehr lohnende Tagestour zu den Tirasbergen buchen.

ten Tiere traben zwischen den spärlichen Weidegründen und der Wasserstelle Garub hin und her und kommen angeblich bis zu fünf Tage ohne Wasser aus.

Tirasberge Conservancy Area

Wie in anderen Gebieten des Namib-Rand endete auch auf den Farmen der Tirasberge-Region mit dem Zusammenbruch des Marktes für Persianer-Felle in den 1970ern die ausschließliche Nutzung der Landschaft für die Karakul-Schafzucht. Zurück blieb stark überweidetes Land, das jüngst in einem privaten Schutzgebiet zusammenge-

WUSSTEN SIE SCHON ...?

- ... dass die »Sukkulenten Karoo« das artenreichste Wüstensystem der Welt ist? Zur Vielfalt tragen vor allem die ca. 1700 Arten der Blattsukkulenten bei, ergänzt durch etwa 130 Arten von Stammsukkulenten. Dazu ist sie Heimat von 80 Wirbeltier-Arten, darunter Gemsbock, Springbock, Strauß und Schakal.

fasst wurde und sich langsam rekultiviert. Der Aufwand wird sich lohnen, denn die Landschaften, die sich dem Besucher bieten, sind in ihren bizarren Strukturen einmalig und auf weiten Strecken unerforscht. So ist die Sukkulentenvegetation ungewöhnlich reich, Köcherbäume stehen wie Soldaten aufgereiht entlang der Felsklippen, und auf den mit Gras bewachsenen Hochtälern spiegelt sich silbrig das Sonnenlicht.

Buschman-Zeichnung ►

Wenngleich schon stark verwittert, aber noch sichtbar ist eine Novität unter den tausendfachen Bushman-Zeichnungen des Landes: Ein Segelschiff, das der offenbar weit gewanderte Maler vom Stamme der San vor gut fünfhundert Jahren gezeichnet hat.

Klein-Aus Vista

Die Farm Klein-Aus ist überhaupt nicht klein, aber fast schon Legende. Denn hier, nur 2 km westlich von Aus, an der B4 gelegen, muss man gewesen sein. Nicht allein, um die Gastfreundschaft von Pete und Willem Swiegers zu genießen oder auf Pferden auszureiten oder, ganz profan, nur zu übernachten, sondern auch, um die weiße Wüste inmitten der Berglandschaft zu sehen, die aus Vulkangestein aufgetürmten Berge, die Felsgalerien und den grandiosen Panoramablick zu erleben.

Wüste, Weite, Einsamkeit: Eagle's Nest der Gästefarm Klein-Aus Vista.

Bethanien

D 6

Region: Karas
Einwohnerzahl: 1800
Höhe: 1000 m ü. d. M.

Bethanien ist eine der ältesten Siedlungen Namibias. Sie wurde 1814 von Johannes Heinrich Schmelen als Missionsstation gegründet. 1840 übernahm die Rheinische Missionsgesellschaft den Ort.

Geschichtsträchtiger Ort

Bei der Fahrt von Keetmanshoop nach Aus bzw. Lüderitz lohnt ein Abstecher über die gut ausgebaute Asphaltstraße in den 26 km nördlich der B 4 gelegenen Ort. Es gibt einige Läden, ein kleines Hotel und eine Tankstelle – und gleich zwei Kirchen.

Schmelen-Haus

Das Haus, in dem der Missionar Johannes Heinrich Schmelen (1776 – 1848) lebte, gilt als erstes von Europäern errichtetes Steinhaus im heutigen Namibia. Es steht, wenige Hundert Meter von der Hauptstraße entfernt, auf dem Gelände der evangelisch-lutherischen Kirche. Ein kleiner Friedhof bewahrt das Andenken an einige der hier tätigen Missionare. Das Gebäude beherbergt heute ein kleines **Museum** zur Missionsgeschichte. Normalerweise ist das Gebäude tagsüber nicht verschlossen und kann jederzeit besichtigt werden.

✓ NICHT VERSÄUMEN

- Besucher sind herzlich eingeladen, die Gottesdienste der Lutherischen Gemeinde zu besuchen. Sprache ist Afrikaans, besonders eindrucksvoll sind die Gesänge der Nama-Gemeindemitglieder.

Fredericks-Haus

Zurück auf der Hauptstraße biegt man rechts ab, hinter der Polizeistation befindet sich auf der linken Straßenseite das Haus, in dem 1883 der Nama-Führer **Joseph Fredericks** einen Vertrag mit dem im Auftrag von Lüderitz handelnden Heinrich Vogelsang schloss. Gegen 100 Pfund Sterling und 200 Gewehre verkauften die Nama damit die Bucht von Angra Pequena (die heutige Lüderitzbucht) und das Land im Umkreis von 5 Meilen an Lüderitz.

Umgebung von Bethanien

Singing Rocks

Auf ein interessantes Naturphänomen stößt man gut 75 km südlich von Bethanien (für die Fahrt benötigt man ein Allrad-Fahrzeug). Bei den Singing Rocks, den »Singenden Felsen«, handelt es sich um Felsplatten aus Schwarzkalk mit hellen Vertiefungen. Schlägt man mit einem Stein dagegen, entstehen unterschiedliche Klanggeräusche. Man erreicht die Felsen, wenn man von der B 4 bei der Eisenbahnstation Goageb nach Süden auf die D 459 abzweigt. Die Singing Rocks liegen auf dem Gelände der **Farm Rooipunt**.

! Baedeker TIPP

Zwischenquartier

Unterwegs von Süden zum Sossusvlei? Die Gästefarm Sinclair am Rande der Namib-Wüste eignet sich als angenehme Zwischenstation. Zur Farm gehört eine stillgelegte Kupfermine. P.O.Box 19, Helmeringhausen, Tel. 0 61 / 22 69 79, Fax 22 69 99, www.natron.net/tour/lofuga.

Bei dem 85 km nördlich von Bethanien gelegenen **Helmeringhausen** auf der gleichnamigen Farm handelt es sich um eine der Ortschaften in der Namib, die zwar sehr wenig bieten, aber für deren Existenz jeder Reisende dankbar ist. Ein Laden, eine Tankstelle, ein Hotel, eine Kapelle, ein Friedhof und ein Museum: willkommen in Helmeringhausen. Der Ort war einst ein Zentrum der Karakulzucht. Auf dem Friedhof ruhen unter anderem deutsche Soldaten, die hier während der Jahrhundertwende stationiert waren. Im kleinen **Freilichtmuseum** kann man altes Werkzeug sehen, den Schlüssel gibt es im Helmeringhausen Hotel.

★ Brandberg

C 3

Region: Erongo **Höhe:** bis 2573 m ü. d. M.

In der Abendsonne leuchtet der Brandberg, eine wilde Berglandschaft mit tiefen Schluchten und unwegsamem Gelände. Bekannt ist das Gebiet vor allem für die vielen hier entdeckten Felsbilder, von denen die »White Lady« mit Abstand das berühmteste ist.

Vulkanisch entstandenes Bergmassiv

Im Nordwesten Namibias liegt ca. 40 km von dem Bergbaustädtchen Uis Myn entfernt das Brandbergmassiv mit der höchsten Erhebung des Landes, dem Königstein (2573 m ü. d. M.). Aus der umgebenden 600–800 m hohen Namibfläche ragt das Massiv weithin sichtbar hervor. Es erstreckt sich über 30 x 23 km und nimmt eine Fläche von 750 km² ein. Die in dieser Region äußerst spärlichen Niederschläge regnen sich bevorzugt am Brandberg ab und sammeln sich

BRANDBERG ERLEBEN

AUSKUNFT

Uis Informationszentrum
Hier erhält man alle Infos zu Sehenswürdigkeiten und Übernachtungen. Außerdem kann man Touren mit den einheimischen Brandberg Mountain Guides buchen, einer Institution des »community based tourism«.

ÜBERNACHTEN

► **Komfortabel**

Brandberg White Lady Lodge
Tel. 0 64 / 50 02 45
Die schönste Übernachtungsmöglichkeit am Brandberg. Neben Campingplätzen gibt es auch voll ausgestattete Iglu-Zelte sowie acht Bungalows mit Bad.

dort in Felsspalten und Löchern. Sie ermöglichen einigen Pflanzen- und Tierarten im Brandberggebiet zu überleben und zogen in vergangenen Jahrtausenden auch Menschen auf der Suche nach Nahrung und Schutz an.

Felsbilder

Insgesamt entdeckte man in Höhlen und an Felsüberhängen des Brandbergs ca. 1100 Fundstellen mit fast 60 000 Felsbildern. Die meisten von ihnen entstanden vermutlich vor 2000–4000 Jahren. Viele Bilder sind ohne ortskundigen Führer nicht zu entdecken, eine Ausnahme bildet die **»White Lady«** in der Tsisab-Schlucht.

✶ White Lady in der Tsisab-Schlucht

Anfahrt

Von der C 35, die das an der Küste gelegene Henties Bay mit Khorixas und Kamanjab verbindet, zweigt 14 km nördlich von Uis Myn die D 2359 ab. Auf ihr gelangt man nach 28 km zu einem Parkplatz am Ausgang der Tsisab-Schlucht. Auf einem gut markierten Weg durch unwegsames Gelände erreicht man in einer knappen Stunde die Felsmalerei. Wegen der starken Hitze sollte man den Weg nicht zur Mittagszeit unternehmen, gutes Schuhwerk ist nötig, und auf jeden Fall muss man ausreichend Trinkwasser dabeihaben.

Am Brandberg erklärt der Führer die Felsgravuren.

Die **Weiße Dame** ist eine knapp 45 cm große Figur, die heute allerdings nur noch schwach erkennbar ist und zum Schutz vor Zerstörungsversuchen von Gittern umgeben ist. Sie bildet das Zentrum einer Jagdszene mit vielen weiteren Personen und Tieren. Vermutlich handelt es sich um die Darstellung eines erfolgreichen Kriegers mit Schmuckverzierung an Kopf und Oberkörper und mit Pfeil und Bogen. Im Umkreis von nur 1,5 km findet man – mit Glück oder kundigem Führer – fast 24 weitere mit Zeichnungen verzierte Felswände.

Umgebung vom Brandberg

Uis Myn

Entlang der Straße nach Uis Myn bieten Händler Mineralien aus den Bergregionen der Umgebung an. Wer hier ein Souvenir kaufen will, kann wunderschöne Gesteins-Unikate erstehen. Doch vielleicht sollte man beim üblichen Feilschen nicht zu unnachgiebig vorgehen. In dieser Gegend gibt es, nach dem Zusammenbruch der Bergbauindustrie 1990, noch weniger zu verdienen als anderswo.

Das 1922 als Bergbaustadt für den Anbau von Zinn und Wolfram gegründete Uis Myn entwickelt sich in jüngster Zeit zu einem Ferienort für weiße Namibier. Es gibt eine Bar, einen Campingplatz, ein Restaurant mit Hotel, einen Supermarkt, einen Getränkeladen, eine Bäckerei und eine Tankstelle. Neu und auf jeden Fall sehenswert ist das Craft Center gegenüber des Brandberg Rastlagers, dem Campingplatz. Verkauft wird Kunsthandwerk wie Mobiles, Puppen, Schmuck oder Mineralien. Die Ateliers der Künstler sind im ehemaligen Minengebäude untergebracht und können auch besichtigt werden. Initiiert wurde das Projekt von der Nactoba, der staatlichen Organisation zur Förderung des **»community based tourism«**.

✶✶ Cape Cross

B/C 3

Region: Erongo **Höhe:** Meereshöhe

Der flache und eher unwirtliche Küstenabschnitt Cape Cross liegt 130 km nördlich von Swakopmund und ist über die C 34 sehr gut erreichbar. Eine Attraktion ist das Kreuzkap wegen der hier lebenden Robbenkolonie, an die man zu Fuß ganz nahe herankommt.

Geschichte 1486 landete der Portugiese Diogo Cão als erster Europäer in diesem Teil von Afrika und errichtete ein Kreuz im Namen seines Königs João II. In den nächsten 400 Jahren interessierte sich allerdings niemand für die Inbesitznahme, bis 1893 der deutsche Kapitän des Frachters »Falke« das Kreuz seines Vorgängers entfernte und nach Berlin überführte. Im folgenden Jahr wurde an seiner Stelle eine Kopie des Kreuzes aufgestellt. Unter südafrikanischem Mandat wurde 1980 ein zweites Kreuz errichtet.

✶✶ Robbenreservat (Cape Cross Seal Reserve)

Öffnungszeiten:
tgl. 10.00 – 17.00

Die Robbenkolonie, eine von 24 Kolonien an der südwestafrikanischen Küste, liegt etwa 7 km abseits der weiter nach Norden, zum Skeleton Coast National Park führenden Hauptpiste. Der Eintritt wird kurz nach Einfahrt in das Reservat beglichen. Anschließend setzt man die Fahrt in Richtung Küste fort. Der Weg endet auf einem Parkplatz. Hier empfängt die Besucher ein schier unerträglicher Gestank und ein ohrenbetäubender Lärm. Verantwortlich sind die 80 000 bis 150 000 Zwergpelzrobben (Arctocephalus pusillus), die sich – vor allem während der Paarungszeit von September bis Dezember – auf den Klippen drängen.

Zwergpelzrobbe Die Zwergpelzrobbe gehört zur Familie der Ohrenrobben, einer der drei im südlichen Afrika vorkommenden Robbenarten. Sie hält sich an der Küste zwischen der Algoabucht und Südangola auf.

Im Robbenreservat Cape Cross leben Zehntausende von Zwergpelzrobben.

Außerhalb der Paarungszeit sieht man kaum Bullen in der Kolonie. Sie kommen erst Mitte Oktober an Land, um das Territorium für ihren Harem zu besetzen. Dieses Gebiet verteidigen sie dann auf Leben und Tod gegen mögliche Konkurrenten. Die in den Kämpfen unterlegenen und verletzten Bullen ziehen sich ins so genannte Robbenhospital zurück, eine Stelle, wo sie in Ruhe gelassen werden und sich erholen können. Schakale üben die Rolle der Gesundheitspolizei aus, sie besorgen die Beseitigung schwer verletzter und toter Tiere. Die kleineren Kühe kommen ein paar Wochen nach den Männchen an Land, wo sie Ende November oder Anfang Dezember ein einziges, etwa 5 kg schweres Robbenbaby gebären.
Die gesamte Robbenpopulation an der namibischen Küste wird auf 650 000 Tiere geschätzt. Bislang versucht man mit der jährlichen Festlegung von Fangquoten den Tierbestand unter Kontrolle zu halten (die Robbenjagd begann übrigens bereits 1895). Umstritten ist jedoch die Art und Weise, denn die Tiere werden erschlagen. Das »Culling« findet zwischen dem 1. August und dem 15. November statt (an einzelnen Tagen ist das Reservat dann gewöhnlich für Besucher geschlossen).

Museum

Einige Hundert Meter vom Parkplatz entfernt gibt es ein kleines Museum. Hier werden auch Souvenirs verkauft.

✶ Caprivi

F–H 1/2

Region: Caprivi

Im Gegensatz zum übrigen Namibia ist der Caprivi-Streifen eine sehr wasserreiche, üppig grüne tropische Region. Sumpfgebiete und Galeriewälder säumen die Flussläufe des Okavangos im Westen, des Kwandos in der Mitte und des Sambesis an der Grenze zu Sambia. Abseits der Flüsse erstrecken sich vor allem im Westen des Gebietes weite Ebenen mit Trockenbuschsavanne.

Tropenparadies im Norden

Über 2000 km sind es hin und zurück von Windhoek bis zum östlichen Ende des Caprivi-Zipfels im äußersten Nordosten Namibias. Vier Wildreservate kann man hier besuchen, kurz Station machen im Hauptort des Gebietes, in Katima Mulilo, und weiterfahren zu den von der Ostgrenze Namibias noch 80 km entfernten, an der Grenze von Sambia und Simbabwe gelegenen ► Victoria Falls und zum **Chobe-Nationalpark** in Botswana.

Natur und Wildbestand

Nahezu undurchdringliche urwaldartige Landschaften und Sumpfgebiete entlang der großen Flüsse **Sambesi, Linyati** und **Okavango** – die Vegetation des Caprivi Strip ist in Namibia einmalig. Und auch die Tierwelt sucht ihresgleichen im Land: Sitatungas, Flusspferde, Krokodile, Büffel und Rappenantilopen bevölkern neben riesigen Herden von Elefanten den schmalen Landstrich namibischen Hoheitsgebietes zwischen Botswana, Simbabwe, Sambia und Angola. Im Sinne des Naturschutzes und um den Tourismus in dem weit entfernten Landstrich attraktiver zu gestalten, wurden große Teile des Caprivi zu Nationalparks und Wildschutzgebieten erklärt. Selbst in den unwegsamen Geländen des Gebietes waren die Wildtiere durch Wilderei nahezu ausgerottet. Erst allmählich lassen sich wieder Elenantilopen und Weißschwanzgnus blicken, aber es wird noch lange dauern, bis das Gebiet so sicher ist, dass auch Nashörner wieder heimisch werden können.

Klima

Im Caprivi-Streifen unterscheidet man zwei Jahreszeiten, den trockenen Winter und den regenreichen, heißen Sommer, der von Oktober bis April dauert. Die Luftfeuchtigkeit steigt zwischen De-

Ried für ein neues Haus bei Kongola

zember und März bis auf 70 % an und wird bei Temperaturen von oftmals über 35 °C von vielen Besuchern als unangenehm empfunden. Besser geeignet für eine Reise zum Caprivi-Zipfel sind die Wintermonate. Zwischen Mai und August betragen die Tageshöchsttemperaturen selten mehr als 28 °C, nachts kann es jedoch bei Temperaturen unter 10 °C empfindlich kühl werden.

i Malaria

- Die gesamte Region im Nordosten Namibias und der angrenzenden Länder Angola, Simbabwe und Sambia ist Malariagebiet. Besonders während der feuchten Jahreszeit sollte man schon zu Hause an eine Prophylaxe denken und – noch wichtiger – sich mit langer Kleidung, einem guten Repellent und Moskitonetzen vor Mückenstichen schützen.

Bevölkerung, Wirtschaft

In der gesamten Region leben gut 40 000 Menschen. Der Westen ist traditionell die Heimat von Buschleuten (San); heute leben hier auch Kavango und Ovambo. Im Osten sind Angehörige verschiedener Bantustämme ansässig, sie werden als Caprivianer bezeichnet. Sie leben vorrangig von Fischfang, Rinderzucht und Ackerbau.

Geschichte

Benannt ist die Region nach einem deutschen Politiker: Reichskanzler **Georg Leo Graf von Caprivi** (► Berühmte Persönlichkeiten), unterschrieb 1890 den Helgoland-Sansibar-Vertrag. Damit erhielt Großbritannien von Deutschland die Gewürzinsel Sansibar und einen Teil des heutigen Botswana im Tausch gegen das seit 1814 in englischem Besitz befindliche Helgoland und den Caprivi-Zipfel. Das damalige Deutsch-Südwestafrika bekam damit einen Zugang zum Sambesi-Fluss. Der willkürlich geschaffene Wurmfortsatz des deutschen Hoheitsgebietes sollte den Anfang einer Landverbindung zu den deutschen Besitzungen in Ostafrika schaffen.

Fahrt über den Caprivi-Zipfel

Rundu

Ausgangspunkt für eine Fahrt über den Caprivi-Zipfel ist das am Okavango gelegene ►Rundu.

Okavango

Die geteerte B 8 verläuft von Rundu in östlicher Richtung parallel zum Okavango. Verschiedentlich führen Schotterwege durch die üppig grüne Vegetation zum Flussufer. Mit etwas Glück kann man Reiher, Flusspferde oder Krokodile beobachten. Der in Angola entspringende Okavango (dort heißt er Cubango) bildet auf 350 km die Grenze zwischen Namibia und Angola. Er mündet in Botswana in ein riesiges Binnendelta mit einer Fläche von 18 000 km².

Katere, Kaudom Game Park

Bei dem Dorf Katere, 110 km östlich von Rundu, zweigt eine Sandpiste nach Süden zum ►Kaudom Game Park ab; diese Strecke sollten sich nur versierte und bestausgestattete Allradfahrer zumuten. Genehmigungen erteilt das Namibia Wildlife Resort (►Praktische Informationen, Auskunft).

Die Stromschnellen der Popa Falls bei Divundu

★ **Popa Falls**

Auch mit einem normalen Pkw lässt sich die Anfahrt zu den Popa Falls bewältigen. Von der B 8 biegt man bei Bagani in südlicher Richtung nach Botswana ab. Auf dieser Straße erreicht man nach wenigen Kilometern die Popa Falls genannten Stromschnellen. Am eindrucksvollsten sind die »Wasserfälle«, wenn der Okavango nur wenig Wasser führt (den Tiefstand hat der Fluss in der Regel im Oktober, Hochwasser führt er von Februar bis April). Zu jeder Jahreszeit beeindruckt jedoch die Szenerie bei den Wasserfällen, die auf dem Areal eines staatlichen Camps liegen. Auch Tagesbesucher sind hier willkommen und erreichen die Popa Falls in einem bequemen Spaziergang. Die beste Sicht hat man vom linken Flussufer, bei White Sands.

★ **Mahango Game Reserve**

Etwa 15 km südöstlich der Popa Falls erreicht man über die nach Botswana führende Straße den Mahango-Wildpark, der seit 1986 für Besucher zugänglich ist. Mit 254 km² ist der Park das kleinste Wildreservat Namibias. Es bestehen keine Übernachtungsmöglichkeiten oder Serviceeinrichtungen, lediglich ein Picknickplatz am Ufer des Okavango lädt zum Verweilen ein (ca. 1 km nach Passieren des Einfahrtstores in den Park nach links, in Richtung Okavango, abbiegen). Die in der Trockenzeit auch mit einem normalen Pkw befahrbare

Strecke verläuft entlang der Überschwemmungsebenen des Okavango, passiert mehrere gute Aussichtspunkte und eine Gruppe von riesigen Baobab-Bäumen. Von hier ist es nicht mehr weit bis zu dem Picknickareal. Nach insgesamt 10 km stößt man wieder auf die Hauptstraße. Eine andere, ca. 20 km lange Rundfahrt durch den Park ist nur mit einem geländegängigen Fahrzeug zu bewältigen. Reizvoll ist ein Besuch im Mahango-Wildpark vor allem für Vogelliebhaber. Man beobachtet die Vögel am besten vom Flussufer aus und wird dabei sicherlich auch Nilpferde und Krokodile sichten. Von den im Park lebenden Antilopenarten sind die Pferde- und Rappenantilope besonders erwähnenswert, da sie in anderen Regionen Namibias kaum vorkommen. Vor allem in der Trockenzeit passieren Elefantenherden das Gebiet. Als einen der wenigen Wildparks in Namibia darf man das Mahango Game Reserve auch zu Fuß erkunden.

Caprivi Game Park

Das 6000 km² große Landschaftsareal zwischen den Flüssen Okavango und Kwando wurde zum Caprivi-Wildpark erklärt. Bis heute ist der Park für den Fremdenverkehr kaum erschlossen. Übernachten kann man nur auf zwei Campingplätzen. Für die Zukunft ist geplant, am Ost- und Westrand des Wildparks so genannte Kernzonen eines Naturschutzgebietes zu schaffen. Da hierfür jedoch erhebliche Umsiedlungen erforderlich wären, stößt dies auf wenig Gegenliebe bei der hier ansässigen Bevölkerung.
Bisher noch nicht unter Naturschutz steht das östlich an den Caprivi-Wildpark grenzende so genannte Kwando-Dreieck. Es bietet bessere Möglichkeiten zur Tierbeobachtung als der Game Park selbst. Man kann das Gebiet am leichtesten auf einer südlich der B 8 am Westufer des Kwando entlangführenden Piste erkunden, das meiste Wild sieht man jedoch nördlich der B 8 (weitere Informationen erteilt das Büro in Susuwe einige Kilometer nördlich der B 8, am Westufer des Kwando).

★ Mudumu National Park

Der 1009 km² große Mudumu-Nationalpark wurde erst 1990 eingerichtet, vornehmlich um seltenen Vogelarten wie Klunkerkranichen, Zweifarbenwürgern, Afrikanischen Zwerggänsen oder diversen Arten von Fischadlern ein Schutzgebiet zu schaffen. Doch sind auch riesige Elefantenherden hier zu Hause sowie seltene Antilopenarten, Krokodile, Flusspferde, Hyänen und Löwen. Grundsätzlich lässt sich der Park, wie der angrenzende Mamili-Nationalpark am besten auf den zahllosen Kanälen mit dem Boot erkunden, denn nur während der kurzen Trockenzeit im Jahr ist das Befahren mit einem Auto möglich. Selbst Geländefahrzeuge garantieren in den meisten Gebieten kein Fortkommen. Wer dennoch vom Auto abhängig ist, fährt über die D 3511, die nahe der Ortschaft Kongola von der B 8 abzweigt. Die westliche Parkgrenze bildet der Kwando, der an einigen Stellen ein bis zu 40 km breites Tal geschaffen hat. Für die weitere Erkundung des Geländes benötigt man jedoch ein Allradfahrzeug. Etwas weiter, bei Nakatwa, gibt es eine staatseigene Übernachtungshütte.

CAPRIVI ERLEBEN

ANREISE

Die den Caprivi Strip erschließende B 8 ist asphaltiert. Wer Abstecher in die Nationalparks unternehmen möchte, benötigt ein geländegängiges Fahrzeug. Tankmöglichkeiten bestehen in Rundu, in Mukwe, bei Bagani, in Kongola, Linyandi und in Katima Mulilo. Auch mit dem Flugzeug ist der Caprivi Strip erreichbar. Air Namibia unterhält regelmäßige Verbindungen mit Katima Mulilo und zu den Victoria Falls. Zudem haben einige Lodges Landepisten.

ÜBERNACHTEN BEI DEN POPA FALLS

► Luxus

Suclabo Lodge
P.O. Box 86520, Windhoek
Tel. 0 61 / 24 84 86, Fax 25 09 98
www.suclabo.iway.na
1 km unterhalb der Fälle direkt am Fluss gelegen; mit elf Bungalows, Sundowner-Terrasse auf dem Fluss, Restaurant und Pool.

► Komfortabel

Ndhouvu Safari Lodge
P.O. Box 5035, Divundu
Tel. 0 66 / 25 99 01, Fax 25 91 53
www.ndhouvu.com/de
Die romantischste Unterkunft in dieser Gegend. Dort nächtigt man in komfortabel eingerichteten Zelten, direkt am Wasser – allerdings auch ohne elektrischen Strom.

► Günstig

Popa Falls Restcamp
Buchung über Wildlife Resort in Windhoek (www.nwr.com.na ►Praktische Informationen, Auskunft) Übernachtungsgäste des schönen Camps haben die Wahl zwischen Strohdachhütten bzw. einem Campingplatz. Es gibt einen Kiosk, aber kein Restaurant. Hier kann man auch angeln, den Angelschein gibt's im Büro.

ÜBERNACHTEN IN OST-CAPRIVI

► Luxus

Lianshulu Lodge
P.O.Box 90392, Windhoek
Tel. 0 61 / 21 47 44, Fax 21 47 46
www.lianshulu.com.na
Mit der Lianshulu Lodge bietet der Park eine erstklassige (und entsprechend teure), wunderschön gelegene Übernachtungsmöglichkeit. Fly-in von Katima Mulilo aus möglich; mit dem Auto erreicht man sie nach 40 km auf der D 3511.

► Komfortabel

Namushasha Lodge
P.O. Box 21182, Windhoek
Tel. / Fax 0 61 / 24 03 75
Etwa 12 km vom Mudumu-Nationalpark entfernt. Die Lodge beitet u. a. Nachtfahrten im Boot oder Jeep, um Krokodile und nachtaktive Tiere ganz nah zu erleben.

ÜBERNACHTEN IN KATIMA MULILO

► Komfortabel

Zambezi Lodge
P.O.Box 198, Katima Mulilo
Tel. 0 66 / 25 31 49
www.zamlodge.iway.na
Einfache Zimmer, schön angelegtes Gelände. Legendär ist die »floating bar« über dem Sambesi. Man kann auch auf dem luxuriösen Flussboot »Zambesi Queen« übernachten.

← *Mokoro heißen die Einbäume, die besonders für flache Gewässer geeignet sind.*

Der Okavango bei Wassertiefstand: Blick von der Suclabo Lodge

Südlich des Mudumu National Parks erstreckt sich der 320 km² große **Mamili National Park**. Wie sein »großer Bruder« ist auch dieses Schutzgebiet am bequemsten aus dem Boot zu erkunden. Denn der Kwando, auch Linyati genannt, bildet hier mit seinen Sümpfen zahllose Wasserarme. Auch außerhalb der Regezeit können bereits kurze Regenschauer ein Anheben des Wasserspiegels verursachen, so dass Autofahrer – wie oft geschehen – dann festsitzen. Grundsätzlich ist der Park nur mit einem allradgetriebenen Geländefahrzeug zu befahren, die Pisten sind streckenweise in sehr schlechtem Zustand und nicht beschildert. Auch hier erfolgt die Anfahrt über die D 3511 über Sangwali oder über Malengalenga. Übernachtungsmöglichkeiten bieten nur wenige, sehr rudimentär ausgestattete Campingplätze. Ihre Nutzung muss im Voraus bei der Naturschutzbehörde in Katima Mulilu beantragt werden (Tel. 0 61 / 73 52 / 27).

Lizauli Traditional Village

Nahe der nördlichen Einfahrt in den Mudumu National Park liegt das Dorf Lizauli. Einst ein unscheinbarer Flecken, steht Lizauli heute als Symbol für die Durchsetzung eines community based tourism im Caprivi-Streifen. So wurde Lizauli als **Living Museum** aufgebaut, als Dorf, das den Lebensstil und die traditionelle Lebensweise der Caprivianer darstellt. Initiiert und umgesetzt von der hiesigen Bevölkerung, kommt auch sie in den Genuss der Einnahmen durch die Touristen, die sich hier Einblick in den Lebensstil ihrer Gastgeber verschaffen können.

Katima Mulilo

Wer den Caprivi-Zipfel bis zu seinem Ende durchfährt, kommt nach Katima Mulilo. Jenseits des mächtigen Sambesi-Flusses liegt bereits Sambia, nicht viel weiter Simbabwe. Wegen der Nähe dieser Länder kann man in Katima Mulilo viel afrikanische Kunst erstehen – oft Schmuggelware. Eine gute Auswahl an Kunsthandwerk bietet neben den Straßenmärkten das Caprivi Arts Centre. Es gibt in Katima Mulilo ein Krankenhaus, eine Bank, eine Post und zahlreiche Läden. Unterkünfte findet man in der preiswerten Kalizo Lodge (hier kann man den berühmten Tigerfisch angeln), der Zambezi Lodge (bestes Haus am Platz, zu dem auch das Flussboot »Zambezi Queen« gehört, auf dem man ebenfalls wohnen kann; ► Praktisch-Kasten S. 149) und in der Hippo Lodge (strohgedeckte, einfache Bungalows). Von hier bestehen regelmäßige Flugverbindungen zu den knapp 200 km entfernten ►Victoria Falls.

★★ **Chobe National Park**

Außerordentlich lohnend ist von Katima Mulilo die Fahrt in den an den südöstlichen Caprivi-Zipfel grenzenden Chobe-Nationalpark in Botswana (das erforderliche Visum erhält man beim Grenzübertritt; bei Mitnahme eines Leihwagens aus Namibia wird ein Dokument benötigt, das die Mitnahme des Fahrzeugs gestattet). Man erreicht den Nationalpark nach ca. 80 km über Ngoma. Die Transitroute durch den Park nach Kasane ist mit einem Pkw befahrbar. Um jedoch einen wirklichen Eindruck von der grandiosen Landschaft und Tierwelt zu bekommen, sollte man mit einem Fahrzeug mit Vierradantrieb unterwegs sein. Die schönsten Eindrücke vermittelt die Fahrt entlang dem Fluss Chobe auf einer schmalen sandigen Piste. Auch bei Bootsfahrten auf dem Chobe (viele der Lodges im nahen Kasane bieten derartige Touren an) bekommt man einen hervorragenden Eindruck von der reizvollen Flusslandschaft.
Der Chobe-Nationalpark erstreckt sich über 11 000 km² und hat einen außerordentlich reichen Wildbestand. Neben dem Ufer des Chobe bieten die Savuti-Sümpfe im Südwesten des Parks das reichste Tierleben. Besonders zwischen November und Mai wimmelt es hier geradezu von Elefanten, Büffeln und Zebras. Auch Löwen, Wildhunde und Hyänen bekommt man ebenso wie viele andernorts selten gewordene Antilopenarten immer wieder zu Gesicht. Übernachten kann man in verschiedenen Lodges, auch Einrichtungen für Camper sind vorhanden.

★ Etosha National Park

C/D 2

Region: Kunene **Größe:** 22 270 km²
Höhe: 1100 m ü. d. M.

Der Etosha-Nationalpark im Nordteil Namibias zählt zu den schönsten und wildsichersten Naturschutzgebieten Afrikas. »Etosha« bedeutet »der große weiße Platz«; die überlieferte Buschmann-Bezeichnung bezieht sich auf die Salz- und Tonpfanne, die etwa ein Fünftel des Nationalparks ausmacht.

Etosha-Pfanne

Das Zentrum des Nationalparks bildet die weiß glitzernde Etosha-Pfanne. Sie ist 120 km lang und bis zu 72 km breit. Die Salzpfanne entstand vor Millionen Jahren, als Bewegungen in der Erdkruste eine Senke bewirkten, in der sich Wasser ansammelte. Durch Flüsse erhielt der riesige Binnensee Zufluss. Vor vermutlich 2 – 10 Mio. Jahren änderten die Flüsse allmählich ihren Lauf, die Pfanne trocknete aus, und an der Oberfläche bildete sich eine Kalkkruste. Nur nach

Etosha National Park Orientierung

Übernachten und Essen

① Ongava Lodge
② Restcamp Okaukuejo
③ Restcamp Halali
④ Restcamp Namutoni

besonders regenreichen Jahren sammelt sich Wasser in der Etosha-Pfanne. Es zieht Tausende von Flamingos zum Brüten an, verdunstet aber meist schon wieder nach kurzer Zeit.

Vegetation Die Etosha-Pfanne ist bis auf einige widerstandsfähige, Salz liebende Gräser vegetationslos. An die weite Salzwüste grenzt Grasland, das schließlich in Trockenbuschsavanne übergeht. Den etwas feuchteren Ostteil des Gebietes bedeckt e eine **Baumsavanne**. Es dominiert der – von Elefanten als Nahrungsmittel besonders geschätzte – Mopane-Baum. Daneben wachsen hier große Tambuti- und Blutfruchtbäume sowie verschiedene Akazienarten. Beim Camp Namutoni stehen Exemplare der auffälligen Makalani-Palme.

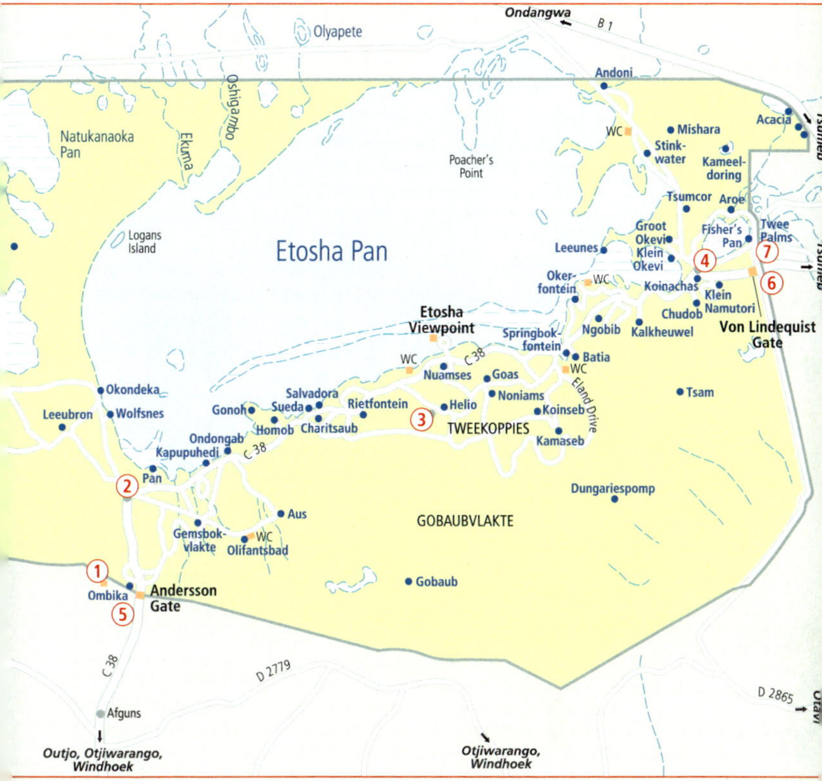

⑤ Etosha Gateway Lodge
⑥ Mokuti Lodge
⑦ Etosha Aoba Lodge

★★ Wildbestand

Riesige Herden Großwild ziehen durch die offene Steppe und sammeln sich in der Trockenzeit an den Wasserlöchern. Man sieht vor allem Springböcke (15 000 – 20 000), Spießböcke (4000 – 6000), Kudus (1000 – 2000), Elenantilopen (250), Impalas (700 – 1000), Streifengnus (3000), Steppenzebras (6000), Strauße (1500) und Giraffen (1800). Dazu kommen etwa 1500 Elefanten, 300 Spitzmaulnashörner (eine der größten Populationen dieses stark bedrohten Tieres auf der Welt), 300 Löwen und eine nicht bestimmte Anzahl von Leoparden und Geparden. Es gibt etwa 100 natürliche und künstlich angelegte **Wasserstellen** (an rund 40 wurden Beobachtungsposten angelegt), aber keine Flüsse, also kommen Nilpferde, Büffel und Krokodile nicht im Park vor.

Wildbeobachtung Die Frage, wo man am meisten Wild sieht, kann pauschal nicht beantwortet werden. Die Tiere ziehen täglich von einem Platz zum nächsten. Am besten schaut man im Besucherbuch der staatlichen Camps nach: Dort schreiben Gäste genau auf, an welcher Wasserstelle und zu welcher Uhrzeit sie zuletzt interessante »Sightings« hatten. Generell gilt: In den frühen Morgen- oder Abendstunden hat man die beste Chance zur Wildbeobachtung. In den heißen Mittagsstunden hält sich das Wild im Schatten auf.

Geschichte Als erste Europäer erreichten 1851 die beiden Forscher Francis Galton und Charles Andersson die Etosha-Pfanne. Unter Jägern und Händlern sprach sich der sagenhafte Wildreichtum schnell herum. Sie sorgten dafür, dass sich der Wildbestand innerhalb weniger Jahrzehnte drastisch reduzierte. Ein Übriges bewirkte eine Rinderpestepidemie, die auch auf das Wild übergriff. Um eine weitere Ausbreitung zu verhindern, errichtete die deutsche Kolonialregierung 1897 drei tierärztliche Kontrollposten bei Namutoni, Okaukuejo und Rietfontein. Daraus wurden nach der Jahrhundertwende Polizeistationen. Bereits 1903 entstand in Namutoni ein kleines Fort, sein Nachfolgebau wird seit den 1950er-Jahren als Besucherunterkunft genutzt.

Etosha wurde bereits 1907 zum Naturschutzgebiet erklärt – und zwar auf einer Fläche, die fünfmal so groß wie der heutige Nationalpark war. Damals erreichte die Parkgrenze die angolanische Grenze im Nordwesten. Seit 1958 hat das Wildreservat den Status eines Nationalparks. Südafrikas Apartheidsstrategen reduzierten das Gebiet 1970 jedoch um 77%, um Reservate für die Damara und Herero zu schaffen.

? WUSSTEN SIE SCHON ...?

- ... welche Legende sich um die Entstehung der Etosha-Pfanne rankt? Der Stamm der hier ansässigen Heikum-San wurde überfallen und alle Männer und Jungen getötet, nur die Frauen wurden verschont. Eine Mutter war über den Tod ihres Sohnes so verzweifelt, dass ihre Tränen zu einem riesigen See zusammenflossen. Das Wasser verdunstete, aber das Salz der Tränen blieb zurück.

Fahrt durch den Nationalpark

Route Im Folgenden wird die Route zwischen dem Camp Okaukuejo und dem Fort Namutoni mit Abstechern zu den in der Regel von viel Wild frequentierten Wasserstellen beschrieben.

Sprokieswood Zunächst lohnt von Okaukuejo aus ein Abstecher nach Westen, zum ca. 30 km entfernten Sprokieswood (Fairy Forest oder Märchenwald), einer Ansammlung knorrig verwachsener Moringa-Bäume. Die ursprünglich in dieser Gegend heimischen San nannten sie »die, die auf dem Kopf stehen«. Sie glaubten, die Bäume seien aus dem Paradies geworfen worden und verkehrt herum auf ihrem jetzigen Standplatz gelandet.

Ca. 2 km östlich des Camps Okaukuejo zweigt von der Hauptroute eine Piste rechts zur Wasserstelle **Gemsbokvlakte** ab. Während der Trockenzeit ergeben sich hervorragende Möglichkeiten zur Tierbeobachtung. Am Nachmittag bestehen die besten Voraussetzungen für schöne Fotos.

Verhalten im Nationalpark

- Auto nicht verlassen, Geschwindigkeitsbegrenzung (60 km/h) einhalten und Tieren immer den Vorrang lassen. Vor Sonnenuntergang muss man den Park verlassen haben bzw. in einem der Restcamps angekommen sein. Toiletten gibt es nur in den Camps und an wenigen Stellen im Park, wobei Letztere oft verschmutzt sind. Also besser vor der Fahrt noch einmal das Örtchen besuchen ...

Nächste Anlaufstelle ist das 8 km entfernte **Olifantsbad**. Ringsum wächst Mopane – von Elefanten sehr geschätzt, und so trifft man sie hier besonders häufig. Auch Zebras und die verschiedenen Antilopenarten sind regelmäßige Besucher.

Aus

Bei Aus handelt es sich um eine Grundwasserquelle. Ist Wasser vorhanden, so sieht man hier Elefanten, Zebras, Springböcke, Kudus und Oryxantilopen – und mit ganz viel Glück auch Nashörner.

Homob

Wieder auf der Hauptstrecke zweigt links die Zufahrt zur Homob-Wasserstelle ab. Sie liegt am Rand der Etosha-Pfanne und gewährt daher ein ganz anderes Landschaftserlebnis.

Das Camp Okaukuejo ist berühmt für sein Wasserloch: Elefanten kommen bevorzugt in den Abendstunden zum Trinken.

ETOSHA-NATIONALPARK ERLEBEN

AUSKUNFT

Die Hauptverwaltung des Etosha-Nationalparks befindet sich im Camp Okaukuejo. Die Etosha-Information in Tsumeb, Tel. 22 10 56, ist das offizielle Infobüro für den Norden.

ANREISE

Von Windhoek aus ist der Etosha-Nationalpark (550 km ab Windhoek) auf einem gut ausgebauten, asphaltierten Straßennetz zu erreichen. Die Ein- und Ausfahrt in den Nationalpark und in die Camps ist nur nach Sonnenaufgang und vor Sonnenuntergang gestattet – die Zeiten sind an den Gates deutlich sichtbar vermerkt. Bei der Einfahrt in den Nationalpark müssen Tagesbesucher und Übernachtungsgäste der Camps Eintrittsgebühren bezahlen.

TOUREN IM PARK

Die insgesamt ca. 1000 km Straßen und Pisten im Nationalpark sind in gutem Zustand und können mit einem normalen Pkw befahren werden. Da alle Wege zudem sehr gut beschildert

Abends beleuchten Scheinwerfer die Wasserstelle im Rastlager Okaukuejo.

sind, kann man problemlos individuelle Tagestouren mit dem Mietwagen unternehmen. Allerdings organisieren auch die umliegenden Lodges sowie verschiedene Safariunternehmen Pirschfahrten durch das Gelände.

REISEZEIT

Wildbeobachtung ist im Etosha-Nationalpark das ganze Jahr über möglich. Die beste Reisezeit sind die kühleren und trockenen Monate Mai bis September. Morgens und abends kann es mit Temperaturen unter 10 °C recht kühl werden, tagsüber ist es angenehm warm und nur selten heißer als 30 °C. Das Wild sammelt sich in der Trockenperiode an den Wasserstellen und kann dort gut beobachtet werden. Wer die Hitze nicht scheut, erlebt im Sommer ganz andere Landschaftseindrücke. Die Regenfälle zwischen Januar und März verwandeln das Gebiet für kurze Zeit in eine grüne Wiese. Am heißesten wird es zwischen Oktober und Dezember, die Quecksilbersäule steigt in diesen Monaten fast immer auf über 30 °C an. Das Großwild verteilt sich nach ergiebigen Niederschlägen über das gesamte Schutzgebiet, an den Wasserlöchern zeigen sich dann meist nur Zebras und verschiedene Antilopenarten. Wegen der relativ dichten Vegetation sieht man schon wenige Meter abseits der Piste kein Wild mehr.

Für den Besuch des Etosha-Nationalparks sollte man mindestens zwei, besser drei Tage einplanen. Es empfiehlt sich, zumindest eine Nacht in einem der Camps im Nationalpark zu verbringen, da man hier auch noch in den Abend- und Nachtstunden das Wild an den Wasserlöchern beobachten kann.

STAATLICHE CAMPS

Es gibt drei Camps: Okaukuejo am Andersson Gate, Halali in der Parkmitte und Namutoni am Von Lindequist Gate. Jedes Camp hat ein Restaurant (unbedingt bei der Ankunft Tisch reservieren), Läden, Tankstelle sowie Picknick- und Grillplätze, ein Campingplatz und unterschiedlich ausgestattete, jedoch sehr einfache Unterkünfte (unbedingt die sog. Luxuskategorie bestellen!). Im Etosha sind zeitige Buchungen beim Wildlife Resort in Windhoek (www.nwr.com. na ►Auskunft, S. 77) Voraussetzung. Besonders Okaukuejo ist wegen seines berühmten Wasserlochs fast immer ausgebucht.

Okaukuejo: Rondavels heißen die runden Bungalows in den Rastlagern.

② *Okaukuejo*

Okaukuejo am Südrand des Parks ist Sitz der Parkverwaltung und eines Ökologischen Institutes. Ein kleines Museum informiert über die Geschichte und Tiere des Parks. Den Gästen stehen Bungalows mit Küche und Dusche zur Verfügung. Be-

Oft warten Besucher in langen Kolonnen an den Wasserlöchern.

sonders begehrt sind die Häuschen mit den Nummern 3, 5, 7, 11, 13, 19 und 20. Sie liegen direkt an der beleuchteten Wasserstelle, an der nachts oft eine wahrhaftige Tiershow stattfindet.

③ ***Halali***
Etwa auf halber Strecke zwischen Okaukuejo und Namutoni liegt das Camp Halali. Zur Verfügung stehen 93 Bungalows. Das beleuchtete Wasserloch liegt etwa 600 m außerhalb des Camps. Man kann hinfahren oder -gehen; im letzteren Fall sollte man unbedingt eine gute Taschenlampe dabeihaben. Nashörner, Elefanten, Zebras und Löwen lassen sich regelmäßig sehen.

④ ***Namutoni***
Das in der deutschen Kolonialzeit errichtete Fort Namutoni ist heute ein Nationaldenkmal und Beherbergungsbetrieb (wie die übrigen staatlichen Einrichtungen auch äußerst einfach). In einem der Türme des Forts wurde ein kleines Museum eingerichtet, in dem man alles über die Geschichte des einstigen Militärpostens erfährt. Auch in Namutoni gibt es ein beleuchtetes Wasserloch. Man kann es, unter einem Rieddach sitzend, einsehen. Da die Wasserstelle erst 1995 eingerichtet wurde, muss sich das Wild noch daran gewöhnen.

UNTERKÜNFTE AUSSERHALB DES PARKS

▶ Luxus

① ***Ongava Wilderness Reserve***
Tel. 0 61 / 27 45 00, Fax 23 94 55
www.wilderness-safaris.com
Ongava, ein privates Schutzgebiet mit drei verschiedenen Luxus-Unterkünften liegt direkt vor dem Andersson-Tor. Besondere Attraktion sind die hier angesiedelten Schwarzen und Weißen Nashörner.

▶ Komfortabel

⑤ ***Etosha Gateway Lodge***
Tel. 0 67 33 34 40
Die recht günstige Unterkunft am Südrand in der Nähe des Andersson-Tors bietet 16 Zimmer.

⑦ ***Etosha Aoba Lodge***
Tel. 0 67 / 22 91 00, Fax 22 91 01
www.etosha-aoba-lodge.com
Die angenehme und ruhige Lodge mit sehr engagierten Gastgebern liegt 20 km vom Lindquist-Tor entfernt.

⑥ ***Mokuti Lodge***
Tel. 0 67 / 22 90 84, Fax 22 90 91
www.namibsunhotels.com.na
Eine der größten Lodges im Land, dennoch mit freundlichem Service und riesigem Buffet. Direkt auf dem Gelände gibt es Giraffen und Antilopen.

Knapp 20 km weiter östlich erfordert **Charitsaub** einen Stopp. Löwen werden regelmäßig gesichtet, und ab und an pirscht sich auch einmal ein Gepard heran.

Ein beliebter Anlaufpunkt ist die relativ große Wasserstelle **Rietfontein**. Fast alle im Nationalpark vorkommenden Tierarten, selbst Leoparden, wurden hier schon einmal gesehen. Auch Vogelliebhaber kommen auf ihre Kosten.

i Malaria

- Der Etosha-Nationalpark liegt in einem Gebiet mit hohem Malariarisiko. Die Anophelesmücke ist auch in Namibia gegen einen Großteil herkömmlicher Malariamedkamente resistent geworden. So besteht seit einigen Jahren die erhöhte Gefahr, sich mit Malaria anzustecken. Man kann jedoch mit einfachen Maßnahmen das Risiko einer Infektion minimieren. So ist das regelmäßige Einnehmen einer Malaria-Prophylaxe dringend notwendig, gegen Abend sollte man den ganzen Körper bedeckende, helle Kleidung tragen und zum Schutz der frei liegenden Haut Moskitospray oder -lotion benutzen.

Für eine Übernachtung bietet sich das **Camp Halali** an (► Praktisch-Kasten links). Von dort sind noch ca. 20 km bis zur Wasserstelle Goas zurückzulegen. Nicht selten sieht man hier Elefantenherden, Zebras, Streifengnus und die seltenen Schwarznasenimpalas.

★ Etosha Viewpoint

Der Etosha Viewpoint ist die einzige Stelle, an der man 1,5 km weit in die Etosha-Pfanne hineinfahren kann. Wohin man auch schaut: Nichts als eine weite Fläche, die hinter dem Dunst des Horizonts im

Bei Namutoni: Pflanzen und Tiere warten auf den erlösenden Regen.

Nichts verschwindet. Kein Baum, kein Strauch, nur vereinzelte Tiere wandern auf ihr entlang. Selbst wenn es geregnet hat, verändert sich die Öde nur marginal, bringt hier einen Flecken farbiges Moos zum Vorschein, dort eine Kolonie Sukkulenten. Doch kaum dass die Luft nur nach Regen riecht, erscheinen Tausende von Flamingos am Himmel. Für sie ist der Tisch in der aufgeweichten Etosha-Pfanne für den Zeitraum ihrer Brutperiode reich gedeckt. Während der Regenzeit sollte man die Straße in die Pfanne nur mit einem Allradfahrzeug befahren.

Okerfontein Die Hauptroute durch den Park verläuft nun am Rand der Etosha-Pfanne. Nach knapp 60 km kommt man nach **Okerfontein**. Allzu viel Wild trifft man hier meist nicht an, dafür erspäht man manchmal Geparden oder Löwen.

✶ **Kalkheuwel** Vielen gilt das fast 70 km weiter östlich gelegene Kalkheuwel als bester Beobachtungsplatz überhaupt. Man kommt relativ nahe an die Tiere heran und wird mit etwas Glück Giraffen, Elefanten, Löwen und Oryxantilopen sehen. Auch Raubvögel sind häufige Gäste.

Chudob Auf der Chudob-Wasserstelle schwimmt eine winzige Riedinsel. Giraffen trinken hier gern, ebenso Warzenschweine, Schwarznasenimpalas und Elenantilopen.

Namutoni Das schneeweiße Fort Namutoni lohnt unbedingt einen Besuch, an der dortigen Wasserstelle gibt es allerdings meist nicht allzu viel zu sehen (►Praktisch-Kasten S. 158).

Kudus an der Wasserstelle

Die besten Chancen, die kleinste Antilopenart Namibias, das Damara Dikdik, zu sehen, bietet der 5 km südlich von Namutoni beginnende und 6 km lange Dikdik Drive. Man sollte die Fahrt am besten am späten Nachmittag unternehmen.

Östlich grenzt an die riesige Etosha-Pfanne die kleine Fischer's Pan. Nach Regenfällen ist sie meist für mehrere Monate mit Wasser gefüllt. Dann beleben Flamingos, Pelikane, Marabus und andere Wasservögel die Szenerie. In der Vergangenheit gab es schon mehrfach dramatische Umsiedlungsaktionen, wenn die Pfanne doch zu schnell austrocknete und Flamin-

Etwa 1800 Giraffen leben im Etosha-Nationalpark.

gos und Pelikane nicht genügend Zeit hatten, ihre Jungen aufzuziehen. Flamingoküken schlüpfen nach 28 Tagen aus den Eiern, dann dauert es noch einmal 65 – 75 Tage, bis sie flügge sind.

Twee Palms

Die um die Fischer's Pan herumführende Piste erreicht nach 11 km die Wasserstelle Twee Palms. Sie liefert mit ihren zwei Makalani-Palmen ein malerisches Bild. Kurz vor Sonnenuntergang ergeben sich hier mitunter noch recht eindrucksvolle Tierbegegnungen.

Andoni

Hat man viel Zeit zur Verfügung, so kann man von Twee Palms am Nordrand der Fischer's Pan entlangfahren und macht Station an der künstlich angelegten und von Elefanten geschätzten Wasserstelle Tsumcor. Von dort muss man noch einmal 25 km bis zur Wasserstelle Andoni weiterfahren. Es ist die nördlichste im Parkgelände, zahlreiche Vogelarten lassen sich hier beobachten.
Unweit der Wasserstelle liegt das **King Nehale Gate**. Von hier aus kann man den direkten Weg aus der Etosha in den noch wenig entdeckten zentralen Norden des Landes einschlagen, zum früheren Ovamboland. Damit lassen sich die Tierbeobachtungen am östlichen Rand der Etosha-Pfanne mit einem Besuch der kulturell und historisch interessanten Stätten der Ovambo verknüpfen. Will man einen tiefen Einblick in die Geschichte der hiesigen Kulturen erlangen, so ist das Nakambale Museum in der alten finnischen Mission von **Olukondo**, 90 km vom Gate entfernt, der geeignete Ort dazu. Im angegliederten Museumsdorf kann man sogar in Hütten aus traditioneller Bauweise übernachten (►Ondangva, Umgebung)

Die Oryxantilope mit ihren charakteristischen spießförmigen Hörnern ist das Wappentier des Staates Namibia. Und im Gegensatz zu vielen anderen Tieren ist sie nicht vom Aussterben bedroht.

BEDROHTER REICHTUM

Namibia gilt als eines der tierreichsten Länder des afrikanischen Kontinents. Dennoch sind viele Tiere vom Aussterben bedroht. Zersiedelung und Wilderei bedrohen vor allem die großen Tiere. Doch die Regierung hat erkannt, dass die Vielfalt der Tierwelt kostbares Wirtschaftskapital ist: Touristen kommen der großartigen Naturerlebnisse wegen ins Land. Und potenzielle Wilderer erkennen langsam den Vorteil stetiger Einkünfte durch Touristen.

Die **Oryxantilope** hat Glück, sie ist nicht vom Aussterben bedroht, wie etwa der Gepard, der Wildhund, der Wüstenelefant und das Rhinozeros. Wegen ihrer Färbung und Gestalt gilt sie, auch Spießbock oder in Afrikaans »Gemsbock« genannt, als eine der schönsten Antilopenarten Afrikas. Sie erreicht eine Schulterhöhe von bis zu 1,40 m und ein Gewicht von max. 230 kg und trägt ein graubraunes Fell mit schwarzen Streifen am Rückenrist und am Unterbauch. Charakteristisch sind ihre spießartigen Hörner, die über 1 m lang werden können. Ihre Heimat sind die trockenen Steppen Namibias; sie ist aber auch in Halbwüsten und Wüsten anzutreffen.

Spezialist für Wüstenklima

Wenn die Oryxantilope keine Wasserstelle findet, gräbt sie in Flussbetten bis zu einem Meter tief nach Wasser. Dank einer besonderen Strategie kann sie aber auch mehrere Tage ohne das rare Nass auskommen: Sie passt ihre Körpertemperatur den Außentemperaturen an und vermeidet somit Wasserverlust durch Transpiration. Gleichzeitig vermag sie die Temperatur des überhitzten Blutes zu senken, bevor es das Gehirn erreicht. Die Oryx ist das **Wappentier Namibias**, sie gilt als Symbol für Mut, Stolz und Grazie. Mit ihren spießartigen Hörnern kann sie durchaus ihre Feinde – Löwe, Leopard und Hyäne – erfolgreich abwehren. Aber auch Menschen sollten sich in Acht nehmen. Fühlt eine Oryx sich bedroht, können die Spieße zur tödlichen Waffe werden.

Rasender Jäger – auf kurzer Strecke

Er startet rasanter durch als jeder Sportwagen: Auf Tempo 100 ist er in nur 3,2 Sekunden – **der Gepard**, das schnellste Landtier der Erde mit dem goldgelben, schwarz gepunkteten Fell und den schwarzen »Tränenspuren«, die sich von den Augen bis zu den Mundwinkeln ziehen. Nach zwei wei-

Geparden, die sagenhaften Sprinter der Savannen machen sich sehr zum Ärger der Farmer auch über Vieh her. So werden sie allzu oft zum Opfer der erboster Landwirte und ihre Population sank bedrohlich.

teren Sekunden, also in insgesamt fünf Sekunden, hat mancher Gepard seine Höchstgeschwindigkeit von 120 km/h erreicht. Dazu verhelfen ihm ein langer, schlanker, regelrecht aerodynamisch gebauter Körper mit überlangen muskulösen Beinen, Krallen, die nicht eingezogen werden können und ihn auf glattem Untergrund ganz unbeholfen werden lassen, ein kleiner Kopf mit flachem Gesicht, eine Wirbelsäule, die ihm fünf Meter lange Riesenschritte erlaubt, ein buschiger Schwanz, der in engen Kurven wie ein Steuerruder benutzt wird, und ein kräftiges Herz.

Nur der Mensch kann ihn einholen

Allerdings ist der Gepard nur ein Kurzstreckensprinter. Nach spätestens 500 m bzw. 10 Sekunden macht er schlapp. Hat der am Tag jagende Schnellläufer dann seine Beute nicht geschlagen, muss er, nach einer bis zu dreistündigen Ruhepause, wieder von vorn beginnen. Bei fünf Angriffen ist er durchschnittlich nur in zwei Fällen erfolgreich. Nur ein Lebewesen kann den Gepard einholen: der Mensch. In der Kalahari jagen San dem Sprinter im Marathontempo hinterher – das Tier prescht in panischer Angst davon, muss aber nach kurzer Zeit ein wenig verschnaufen, bis es wieder lossprintet. Nach 30 – 40 km gibt das schnellste Landtier der Welt total erschöpft auf. Nach erfolgreichen Hetzjagden auf die Lieblingsnahrung **Thomsongazelle** oder **Springbock** muss die Beute rasch gefressen werden – nicht nur vom als Einzelgänger lebenden Gepard, sondern auch vom mehrköpfigen, gemeinsam jagenden Familienclan. Denn schnell sind Löwen, Hyänen oder ein Leopard zur Stelle, um sich an den bequem gedeckten Tisch zu setzen, und gegen diese Raubtiere können die Geparde mit ihrem schwachen Gebiss nichts ausrichten.

Aus Schädlingen werden Kätzchen

Einst waren die schönen Raubkatzen in Asien und Afrika weit verbreitet. In Asien ist der Gepard mittlerweile fast ausgestorben. Die größte Population mit mehr als 3000 Tieren lebt in Namibia. Hier stehen die schnellen Jäger landesweit unter Naturschutz, doch sicher sind sie tatsächlich nur in den Schutzgebieten, z. B. in der Gras- und Dornbuschsavanne am Rand der Etosha-Pfanne. Außerhalb dieser Refugien lauert der Mensch, besser: der Farmer. Und der ist auf den Gepard nicht besonders gut zu sprechen. Er hält die Katze für einen Schädling, der sich an seinen Viehherden vergeht, und knallt sie, wenn sie ihm vor die Flinte kommt, am liebsten einfach ab.

Springböcke sind die einzigen Gazellen im südlichen Afrika. Sie können sich exzellent an die Wüstenbedingungen anpassen und graben mit den Vorderhufen nach Wurzeln und Knollen.

Immerhin wurde die Gepardenpopulation in Namibia, die, von größeren Raubtieren wie Löwe und Hyäne aus den Wildparks verdrängt, zum größten Teil auf Farmland lebt, innerhalb von zehn Jahren auf diese Weise halbiert. In menschlicher Obhut wird aus der flinken Raubkatze, besonders wenn sie schon als Jungtier aufgenommen wurde, sogar ein harmloses Schmusekätzchen. Und diese Erkenntnis nutzen manche Farmer inzwischen zur Erhaltung der gefährdeten Großkatzen. Statt den Gepard zu töten, fangen sie ihn ein und geben ihn in die Obhut der **Farm Okonjima**, wo ihm anhand eines eigens entwickelten Programms beigebracht wird, Farmtiere nicht als Beutetiere zu betrachten, bevor man ihn wieder in die Freiheit entlässt. Auch verwaiste Gepardenjungen werden hier großgezogen. Immerhin ein Anfang! (► S. 162 und 231)

Wildhunde – gehetzte Jäger

Der in allen Ländern Afrikas südlich der Sahara heimische Wildhund erlangte bei Farmern, Jägern und Wildhüternden den **Ruf eines grausamen und gnadenlosen Killers**. Und ein schöner Anblick ist es wahrhaftig nicht, wenn eine junge Gazelle nach einer erbarmungslosen Hetzjagd von zwei Wildhunden gestellt wird, ihr einer der beiden Jäger in einen Hinterlauf schnappt, der andere sich in ihr Gesicht verbeißt, und das Opfer dann mit einem Ruck in zwei Hälften zerrissen wird. Ein paar Minuten später ist die Gazelle schon vertilgt; übrig bleiben nur ein paar Knochen. Solche Bilder brachten dem Wildhund seinen Ruf als Räuber ein und die schwarzbraun, weiß und senffarben gefleckte Canidenart Lycaon pictus (angemalter Wolf) durfte auf keine Gnade hoffen – der Mensch, der einzige, natürliche Feind des Wildhundes, hat so dafür gesorgt, dass es nur noch knapp 5000 Tiere dieser Art gibt, in 15 (von ehemals 34) Ländern, darunter im Osten und Nordosten Namibias. Nach dem Rhinozeros steht der Afrikanische Wildhund mit den trichtergroßen Ohren auf der **»Roten Liste«** gefährdeter Tierarten an zweiter Stelle. Der Wildhund, der in Rudeln bis zu einem Dutzend Tieren (früher bestanden die Rudel sogar aus bis zu 50 und mehr Tieren) auf einer Fläche von über 400 km jagt, ist mit Abstand der erfolgreichste Jäger Afrikas. Beim Gepard sind etwa 40 % der Pirschgänge von Erfolg gekrönt, bei Löwinnen nur jede zehnte Jagd – der Wildhund gelangt bei jedem Jagdlauf an sein Ziel. Anders als die Geparde, denen nach 500 m Sprint die Luft ausgeht, haben die hochbeinigen Hunde, die eine Spitzengeschwindigkeit von über

Löwen, die geselligste Großkatzenart, sind auch in Namibia stark bedroht und außerhalb der Schutzgebiete kaum noch anzutreffen. Im Etosha-Nationalpark leben ca. 300 dieser größten afrikanischen Katzen.

50 km/h erreichen, genügend Ausdauer, eine Beute bis zu deren Erschöpfung oder sogar zu Tode zu hetzen. Die Wildhunde verfügen über ein ausgeprägtes Sozialverhalten. Wenn das Rudel jagt, werden die Jungen, die ausschließlich vom Leitrüden und dem einzigen Alpha-Weibchen stammen, in oder vor der Wohnhöhle von erwachsenen Tieren behütet. Gefüttert werden die Jungtiere, aber auch die Babysitter von den zurückgekehrten Jägern mit herausgewürgtem, halb verdautem Fleisch. Auf dieselbe Art versorgen die Wildhunde auch kranke Rudelmitglieder, die so lange gepflegt werden, bis sie wieder gesund sind. Ein Forscherehepaar hält die Wildhunde für **die sozialsten aller Säugetiere**: Es hat beobachtet, dass die »Killer« nie die Zähne gegeneinander fletschen. Erst in den letzten Jahren hat man sich darum bemüht, das Leben des Afrikanischen Wildhundes zu erforschen. Es ist zu hoffen, dass noch genügend Zeit dazu bleibt und dass endlich notwendige Schritte eingeleitet werden zum Schutz dieses Raubtieres.

Das wertvolle Horn ist ihr Verderben

In den 1980er-Jahren wurde die Zahl der **Nashörner in Namibia** durch Wilderer, die auf das kostbare Horn aus waren, um die Hälfte dezimiert. Besonders betroffen davon ist das als Einzelgänger lebende **Spitzmaulnashorn**, das mit den spitzen Lippen grüne Zweige oder auch Grasbüschel vom Erdboden rupft. Sein Horn gilt, in pulverisierter Form, in Asien als Heilmittel und als Aphrodisiakum. Ein Unsinn, wenn man bedenkt, dass die chemische Zusammensetzung des Horns dieselbe ist wie die unserer Fingernägel! Auf der Arabischen Halbinsel ist das Horn als Dolchgriff begehrt – als Zeichen von Männlichkeit. Jedenfalls werden von Asiaten und Arabern horrende Schwarzmarktsummen für das Horn gezahlt. Das etwas kräftiger gebaute, in kleinen Gemeinschaften lebende und viel friedlichere **Breitmaulnashorn**, das mit seinem breiten Maul das Gras wie ein Rasenmäher abrupfen kann, ist schon seit langem in Afrika vom Aussterben bedroht. Um dem Nashornschlachten vorzubeugen, entschloss man sich 1989 in den Nashornschutzgebieten Namibias neben dem Einsatz von Anti-Wilderer-Truppen zu einem spektakulären Schritt: Wildhüter fingen alle Rhinozerosse, derer sie habhaft werden konnten, ein und sägten ihnen das, wie – man glaubte – entbehrliche Horn ab. Damit, dachte man, ist das Tier für den potenziellen Wilderer unattraktiv. Doch schon bald fand man heraus, dass Nashörner in ihren Komment-

Nashörner bei Otjiwarongo. Sie sind stets bedroht wegen ihres kostbaren Horns, aber da mittlerweile ein lebendes Nashorn fast ebensoviel Wert ist, wie sein Horn, werden Schutzmaßnahmen konsequenter verfolgt.

kämpfen und bei Paarungsritualen sehr wohl das Horn benutzen. Deshalb entfernt man mittlerweile die nachgewachsenen Hörner nicht mehr. Ohnehin hat sich das Naturschutzbewusstsein der einheimischen Bevölkerung in den letzten Jahren deutlich entwickelt. Eindringliche Aufklärungskampagnen überzeugen die Menschen selbst in den entlegensten Gebieten von den Vorteilen lebender, wilder Tiere. Denn die Programme des **community based tourism** (wo Einheimischen der monetäre Nutzen des Tourismus direkt vermittelt wird, indem sie selbst auf diesem Sektor tätig sind und die Einnahmen direkt für sich verbuchen können) machen deutlich, dass Touristen die Geldbringer im Land sind, jene aber nur solange kommen, wie der Wildreichtum Namibias gesichert ist. Darüber hinaus verfügt Namibia über einen recht gesunden Nashornbestand und ist, nach Südafrika, das Land mit der höchsten Spitzmaulnashorn-Population (rund 700 von weniger als 3000 auf dem gesamten afrikanischen Kontinent).

Graue Riesen – sogar in der Wüste

Die **Wüstenelefanten** im Kaokoveld, im Nordwesten Namibias, und in der Kunene-Region, im früheren Damaraland, galten schon als völlig ausgerottet. Einige Dutzend aber haben die jahrelange Dürrezeit und das Wildern doch überlebt. Nur Tierarten, die seit vielen Generationen gelernt haben, in dieser trockenen und unwirtlichen Region zu überleben, finden hier Nahrung und vor allem Wasser. Elefanten aus anderen Gebieten hätten hier keine Überlebenschance, mit anderen Worten: Hat man die Wüstenelefanten Namibias – und dasselbe gilt auch für das Wüstennashorn – einmal ausgerottet, dann wären sie hier für immer verschwunden.

Zum Schutz der Wüstengroßtiere gelang es den Naturschutzbehörden Namibias, die **Damara** in der Kunene-Region und die **Himba** im Kaokoveld zur Zusammenarbeit zu gewinnen. Der nachhaltige Profit aus dem Tourismus setzte sich gegen das nur selten und auf höchst gefährliche Art verdiente Geld durch Wilderei schnell durch. Himba wie Damara verstehen sich als Hilfswildhüter und sorgen mittlerweile dafür, dass das Wildern in ihren Regionen praktisch zum Erliegen kam.

Dass der stetig wachsende Tourismus gerade für die Himba aber auch Schattenseiten hat, zeigt die bei ihnen stark verbreitete Alkohol- und Medikamentenabhängigkeit. Fragt sich nur, wie lange sie sich dann noch um die gefährdeten Wüstenelefanten kümmern.

★★ Fish River Canyon

D 6/7

Region: Karas **Tiefe:** bis 550 m

Der Fish River ist der längste Fluss Namibias. Auf einer Länge von 160 km hat er inmitten einer endlos erscheinenden Halbwüstenlandschaft eine eindrucksvolle Schlucht in das Gestein gegraben. Weite Teile der Canyonlandschaft und das Gebiet rund um Ai-Ais stehen unter Naturschutz.

An einigen Stellen ist der Canyon bis zu 27 km breit und bis zu 550 m tief. Damit kann er zwar keinesfalls dem Grand Canyon in Arizona/USA das Wasser reichen, der an einigen Stellen bis 1800 m tief ist, dennoch ist der Einblick in die Tiefe des Canyons spektakulär. Der malerischste Abschnitt erstreckt sich auf einer Länge von ca. 60 km zwischen dem im Folgenden beschriebenen nördlichsten Aussichtspunkt und dem **Thermalbad Ai-Ais**.

Sehenswertes am Fish River Canyon

Keetmanshoop

Geeigneter Ausgangspunkt für eine Fahrt zum Fish River Canyon ist ►Keetmanshoop; hier sollte man den Wagen voll tanken, die nächsten Tankstellen gibt es bei der Canyon Lodge und in Ai-Ais.

Nautedam

Die D 545, eine nur wenig befahrene Piste, führt am Nautedam vorbei. Dabei handelt es sich um den drittgrößten Stausee Namibias. Seit 1972 wird hier der Löwenfluss gestaut, um Keetmanshoop mit Trinkwasser zu versorgen. Man kann auf die Staumauer hinaufsteigen und genießt von oben einen schönen Blick über den See und die karge Umgebung mit den für diese Gegend typischen Vrattevelds (Warzenfelder). Die warzigen Felsen sind Reste geschmolzener Lava, die sich vor annährend 200 Millionen Jahren auf dem Karoo-Gestein ablagerten. Das umliegende Gebiet wurde unter Naturschutz gestellt; auf einem 170 km² großen Areal siedeln sich allmählich wieder Kudus, Paviane und Schakale an. Campingmöglichkeiten sind am Stausee vorhanden.

Hobas

Hinter dem Nautedam folgt man der C 12. Hinter der zerstörten Bahnstation **Holoog** erreicht man rechts auf der C 37 das ganzjährig geöffnete staatliche **Camp Hobas**. Hier muss man die Einfahrtsgebühr für das unter Naturschutz stehende Gebiet am Fish River Canyon bezahlen und ggf. Wanderungen hinab in den Canyon anmelden.

★★ Hell's Bend

Von Hobas aus sind noch 10 km bis zum Canyonrand zurückzulegen. Die gut befahrbare Piste endet am Hauptaussichtspunkt des Canyons mit Picknickplatz und Toiletten. Der Blick auf Hell's Bend, die so genannte Höllenkurve ist überwältigend.

Hiker's View Point

Ein ähnlich grandioser Blick bietet sich auch vom nahe gelegenen nördlichsten Aussichtspunkt der Schlucht, vom Hiker's View Point. Hier befindet sich ein Einstieg in die Schlucht und der Beginn der 80 km langen Wanderung. Man kann von hier aus auch zu kürzeren Touren aufbrechen.

Weitere Aussichtspunkte

Östlich des Hauptaussichtspunkts beginnt eine gut 20 km lange Piste, die zu weiteren Aussichtspunkten führt. Immer wieder fasziniert die grandiose Landschaft, meist hat man sie ganz für sich allein.

Ai-Ais

Ai-Ais am südlichen Ende des Fish River Canyon ist kein Ort, sondern ein staatliches Camp mit Thermalhallen und Freibad sowie verschiedenen Badeeinrichtungen (► Praktisch-Kasten rechts). Gespeist werden sie durch eine 60 °C heiße, mineralhaltige Quelle, auf die bereits der Ortsname verweist: In der Sprache der Nama bedeutet »Ai-Ais« wörtlich »siedend heiß«. Rheumakranke finden hier Linderung für ihre Beschwerden. Die eindrucksvolle Umgebung und das im Winter angenehme Klima lassen einen kürzeren Aufenthalt jedoch auch für Gesunde zum Erlebnis werden. Von hier werden auch Rundflüge über den Canyon angeboten.

Private Naturschutzgebiete

Im Bereich des Fish River Canyon gibt es gleich zwei private Naturschutzgebiete. Der Pflanzenbestand auf dem zuvor zur Schaf- und Viehzucht genutzte Gelände erholt sich allmählich von der Überweidung, der Wildbestand an neu geschaffenen Wasserlöchern nimmt stetig zu. Die Gewinne aus der touristischen Nutzung der Gelände fließen in den Naturschutz und gleichzeitig werden nachhaltige Arbeitsplätze für Einheimische geschaffen. Ein Konzept, das aufgeht.

Am Westrand des Fish River Canyon liegt der **Canyon Nature Park**, ein privates Naturschutzgebiet, das in jüngster Zeit noch nach Osten erweitert werden konnte. Gäste können im kaum vor einer großartigeren Kulisse nächtigen als in der Grand View Lodge (► Praktisch-Kasten). Das nächste Haus ist viele Kilometer entfernt, totale Ruhe und Abgeschiedenheit und ein unvergleichlicher Sternenhimmel entschädigen allemal für die Mühen der Anfahrt.

Östlich an das staatliche Canyon-Schutzgebiet grenzt der gut 530 km² große **Gondwana Canyon Park**, der das erste Schutzgebiet der stemittlerweile auf vier Parks in Namibia erweiterten Gondwana Desert Collection. Vor ein paar Jahren kämpften hier noch Farmen ums Überleben, die neuen Eigentümer beseitigten alle Zäune und gaben das Gelände der Natur zurück. Und sie kommen, die Spring- und Gemsböcke, die Kuhantilopen, Strauße und sogar die seltenen Bergzebras. Hier gibt es gleich vier Übernachtungsmöglichkeiten, die eine Art sanften Tourismus praktizieren (► Praktisch-Kasten rechts). Auf einer zum Park gehörenden Farm werden die meisten Lebensmittel für die Gäste selbst erzeugt.

FISH RIVER CANYON ERLEBEN

Ai-Ais: die heißen Quellen

ANFAHRT

Problemlos gelangt man mit dem eigenen Fahrzeug zu verschiedenen Aussichtspunkten am Ostrand der Schlucht; die Strecke lässt sich von Keetmanshoop aus in einem Tagesausflug bewältigen – oder aber man übernachtet in Ai-Ais. Daneben besteht die Möglichkeit, von Westen her an den Rand der Schlucht heranzufahren. Hier liegt der private Canyon Nature Park. Wanderer mit guter Kondition können den Canyon zudem zu Fuß erkunden (►S. 173).

STAATLICHE CAMPS

Buchungen beim Wildlife Resort in Windhoek, www.nwr.com.na, ►Praktische Informationen, Auskunft

Hobas Camping Site

Besuchern stehen ein Zeltplatz, Kiosk, Swimmingpool und Grilleinrichtungen zur Verfügung. Das Camp ist beliebtes Basislager für jene Besucher, die das dramatische Farbspektrum des Canyons bei Sonnenauf- oder Sonnenuntergang genießen möchten.

Ai-Ais Hot Spring Resort

Ein Zeltplatz, Hütten und komfortabel ausgestattete Wohnungen stehen zur Verfügung; auch Tagesbesucher sind willkommen. Laden, Restaurant und Tankstelle sind vorhanden, ebenso ein Landeplatz für kleinere Privatmaschinen.

PRIVATE UNTERKÜNFTE

► Luxus

Canyon Lodge

Tel. 0 61 / 23 00 66

www.gondwana-desert-collection.com

Im privaten Schutzgebiet Gondwana Canyon Park, ca. 20 km vom Canyon gelegen, schmiegen sich mit Stroh gedeckte Naturstein-Bungalows an und um die Felsen. Ausflüge zu Fuß, zu Pferd oder mit dem Geländewagen werden organisiert. Dieselbe Organisation betreibt auch das günstigere Canyon Roadhouse und das Canyon Village.

Grande View Lodge

Tel. 0 63 / 69 30 07

www.canyonnaturepark.com

Die einzige Lodge direkt am Westrand des Fish River Canyon liegt im privaten Naturschutzgebiet Canyon Nature Park. Die kleinen Zelte und Bungalows des Camps stehen unmittelbar am Canyonrand. Bis zu dreitägige Wanderungen oder Sundowner Scenic Drives können gebucht werden. Im östlichen Teil des Canyon Nature Parks bietet die Fish River Guestfarm günstigere Quartiere an.

Hunsberge Westlich des Fish Rivers liegt die dramatisch zerklüftete Landschaft der Hunsberge. Seltene Pflanzen wachsen hier, die Höhen der schroffen Felsklippen sind von Raubvogelnestern okkupiert. Doch darf man in die Hunsberge nur mit Sondergenehmigung.

Goageb Vorsicht! Wer hier entlangfährt – zu sehen gibt's außer Wüste nicht viel – sollte am Ende der Teerstraße unbedingt mit der Geschwindigkeit heruntergehen. Zwar sieht die Schotterpiste nicht anders aus als andere Pads im Land, doch geschehen hier erschreckend viele Unfälle.

Entlang des Oranje Man muss kein Sportstyp mit dem Faible für Extremes sein, um sich für eine Kanufahrt auf dem Oranje-River zu begeistern. Der Grenzfluss zwischen Namibia und Südafrika, in dessen Fluten der Fish River südlich von Ai-Ais mündet, führt ganzjährig Wasser und ist mit seinen Stromschnellen und schmalen Canyons ein Dorado für Abenteurer. Doch nicht nur die ganz Wagemutigen kommen hier auf ihre Kosten, auch sportlich unbedarfte Genießer können sich bequem auf den kühlenden Fluten dahintreiben lassen – entlang ausgedehnter Zitrusplantagen und Weinfelder.

Noordoewer Die C 13 folgt von Noordoewer bis Sendlingsdrift dem gewundenen Lauf des Oranje River stets entlang des Ufers, durch Canyons und ausladende Täler. Das allerdings nur in trockenen Zeiten, da der Inaub- und der Gamchab-Fluss während der Regenzeit Wasser führen können.

Nicht immer führt der Fish River in der Tiefe des Canyons so viel Wasser.

Wanderung durch den Fish River Canyon

Hinweise

Zwischen dem 15. April und 15. September kann man den Fish River Canyon durchwandern, in der anderen Jahreszeit sind Wanderungen wegen der großen Hitze im Tal nicht gestattet. Für die 85 km lange Strecke benötigt man vier bis fünf Tage. Durchwandert werden darf der Canyon nur in Gruppen (von mindestens drei bis maximal 40 Personen). Die dafür nötige Kondition muss durch ein ärztliches Attest bescheinigt werden. Es gilt, weichen Sand, Geröll und Felsen sowie selbst im Winter bis zu 40 °C zu bewältigen. Außerdem muss man alles Gepäck einschließlich ausreichend Wasser tragen. Unterwegs gibt es keinerlei Unterkünfte oder Sanitäranlagen.
Da die Wanderung sehr beliebt ist, sollte man rechtzeitig beim Wildlife Resort in Windhoek (www.nwr.com.na ►Praktische Informationen, Naturschutzgebiete) buchen. Wer selbst keine Gruppe zusammenbekommt, kann sich an Safaris Unlimited (Tel. 0 61 / 26 45 21, Fax 26 43 89, www.trailhopper.com) wenden. Trittsicherheit und gutes Schuhwerk sind dringend erforderlich.

Ausgangspunkt, Einstieg

Der Ausgangspunkt des Trails liegt 10 km vom Parkeingang entfernt bei Hobas. Am Main View Point vorbei erreicht man den Aussichtspunkt Hiker's View Point. Hier befindet sich der Einstieg in den Canyon. Der dann anstehende, rund 500 m tiefe Abstieg ist der schwierigste Teil der ganzen Wanderung; der Endpunkt ist Ai-Ais.

◄ Ziel

Gobabis

E 4

Region: Omaheke **Höhe:** 1445 m ü.d.M.
Einwohnerzahl: 7000

Gobabis, die Rancherstadt Namibias am Rande der Kalahariwüste, wurde 1856 als Missionsstation gegründet. Die Region im Osten Namibias lebt von der Viehzucht; die Savannenlandschaft gibt bei ausreichendem Niederschlag eine gute Weide ab.

Stadt am Highway

Gobabis erlebte in der jüngsten Vergangenheit einen wirtschaftlichen und touristischen Aufschwung, denn durch die Stadt verläuft der 1998 fertig gestellte »Trans Kalahari Highway«. Die 1400 km lange, durchgehend asphaltierte Fernstraße verbindet Namibia mit der botswanischen Hauptstadt Gaborone und führt von dort weiter nach Johannesburg (Südafrika).

Ortsbild

Gobabis ist das einzige größere städtische Zentrum weit und breit. In den Läden und Geschäften des Ortes versorgen sich die Bewohner von etwa 800 umliegenden Farmen mit Lebensmitteln. Durchreisenden stehen im Ort zwei Hotels und im Umland mehrere Gästefarmen zur Verfügung. Das Städtchen ist eines der traditionellen Zentren der Herero und Austragungsort von Stammesfestlichkeiten. Die Damen in ihren hübschen farbenprächtigen Trachten sind eine deutliche Bereicherung für das Stadtbild.

Grootfontein

E 2

Region: Otjozondjupa
Einwohnerzahl: 9000
Höhe: 1460 m ü. d. M.

Der Name des im Nordosten Namibias gelegenen Städtchens Grootfontein bezieht sich auf eine kräftige Quelle. Die Gegend um Grootfontein ist relativ wasserreich. Die Niederschlagsmenge ist deutlich höher als in den meisten anderen Regionen des Landes und ermöglicht den Anbau verschiedener Obst- und Gemüsearten.

Regionales Versorgungszentrum

Bedeutendster Wirtschaftsfaktor ist die Rinderzucht. Für die umliegenden Farmer ist Grootfontein ein wichtiges Einkaufszentrum. Touristen kommen ebenfalls hierher, um ihre Vorräte aufzufrischen und um den nahe gelegenen Hoba-Meteoriten zu besichtigen.

Geschichte

Wegen der Quelle ließen sich schon früh Buschleute im Gebiet des heutigen Grootfontein nieder. Die ersten weißen Siedler erreichten den Flecken um 1880. Ihnen folgten 40 Burenfamilien, die so genannten Dorstlandtrekker. Sie hatten eine wirkliche »Durststrecke« hinter sich gebracht, waren durch die Kalahari nach Angola eingewandert. Nachdem Angola auf der Berliner Kongo-Konferenz 1884/1885 den Portugiesen zugesprochen worden war, wanderten sie wieder südwärts und ließen sich im Gebiet des heutigen Grootfontein nieder. Hier gründeten sie 1885 die **Republik Upingtonia**. Ihr war nur ein kurzes Überleben beschert. Schon 1887 wurde sie dem deutschen Kolonialgebiet angegliedert. Einige Jahre später lockten die reichen Erzvorkommen weitere Siedler hierher, 1893 eröffnete die South West Africa Company ihre Hauptverwaltung in Grootfontein. Während des Angola-Krieges fungierte Grootfontein als Hauptstützpunkt der südafrikanischen Armee. Die militärischen Gebäude und Anlagen dienen jetzt der namibischen Armee als Basis.

GROOTFONTEIN

AUSKUNFT

Tourist Information Centre in der Okavango Avenue beim Meteor Hotel

ESSEN & ÜBERNACHTEN

► **Günstig**

Meteor Hotel
Okavango Av. 33, Tel. 0 67 / 24 33 04
Kleines Landhotel mit Restaurant in der Ortsmitte

Im Vergleich zu anderen Städtchen dieses Formats wirkt Grootfontein mit seinen gepflegten Anlagen und Straßen, den farbigen Jacaranda- und Tulpenbäumen, Flamboyants und Bougainvilleas geradezu grün und schick. Mehrere Banken, kleine Hotels und Gästehäuser, einige Kfz-Werkstätten und Supermärkte stehen zur Verfügung der Reisenden. **Ortsbild**

Die 1896 in Grootfontein stationierte Einheit der deutschen Schutztruppe errichtete auf einer Anhöhe ein Fort, das später mehrfach vergrößert wurde. Es diente nacheinander als Befestigungsbauwerk, Bezirksgericht und Internat. Der Bau beherbergt heute ein kleines Kolonial-Museum. Von den Zinnen der Festung genießt man einen guten Blick über Stadt und Umland (Öffnungszeiten: Di., Fr. 16.00 – 18.00, Mi. 9.00 – 11.00 Uhr). **Altes Fort**

Auf dem alten Friedhof (an der Straße nach Rundu) findet man die Gräber der Dorstlandtrekker und die von Soldaten der deutschen Schutztruppe. **Friedhof**

Umgebung von Grootfontein

Grootfonteins Hauptattraktion liegt 24 km westlich der Stadt: Der Hoba-Meteorit ist mit etwa 50 t Gewicht der schwerste Eisenmeteorit, der bisher auf der Welt gefunden wurde. Proben ergaben, dass es sich bei dem auf der Hoba-Farm gefundenen Steinblock um einen Meteoriten handelt, der vermutlich vor 80 000 Jahren vom Himmel fiel. Das Alter des Meteoriten wird auf mehrere hunderte Millionen Jahre geschätzt. Souvenirjäger versuchten immer wieder, kleine Stücke aus dem Stein zu meißeln, bis man schließlich einen Wächter abstellte. Dafür muss man nun eine geringe Eintrittsgebühr entrichten. An einem Kiosk erhält man kühle Getränke. **★ Hoba Meteorite**

Hardap Dam

D 5

Region: Hardap **Wasserfläche:** 25 km²

Der Hardap-Damm – etwa auf halber Strecke zwischen Windhoek und Keetmanshoop – ist der größte Stausee Namibias. Wassersportler kommen hier voll auf ihre Kosten, man kann segeln, Wasserski fahren, windsurfen und angeln.

Der Fish River wurde hier inmitten einer kargen Landschaft 1963 durch eine 865 m lange und 39 m hohe Mauer gestaut. Seitdem entwickelten sich See und Umland zum Freizeitareal. Ein wahres Mekka ist der Damm für Süßwasserangler. Die Genehmigung zum Fischen erhält man im Büro der Verwaltung. **Anglermekka**

Wildpark Das nördliche Seeufer und ein größeres südlich an den See grenzendes Gebiet wurden 1964 zum Naturschutzgebiet erklärt. Insgesamt erstreckt sich der Wildpark über eine Fläche von 252 km². Vom Camp aus kann man auf einer Piste am Nordufer des Sees entlangfahren. Von verschiedenen Aussichtspunkten ist der Stausee gut zu überblicken. In den südlichen Teil des Areals gelangt man, wenn man die Straße an der Staumauer entlangfährt. Nach weiteren 15 km erreicht man die sog. Kraterhügel (Crater Hills), ein Picknickplatz lädt zum Verweilen ein.

Im Wildpark kommen bis auf einige Spitzmaulnashörner, die hier angesiedelt wurden, und wenige scheue Leoparden und Geparde keine gefährlichen Tiere vor. Mit etwas Glück sieht man Oryxantilopen, Springböcke, Kudus, Rote Kuhantilopen, Steinböcke, Zebras und Strauße. Man darf den Wagen verlassen und kann in dem Gelände auch wandern: Es gibt einen 9 bzw. einen 15 km langen Wanderweg – aber dennoch: Vorsicht vor den Nashörnern!

Der Stausee lockt viele Vögel an, 260 Arten wurden registriert, darunter Pelikane, Flamingos und Kormorane.

Umgebung vom Hardap Dam

Mariental Durchreisende finden in der Kleinstadt Banken, Tankstellen, einen Supermarkt und – sollte Hardap voll sein – in dem Mariental Hotel eine zweckmäßige Unterkunft vor.

Bitterwasser Auf der Farm Bitterwasser, nordöstlich von Mariental, haben Segelflieger ihr Mekka gefunden: Die starke Thermik dort treibt die Flugmaschinen der Profis regelmäßig in Weltrekordhöhen. Man kann das Fluggerät mieten und auf der Farm auch übernachten.

HARDAP DAM ERLEBEN

ÜBERNACHTEN

► Komfortabel

Kalahari Anib Lodge
Tel. 0 61 / 23 00 66, Fax 25 18 63
www.gondwana-desert-collection.com
Oase inmitten der roten Dünen der Kalahari, ca. 30 km nordöstlich von Mariental. Restaurant und Bungalows gruppieren sich um einen Innenhof mit Pool.

► Günstig

① ***Hardap Dam Recreation Resort***
Buchungen beim Wildlife Resort in Windhoek, www.nwr.com.na, ►Praktische Informationen, Auskunft.
Staatliches Camp am Nordufer des Sees mit Bungalows verschiedener Kategorien, Campingplatz, Laden und Tankstelle. Das Restaurant bietet einen schönen Blick über den See, ist allerdings nur zu den Hauptmahlzeiten geöffnet. Tennisplätze und ein Spielplatz runden das Ferienvergnügen ab. Auch für Tagesbesucher.

Hardap Dam Orientierung

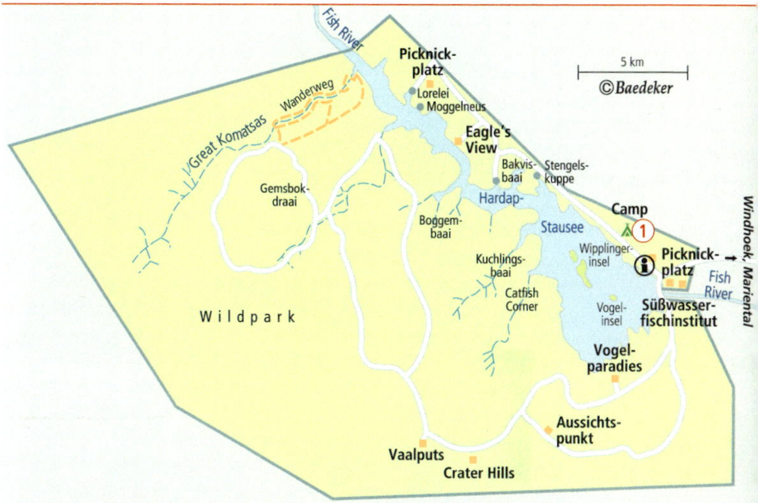

Übernachten und Essen
① Hardap Dam Resort

Gochas

Im 115 km südöstlich von Mariental gelegenen Gochas erinnern Gräber deutscher Soldaten auf dem Friedhof an die kriegerischen Auseinandersetzungen, die hier 1905 mit den Nama ausgetragen wurden. Von Gochas aus kann man weiter nach Osten zum **Kgalagadi Transfrontier Park** fahren, dem ehemaligen Kalahari Gemsbok Park auf südafrikanischer und dem früheren Gemsbok National Park auf botswanischer Seite. Die Zusammenlegung der beiden Parks 1999 war der erste Schritt im Projekt Peace Parks: die Schaffung grenzübergreifender Nationalparks in ganz Afrika mit dem Ziel, Tieren und Menschen ihre uralten Wanderwege und ihren angestammten Lebensraum erneut zu öffnen.

Gibeon

Gibeon ist ein abgeschiedener Ort 90 km südlich von Mariental. Er wurde 1863 von Missionaren gegründet. Hier kam es 1915 zu einer für die deutsche Kolonialgeschichte entscheidenden Schlacht, damit war der Verlust des heutigen südlichen Namibias an die südafrikanischen Streitkräfte besiegelt.
Bekannt ist Gibeon jedoch vor allem wegen des Meteoriten-Schauers, der in der Umgebung auf einer Fläche von 2500 km² niederging. Er wurde 1911 von dem deutschen Geologen Dr. Range entdeckt. Bisher fand man 77 Fragmente mit einem Gewicht von insgesamt 21 t. Einige Brocken des Gibeon-Meteoriten bilden heute einen Brunnen in der Fußgängerzone von ►Windhoek.

★ Kaokoveld

B/C 1/2

Region: Kunene **Höhe:** 600 – 1200 m ü. d. M.

Das Kaokoveld ist eine der letzten noch weitgehend unberührten Landschaften Afrikas, verkehrsmäßig ist es kaum erschlossen, eine touristische Infrastruktur ist nicht vorhanden. Einige der hier lebenden Herero und Himba konnten sich ihre traditionellen Lebensformen erhalten.

Einsame Gebirgslandschaft

Weite steppenhafte Hochflächen wechseln mit Trockentälern, einzig der Kunene, der Grenzfluss zu Angola, führt das ganze Jahr über Wasser. Nach Westen hin fällt das Gebirgsland steil zur Küstenebene des Skelettküstenparks ab. Die schroffe, unbezwingbar anmutende Landschaft fasziniert mit steilen Gebirgspässen; in den Tälern dehnen sich Weiden und Wiesen aus und Felsformationen bilden Schluchten und Höhlen. Nach Süden hin reicht das Kaokoveld etwa bis zum Huab nördlich von Khorixas hinab und Richtung Osten geht es in die weiten Sandebenen der Kalahari über.
Die meisten Touristen besuchen das Kaokoveld im Rahmen von **Fly-in-Safaris**, z. B. von Windhoek oder Swakopmund aus. Mühsam und nur für geübte Allradfahrer möglich ist die Anfahrt mit dem eigenen Fahrzeug. Andererseits bekommt man nur bei einem längeren Aufenthalt einen Eindruck von der einsamen kargen Landschaft und den traditionellen Lebensformen der hier lebenden Herero und Himba.

»Fairy Circles«

Die kreisförmigen, vegetationslosen Flächen, englisch »Fairy Circles«, die man vor allem im Gebiet des Marienflusses und des Hartmannstales im Nordwesten der Region findet, haben Laien und Wissenschaftlern zu wilden Spekulationen Anlass gegeben. Eine endgültige Erklärung wurde bisher noch nicht gefunden.

Bevölkerung

In der noch kaum erschlossenen Region leben heute etwa 17 000 Menschen. Die meisten sind **Herero**, sie besiedeln die Region seit dem 16. Jh. mit ihren Dörfern aus rechteckigen Hütten mit strohgedecktem Dach und stehen etwa 6000 hier lebenden **Himba** gegenüber. Diese bewohnen bienenkorbförmige Hütten, die sie aus biegsamen Ästen errichten und dann mit einer Lehm- oder Schlammschicht abdecken. Auf einer Fahrt durch das Kaokoveld kommt man an vielen verlassenen Himba-Ansiedlungen vorbei. Bis heute sind die Himba nomadisierende Hirten, sie ziehen weiter, wenn ihr Vieh nicht mehr ausreichend Nahrung findet. Lediglich in den Dörfern Purros und Orupembe haben sie sich dauerhaft niedergelassen. Bekleidet sind Himbafrauen mit Lederschürzen, sie tragen kunstvollen

← *Himba-Frauen im Kaokoveld*

Schmuck aus Messing, Kupfer oder Eisen; verheiratete Frauen erkennt man an dem ledernen Kopfputz. Ihren nackten Oberkörper und ihr Haar reiben sie mit einer aus Butterfett, Kräutern und Ockerpuder hergestellten Paste ein, um sie vor der Sonne und dem Austrocknen zu schützen (►Baedeker Special S. 182).

Wildbestand Zu Beginn des Jahrhunderts war das Kaokoveld ein wildreiches Gebiet. Übermäßige Jagd und Wilderei haben die Bestände vieler Tierarten bis in die jüngste Vergangenheit drastisch reduziert. Lebten im Kaokoveld 1970 noch 300 so genannte Wüstenelefanten, so sind es heute nur noch 50 – 60 Tiere. Allerdings hat sich die Population der Spitzmaulnashörner im Kaokoveld in den vergangenen Jahren stabilisiert. Seit nämlich die Himba eingesehen haben, dass es mit dem Tourismus in ihrer Region vorbei sein wird, wenn sie die Wildtiere nicht aktiv schützen. Also verstehen sich die Hirten heute auch als Hüter des Wildes. Stärker verbreitet sind Spieß- und Springböcke, Kudus, Strauße und Zebras, ab und an taucht auch mal eine Giraffe auf. Leoparden und Geparden zeigen sich zwar selten, sind aber in dem Gebiet heimisch. Baden im Kunene könnte gefährlich werden – die hier lebenden Krokodile sollen besonders angriffslustig sein.

? WUSSTEN SIE SCHON ...?

- ... dass Wüstenelefanten keine spezielle Unterart der Elefanten sind? Sie haben sich nur besonders gut an die kargen Lebensbedingungen angepasst. Es ist ein seltener Glücksfall, wenn man sie einmal zu Gesicht bekommt. Meist ziehen sie die trockenen Flusstäler entlang und legen dabei nicht selten 60 km und mehr zurück, um zu einer Wasserstelle zu gelangen. In der Trockenzeit graben sie mitunter tiefe Löcher in den Boden, um an das kostbare Nass zu kommen.

Fahrt durch das Kaokoveld

Hinweise Die Pisten im Kaokoveld sind in schlechtem Zustand und nur selten beschildert. Vielfach bestehen sie aus kaum erkennbaren Fahrspuren. Eine Fahrt in diese abgelegene Region sollte man sich nur mit einem gut ausgestatteten geländegängigen Fahrzeug (mehrere Reservereifen und andere Ersatzteile) zumuten, besser ist es, sich einem erfahrenen Reiseveranstalter anzuvertrauen. Auf den schlechten Pisten kommt man nur langsam vorwärts. Will man bis zu den Epupa Falls vordringen, benötigt man für die Rundfahrt mindestens fünf Tage. Alle notwendigen Lebensmittel, Wasser und Kraftstoff (doppelt so viel wie man voraussichtlich benötigt) muss man dabeihaben.
Die wenigen Quellen im Kaokoveld sind für Menschen und Tiere überlebenswichtig. Man darf das Wasser also keinesfalls zum Waschen benutzen oder in irgendeiner Form verunreinigen. Sein Lager sollte man immer mindestens 1 km von der Wasserstelle entfernt aufschlagen – die Tiere wagen sich sonst nicht an die Quelle heran, das nächste Wasserloch ist aber meist 30 – 40 km entfernt! Es versteht sich von selbst, dass man nie ohne Erlaubnis in einen Himba-

KAOKOVELD ERLEBEN

AUSKUNFT

Kaoko Info Center
in Opuwo
Kreuzung Mhuaruku Ave./C 41
In dieser Einrichtung des community-based-tourism-Projektes »Nactoba« gibt es Informationen über das Kaokoveld-Gebiet sowie Vermittlung von Touren in Dörfer der Himba und Herero unter kundiger Führung.

SAFARISPEZIALISTEN

Desert Adventure Safaris
Tel. (Dtschl.) 0 61 01 / 49 90 00
www.ast-reisen.de

Charley's Desert Tours
Tel. 0 61 / 40 43 41, Fax 40 48 21
charlydt@mweb.com.na
P.O. Box 1400 Swakopmund

Cheetah Tours & Safaris
Tel. 0 61 / 23 02 87, Fax 23 02 86
www.cheetahtours.com
Kleine Gruppen mit deutschsprachiger Reiseleitung; auch individuelle Touren werden zusammengestellt.

ÜBERNACHTEN

▸ Luxus

Opuwo Country Lodge
In Opuwo; zentrale Reservierung über Namibia Country Lodges, Windhoek
Tel. 0 61 / 37 47 50, Fax 25 65 98
www.namibialodges.com
Ruhig und exklusiv mit wunderschönem Ausblick.

Palmwag Lodge
Tel. 0 64 / 40 44 59
www.palmwag.com.na
Die luxuriöse Lodge liegt in einem privaten Schutzgebiet im Damaraland. Sie bietet auch von Einheimischen Guides geführte Touren ins Kaokoveld an.

Palmwag Rhino Camp
Tel. 0 61 / 27 45 00
www.wilderness.safaris.com
Die Wilderness-Lodge kooperiert mit dem »Save the Rhino Trust«. Luxuriöse Edel-Zelte in einsamster Wildnis im Palmwag-Schutzgebiet, Tierbeobachtungsfahrten mit lokalen Wildhütern – Afrika wie im Film!

Epupa Camp
Tel. 0 61 / 24 98 76
www.epupa.com.na
Unter Palmen direkt am Kunene gelegen wird das staatliche Camp in Kooperation mit Himba geführt.

▸ Komfortabel

Ohakane Lodge
Tel. 0 65 / 27 30 31
Eher ein Gästehaus, Ausflüge zu Himbadörfern mit einheimischem Guide werden angeboten.

▸ Günstig

Khowarib Rest Camp
www.nactoba.com.na
Ein Nactoba-Projekt 25 km südlich von Sesfontein mit einfachen Hütten und Stellplätzen.

In die Palmwag Lodge kommen manchmal Elefanten.

Für die Himba ist die Art der Haartracht und das Tragen von Schmuck Teil ihrer kulturellen Traditioen. Die Frauen cremen ihre Körper mit einer Mischung aus Kakaobutter und Ocker ein – Sonnenschutz und Schönheitsmittel in einem.

HIMBA – BEDROHTES VOLK?

Im unwirtlichen Nordwesten Namibias, abgeschottet vom Rest der Welt, führten die Himba ein traditionelles Nomadenleben. Ihre späte »Begegnung« mit der Zivilisation hatte für viele dramatische Folgen: Alkohol, Prostitution und AIDS bedrohen ein Volk, dem es noch nicht gelungen ist, seinen Platz im Leben des 21. Jahrhunderts zu finden.

Vor rund eineinhalb Jahrhunderten hatten sich die **Himba** auf der Flucht vor den kriegerischen Nama ins abgelegene Kaokoveld gerettet. Schroffe Gebirge, die stürmische Küste am Atlantik, der Kunene-Fluss im Norden und unzugängliche Wüstenregionen hinderten andere Völker daran, sich in das Heimatland der Himba vorzuwagen. Nicht einmal die sonst so eifrigen Missionare des 19. Jh.s drangen zu den Himba vor und auch die deutschen Kolonialherren schenkten dem kleinen Volk keine Beachtung. Die Südafrikaner erklärten in bester Apardheitsmanier ihr Siedlungsgebiet zum Homeland **»Kaokoland«**, um das sie sich jedoch weiter kaum kümmerten. So konnte sich das Nomadenvolk der rund 6000 Himba seine Lebensweise, seine Traditionen und seine Kultur bis weit in das 20. Jahrhundert bewahren.

Hüter des heiligen Feuers

Immer noch ziehen sie mit ihren großen Rinder- und Ziegenherden durch das Kaokoveld, ständig auf der Suche nach Wasser und Weideland, und bauen ihre Kraals und Kuppelhütten auf. Immer noch spielt in ihrer Religion die Ahnenverehrung eine große Rolle, und niemals darf das den Verstorbenen geweihte »heilige

Etwa 5000 Himba leben in der Abgeschiedenheit des Kaokovelds. Sie sind eng verwandt mit den Herero, mit denen sie im 16. Jahrhundert aus dem Gebiet des heutigen Botswana einwanderten.

Feuer« verlöschen. Immer noch sind sie nach traditioneller Art gekleidet, mit einem Lendenschurz und prächtigen schweren Schmuckstücken, wozu die Männer einen Turban tragen und die verheirateten Frauen ein Fellkrönchen mit langen Zöpfchen, das aus dem Haar der jüngeren kahl geschorenen Brüder geflochten ist. Immer noch reiben sie zum Schutz gegen Sonne und Flüssigkeitsverlust die Haut mit einem Gemisch aus zermahlenem Roteisenstein, Fett und aromatischen Kräutern ein.

Zivilisationsopfer?

Und immer noch sind sie in jedem Reiseführer über Namibia mindestens einmal abgebildet. Sind sie doch neben den Woodabe im Sahel und den Massai in Kenia **eines der letzten traditionellen Hirtenvölker auf dem afrikanischen Kontinent**. Fragt sich nur, wie lange noch? Durch die Kämpfe zwischen der SWAPO und Südafrika, die das Kaokoveld in ein Kriegsgebiet verwandelten, wurden die Himba zum ersten Mal in ihrer Abgeschiedenheit gestört und mit westlicher Lebensweise – auch dem Alkohol – konfrontiert. Dann kam der Tourismus als »Bote der Zivilisation« mit all ihren Lockungen und Schattenseiten. Immer mehr Stimmen möchten den Tourismus im Kaokoveld eingrenzen, um die Himba vor eben jenen »Gefahren« der Zivilisation zu schützen. Dann gab es eine noch konkretere Bedrohung: An den Hauptweidegebieten des Stammes sollte an den Epupa-Fällen ein Wasserkraftwerk entstehen. Den Himbas blieben düstere Zukunftsprognosen: Die langsame Verwässerung ihrer Kultur durch den Einfluss moderner Zivilisation – oder der schnelle Untergang in den Wassern des Kunene. Zumindest das Staudammprojekt liegt auf Eis – doch bleibt die Zukunft der Himba ungewiss.

»Gute Pad« – »Gute Fahrt« wünscht man sich in Namibia. Im Kaokoveld kann man diesen Wunsch auch wirklich gebrauchen.

Kraal eindringt oder Einheimische ohne deren Erlaubnis fotografiert. Für ein Foto erwarten die Himba als Gegenleistung oft ein kleines Geschenk – am besten Lebensmittel (z. B. Maismehl, Zucker) oder Tabak (► Praktische Informationen, Knigge).

Palmwag Ein beliebter möglicher Ausgangspunkt für eine Fahrt ins Kaokoveld ist die Palmwag Lodge, die man über die D 3706 erreicht (► Praktisch-Kasten).

Warmquelle Die nun nordwärts führende Schotterpiste lässt sich noch relativ gut befahren. Nach ca. 85 km erreicht man Warmquelle, das seinen Namen einer im Flussbett des Hoanib entspringenden Thermalquelle verdankt. Im **natürlichen Pool** der Thermalquelle kann man hervorragend baden.

Khowarib-Schlucht An der Einfahrt zur Khowarib-Schlucht befindet sich das **Anmire Traditional Village**, wo der Besucher sich einen intensiven und lebendigen Einblick in die traditionelle und heutige Lebensweise des Damara-Stammes verschaffen kann. Das Nactoba community-based-tourism-Projekt ist von April bis Dezember zugänglich (Öffnungszeiten: Mo.–Fr. von 9.00–16.00 Uhr, Sa. und So. von 9.00–13.00 Uhr).

Ongongo

Eine 6 km lange Piste führt von Warmquelle zum Ongongo-Wasserfall. Das Wasser sammelt sich in einem glasklaren Teich – eine wunderschöne Badestelle. Einrichtungen zum Campen sind vorhanden.

Sesfontein

Sesfontein bedeutet übersetzt »sechs Quellen«. Das kleine, restaurierte Fort – ein Kontrollposten von 1896 – ist in Privatbesitz und dient als Lodge. In der Umgebung befinden sich einige reizvolle Ziele für Tagesausflüge wie Edelsteinminen (sie zu besichtigen bedarf es der Begleitung eines Führers aus der Fort Sesfontein Lodge), eine Tabakplantage – auch wenn man angesichts der Wüstenei zunächst nicht daran glaubt – und Felsgravuren der San. Hin und wieder wird man sogar einem Wüstenelefanten begegnen.

Kaoko Otavi

Hinter Sesfontein ist ohne Allradwagen kein Fortkommen mehr möglich. Man fährt von Sesfontein 10 km zurück bis zur Pistenkreuzung bei Anabeb, hier biegt man in die nordwärts führende D 3704 ein. Das Tal wird enger und die Piste steigt auf 1000 m ü. d. M. an. Nach 116 km stößt die D 3704 auf die D 3705. Ein Abstecher führt etwa 13 km in westlicher Richtung nach Kaoko Otavi mit den Überresten einer von den Dorstlandtrekkern ► Grootfontein) errichteten Kirche. Der um 1880 entstandene Bau wurde 1951 zum Nationalmonument erklärt, ist aber heute weitgehend zerfallen.
Eine – zumindest während der Trockenzeit – wesentlich leichter zu bewältigende Alternativ-Route ist die gut ausgebaute C 43, die kurz vor Sesfontein in Richtung Norden und nach Opuwo führt. Wenn es geregnet hat, können die Trockenflüsse aber Wasser führen! Im **Kaoko Information Centre** in Opuwo (► Praktisch-Kasten) kann man darüber Auskunft geben. Nach Regefällen fährt man ab Khorixas auf der C 35 nach Norden, über Kamanjab, bis man bei Opuwo Richtung Westen auf die C 45 abbiegen kann. Diese Verbindung ist saison-unabhängig.

Opuwo

In östlicher Richtung sind von der zuvor erwähnten Kreuzung noch knapp 40 km bis Opuwo, der 4000-Einwohner-Hauptstadt der Region Kunene, zurückzulegen. Es gibt zwei Supermärkte, eine Tankstelle, ein Krankenhaus und einen Campingplatz. Modernen Komfort bietet die Okahane Lodge mitten im Stadtzentrum. Führer findet man im Kaoko Information Centre (►Praktisch-Kasten).

Omuhonga

Man verlässt Opuwo auf der D 3700 in nördlicher Richtung und erreicht nach 104 km Okongwati, von dort sind noch 12 km bis Omuhonga zurückzulegen. Hier wurde ein traditioneller **Himba-Kraal** angelegt, den Besucher besichtigen und fotografieren dürfen. Nach weiteren 60 km in nördlicher Richtung erreicht man die Epupa-Fälle.

✶ Epupa Falls

Der Kunene stürzt 190 km vor seiner Mündung in den Atlantik knapp 40 m tief in eine Schlucht hinunter und bildet die beeindruckenden Epupa-Wasserfälle. Sie sind im April und Mai am eindrucksvollsten, wenn der Kunene viel Wasser führt. Bootsfahrten werden im nahen Omarunga Camp organisiert, daneben gibt es bei den Wasserfällen einen Zeltplatz sowie das rustikale und dennoch komfortable Epupa Camp (►Praktisch-Kasten).

Hier gab es in den 1990er-Jahren den Plan, ein riesiges Wasserkraftwerk zu errichten: Ein gigantischer Stausee würde den angestammten Lebensraum der Himba überfluten. Doch scheinen die ehrgeizigen Pläne vorerst wieder auf Eis zu liegen.

Swartbooisdrift, Ruacana Falls

Es scheint verführerisch, von den Epupa-Fällen der parallel zum Kunene verlaufenden D 3700 in östlicher Richtung bis zu den 135 km flussabwärts gelegenen Ruacana-Fällen zu folgen. Doch Vorsicht! Diese Piste ist extrem schwer befahrbar, immer wieder versperren Felsbrocken den Weg. Vielerorts ist nicht erkennbar, wo sie überhaupt verläuft. Ohne kundigen Führer ist das Befahren dieser Route ein nahezu hoffnungsloses Unterfangen. Daher empfiehlt es sich, den Weg von Opuwo über die C 41 und die C 35 zu nehmen.

Die Epupa-Fälle sind eine der landschaftlichen Attraktionen Namibias.

Karasburg

E 6/7

Region: Karas
Einwohnerzahl: 7100
Höhe: 1014 m ü. d. M.

Man sollte es nicht glauben, aber Karasburg ganz im Süden Namibias ist eine der größten Städte des Landes. Besondere Sehenswürdigkeiten sind nicht vorhanden, interessant ist Karasburg mit seinen Läden, Tankstellen und Hotels lediglich als Durchgangsstation nach Südafrika.

Umgebung von Karasburg

Warmbad

Das 50 km südlich von Karasburg gelegene Warmbad verdankt seinen Namen einer Thermalquelle. Das Gebäude mit den Badeeinrichtungen wird derzeit restauriert. Gegründet wurde Warmbad 1805 von der Londoner Missionsgesellschaft, als erste Missionsstation überhaupt im Gebiet des heutigen Namibia. Die deutsche Schutztruppe errichtete später ein Fort, dessen Eingang derweil den Zugang zur Polizeistation bildet.

Oranje

Der in über 3000 m Höhe in den Drakensbergen (Südafrika) entspringende Oranje ist Grenzfluss zwischen Namibia und Südafrika. Bei Oranjemund mündet er in den Atlantischen Ozean. Wegen sehr unregelmäßiger Wasserführung, häufiger Stromschnellen, Wasserfällen und Sandbänken ist er für Liebhaber von Kanufahrten oder auch für leichtere Raftingtrips ein beliebtes Revier. Durch Orangenplantagen gelangt man von Karasburg in das ca. 140 km südwestlich gelegene Noordoewer am Oranje. Von hier führt die D 212 zum noch 10 km entfernten Camp der Felix Unite River Adventures, die **Bootstrips** auf dem Oranje organisieren.

Grünau

Grünau, gut 50 km nordwestlich von Karasburg, ist für manche Touristen Ausgangspunkt für eine Fahrt zum ►Fish River Canyon.

Karibib

C 3

Region: Erongo
Einwohnerzahl: 7200
Höhe: 900 m ü. d. M.

In der Umgebung von Karibib wird seit 1904 Marmor von hervorragender Qualität abgebaut. Weitere wirtschaftliche Hoffnungen setzt man in eine Goldmine. Im Tagebau werden seit 1989 jährlich etwa 1500 kg Gold gewonnen.

Sehenswertes In Karibib haben sich einige Gebäude aus der deutschen Kolonialzeit erhalten. Dazu gehören der Bahnhof, die Christuskirche sowie das 1900 als Hotel errichtete **Roesemann-Haus**. Auf der Suche nach Souvenirs könnte man in Karibib fündig werden. Im **Henckert Tourist Centre** werden allerlei Steine und San-Spezialitäten verkauft. Die etwas abseits der Hauptstraße gelegene Webschule kann man besichtigen und deren Erzeugnisse (u. a. Karakulteppiche) natürlich auch erwerben. Das Gelände des Marmorbergwerks bei Karibib kann man nach Voranmeldung besichtigen (Tel. 0 64 / 55 00 02).

KARIBIB

AUSKUNFT

Henckert Tourist Centre
38, Main Street
Das Tourist Centre ist *der* Treffpunkt der Stadt, nicht nur für touristische Informationen und Internetbenutzung, auch für Kaffee und leckere Snacks. Hier werden einheimische Guides für die Erongo Mountains vermittelt – und die berüchtigte Teufelskralle, eine Arznei der San gegen Verdauungsstörungen und (!) Arthrose feilgeboten. Außerdem kann man Turmaline und andere Edel- und Halbedelsteine bewundern und kaufen.

Umgebung von Karibib

Wer sich besonders für die deutsche Kolonialgeschichte interessiert, sollte dem 60 km südöstlich gelegenen Dorf **Otjimbingwe** einen Besuch abstatten. Es ist etwas Phantasie nötig, um sich vorzustellen, dass sich hier zwischen 1885 und 1890 der Sitz der deutschen Kolonialverwaltung befand. Allerdings beschränkte sich der Verwaltungsapparat damals auch noch auf drei Beamte, die Leitung hatte Heinrich Göring (1839 – 1913; der Vater von Reichsmarschall Hermann Göring).

Tsaobis Leopard Nature Park Nahe der Kreuzung der C 32 mit der D 1976 erstreckt sich westlich von Otjimbingwe das in Privatbesitz befindliche Gelände des Tsaobis Leopard Nature Park. Neben Leoparden kann man hier Geparden, verschiedene Antilopenarten und Bergzebras sehen (Übernachtung in gut ausgestatteten Bungalows).

Usakos Auch in Usakos, 30 km westlich von Karibib, erinnert noch manches an die deutsche Kolonialgeschichte. Vor dem Bahnhof steht eine 1912 gebaute Lokomotive, die ehemals auf der alten Schmalspurbahnlinie der Otavi-Minengesellschaft ihren Dienst tat. Das Gebäude der Stadtverwaltung (Kaiser-Wilhelm-Straße) stammt von 1908, die römisch-katholische Kirche wurde 1905 errichtet.

✶ Erongo Mountains Westlich der Karibib mit Omaruru verbindenden C 33 erheben sich die wegen ihrer Felsmalereien bekannten, bis auf 2320 m Höhe ansteigenden Erongo Mountains. Sehr schöne Malereien findet man auf dem Gelände der Ameib Ranch 30 km nördlich von Usakos. In etwa 30 – 45 Min. kann man auf einem markierten Weg zur **Phi-**

Von der Philippshöhle bei Usakos schweift der Blick weit über das Erongo-Gebirge.

lippshöhle aufsteigen, in der sich Darstellungen von Menschen und Tieren finden. Ihre Berühmtheit verdankt sie der Abbildung eines weißen Elefanten, die noch deutlich zu erkennen ist. Eindrucksvoll sind daneben die als **Bull's Party** und **Elephant's Head** bezeichneten Felsformationen.

Wer weitere Felsmalereien besichtigen möchte, folgt der D 1935 und der D 2306 nordwärts, bis rechts die D 2315 abbiegt. Zur besseren Orientierung und eigenen Sicherheit erfragt man möglichst die Führung eines Guides. Diese kann man sich im Karibib Tourist Centre (►Praktisch-Kasten) vermitteln lassen.

Omaruru

Die Geschichte von Omaruru, 55 km nördlich von Karibib, begann 1872, als die Rheinische Mission hier verschiedene Gebäude errichtete. Ein kleines **Museum** erinnert an die Missionsstation.

Im Januar 1904 war Omaruru Schauplatz eines Aufstands der Herero; sie belagerten die Kaserne, in der sich die hier stationierten deutschen Soldaten verschanzt hatten. In einem Gewaltmarsch führte Hauptmann Viktor Franke seine Kompanie in nur fünf Tagen von Gibeon in das fast 400 km entfernte Omaruru. Ihm gelang es, den Belagerungsring zu durchbrechen.

Omaruru hat sich jüngst einen Namen durch **Weinanbau** gemacht. Die 1990 gegründete Kristall-Kellerei bringt seit 1995 Weine in den Handel, die sich in ihrer Qualität mit einigen südafrikanischen Tischweinen messen können. Und auch der Grappa ist nicht zu verachten.

*Interessantes über das Leben der San weiß der deutschstämmige Farmer Reinhard Friedrich bei seinen »Bushmen Trails« zu erzählen. Er lebt auf der Farm Muramba bei Tsumeb und ist ein Fachmann für Sprache und Lebensart der San (**► S. 250**).*

JÄGER UND SAMMLER

Einst bevölkerten die San, das älteste Volk Afrikas, den Süden des großen Kontinents. Die Nomaden, deren Körpergröße selten 1,60 m überschreitet, lebten von der Jagd und dem Sammeln von essbaren Knollen und Beeren. Vor etwa 500 Jahren kamen schwarze Bantu-Völker von Norden und dann Weiße aus dem Süden und bedrängten sie in ihrem Lebensraum. Zimperlich gingen die Eroberer mit den Ureinwohnern nicht um. Die Weißen knallten die San wie Freiwild ab, und auch von den Bantu-Völkern wurden die steinzeitlichen Jäger und Sammler wie minderwertige Wesen versklavt, verkauft oder ermordet.

Ursprünglich reichte das Verbreitungsgebiet der San, wie die Ethnologen die **Buschmänner bzw. Buschleute** nennen, vom Kap der Guten Hoffnung bis an den Malawi- und Tanganjikasee. Heute leben die San nur noch in der Kalahari und in einigen ihrer Randregionen in ihrer ursprünglichen archaischen Lebensform.

Seit jeher ziehen sie in Familienverbänden zwischen zwanzig bis maximal sechzig Personen umher. Größere Organisationsformen, die den Eroberern Widerstand hätten leisten können, fehlten völlig. Und mit ihren vergifteten Pfeilen und Speeren hatten sie keine Chance gegen deren Feuerwaffen. Heute leben in Namibia 29 000 San als Farmarbeiter oder Subsistenzbauern – gerade noch 2000 San durchstreifen die Kalahari als nomadisierende Jäger und Sammler wie ihre Vorväter. Jeder der Nomadenclans nennt ein bestimmtes Gebiet sein Eigen, das ihm auch von anderen Stammessippen zuerkannt wird. Hütten werden nach Bedarf gebaut. Sie sind schnell errichtet und bestehen aus zwei- bis zweieinhalb Meter langen Ruten, die in einem Halbkreis in den Boden gesteckt und oben zusammengebunden und mit Riedgras überdeckt werden. Wandert eine Familie weiter, so werden diese Hütten einfach zurückgelassen. Um beweglich zu bleiben, besitzen die San nur das nötigste Hab und Gut. Und dies ist, von persönlichen Dingen wie Waffen, Kleidung und Schmuck abgesehen, Eigentum der Gemeinschaft. **Helfen und Teilen ist selbstverständlich** – auch ohne die Worte »danke« und »bitte«, die in der San-Sprache gar nicht existieren. Die Sippen kennen keinen Häuptling oder Anführer, Respekt jedoch genießen die alten und erfahrenen Jäger.

Traditionell lebende San beherrschen noch die Jagd mit Pfeilen und Speeren. Das Sammeln von essbaren Wurzeln und Insekten hingegen ist Aufgabe der Frauen.

Die San ernähren sich von Großwild, das die Männer mit ihren vergifteten Pfeilen erlegen, aber auch von Feldratten, Vögeln, Insekten etc., die ebenso wie Beeren, Wurzeln oder Nüsse von den Frauen und Kindern gesammelt werden. Über 180 Pflanzenarten können sie ohne weiteres identifizieren. Auch die Sinnesorgane sind erstaunlich ausgeprägt: Mit bloßem Auge erkennen viele von ihnen die vier größten Monde des Jupiter am Himmel, und aus einer Entfernung von bis zu 100 km hören sie ein kleines Flugzeug herannahen.

Heiraten ist Frauensache

Wenn bei einem Mädchen die erste Menstruation einsetzt, schotten es die älteren Frauen vom übrigen Clan ab. Tagelang muss das Mädchen schweigen und wird währenddessen über die Aufgaben als Frau in einer künftigen Ehe unterrichtet. Als Abschluss veranstaltet die gesamte Sippe ein großes »Reifefest« für sie. Als äußeres Zeichen der erwachsenen Frau lässt sie sich vernarbende Linien in die Wangen einritzen. Der künftige Partner wird von der Mutter mit Zustimmung der Großmutter bestimmt, die auch in eine Liebesheirat einwilligen können. Heiraten ist Frauensache – die Väter haben hier so gut wie nichts mitzureden. Männer wie Frauen tragen einen Lendenschurz und ein über Schulter und Oberkörper hängendes Lederfell – die verheiratete Frau lässt eine Brust frei, die unverheiratete hat beide Brüste unbedeckt. Die Moral der San ist eng mit dem Leben in der kleinen Gruppe verknüpft. Es gilt als »schlecht«, einem anderen die Frau wegzunehmen. Mord gilt als »sehr schlecht«, ebenso Inzest. Dem Übeltäter droht die Todesstrafe, man überlässt ihn unbestattet den Hyänen.

Das Leben der nomadisierenden San ist hart: Ihre durchschnittliche Lebenserwartung beträgt nur 45 Jahre. Zudem steigt die Population, wenn überhaupt, nur sehr gering an, da San-Frauen strikte **Geburtenkontrolle** praktizieren. Das geschieht mit Hilfe bestimmter Kräuter, die die Empfängnis verhüten, oder solcher, die zum Abtreiben genutzt werden. Sollte dennoch ein unerwünschtes Kind geboren werden, so wird es heute sesshaft lebenden Verwandten übergeben. Früher hingegen wurde das Kleine einfach ausgesetzt, um zu verhungern oder Opfer der Raubtiere zu werden. Im Regelfall aber funktioniert die seit Urzeiten praktizierte Familienplanung, und dann bringen San-Frauen durchschnittlich nur alle vier bis fünf Jahre ein Kind zur Welt. Denn zu große Familien finden in der kargen Umgebung nicht genügend Nahrung, um auf hergebrachte Art und Weise zu überleben.

Kaudom Game Reserve

F 2

Region: Okavango **Größe:** 3842 km²

Im Nordosten Namibias, an der Grenze zu Botswana, erstreckt sich der Kaudom-Wildpark, ein touristisch bisher kaum erschlossenes Schutzgebiet. Unterkünfte sind nur in zwei rustikalen Buschcamps vorhanden, Restaurants, Läden oder eine Tankstelle gibt es nicht.

Nur für Allrad Die Anfahrt zum Wildpark erfolgt von Süden her über Tsumkwe oder aber von Norden über die Ortschaft Katere. Schon die Anfahrt ist selbst mit einem Allradfahrzeug nicht unproblematisch; auf den letzten 50 km geht es teilweise durch Tiefsand nur noch mühsam vorwärts. Den Park selbst durchzieht ein ca. 300 km langes Wegenetz, das in äußerst schlechtem Zustand ist. Der Besuch kann nur in den trockenen Wintermonaten, zwischen Juni und Oktober, empfohlen werden; zudem darf man den Park aus Sicherheitsgründen nur im Konvoi und mit Allrad-Antrieb befahren (mindestens zwei Fahrzeuge).

Leopard im Kaudom-Park

Der Kaudom-Wildpark liegt im Bereich des **Kalahari-Sandveld**. Das relativ ebene Gelände durchziehen Dünenkämme, parallel dazu verlaufen trockene Flussläufe. Nur nach extrem regenreichen Jahren führen sie für kurze Zeit Wasser. Jedoch liegt der Grundwasserspiegel auch in den Trockenzeiten in den Flussbetten relativ hoch, ermöglicht stellenweise üppigen Schilfbewuchs und ist wichtig für die Wasserversorgung des Wilds. Abseits der Flussbetten findet man Trockenwald und Buschsavanne.

Das hier lebende Wild ist recht scheu. Nach der Regenzeit erschwert der dichte Pflanzenbewuchs die Sicht erheblich. Da das Schutzgebiet nicht eingezäunt ist, verändert sich der Wildbestand laufend. Vogelliebhaber finden im Park ein wahres Paradies: es gibt 320 hier registrierte Arten. Die beste Zeit zur Vogelbeobachtung sind die Sommermonate.

Umgebung des Kaudom Game Park

Tsumkwe Durchgangsstation bei Fahrten zum Kaudom-Wildpark ist das ca. 5 km südlich gelegene Tsumkwe. Als »Hauptort« im Gebiet der San gibt es hier verschiedene Versorgungseinrichtungen: Krankenhaus, Polizei, Tankstelle und ein Hotel, die Tsumkwe Lodge.

KAUDOM GAME PARK ERLEBEN

ÜBERNACHTEN

► **Komfortabel**

Tsumkwe Lodge
Tel. 0 67 / 22 40 27
www.tsumkwel.iway.na
Sechs kleine Chalets mit Pool

► **Günstig**

Restcamps Siketti und Kaudom
Buchungen beim Wildlife Resort in Windhoek, www.nwr.com.na.
► Praktische Informationen, Auskunft

Omatako Valley Restcamp
Tel. 0 61 / 22 26 47
www.nactoba.com.na

Das Nactoba-Projekt der !Kung-San hat einfache traditionelle Hütten. Einweisung in die Kunst des Spurenlesens durch die San möglich.

San-Führer

Hier trifft man auf San, die sich in dem Projekt der amerikanischen **Nyae Nyae Foundation** engagieren und als kenntnisreiche Führer für Safaris im unwegsamen Kaudom-Park zur Verfügung stehen, für erlebnisreiche Wanderungen in den Busch und zum Besuch in einem San-Dorf. Hier kann man **Ju'hoan-San** antreffen, die noch wie ihre wandernden Vorfahren als nomadisierende Jäger und Sammler leben (►Baedeker Special S. 190).

Keetmanshoop

E 6

Region: Karas
Einwohnerzahl: 15 000
Höhe: 1002 m ü. d. M.

Keetmanshoop ist die bedeutendste Stadt im Süden Namibias. Umgeben ist sie von einer halbwüstenartigen Landschaft, die vorwiegend zur Karakulschafzucht genutzt wird. Touristen interessiert nach einem kleinen Rundgang durch den Ort besonders der nahe gelegene Köcherbaumwald.

Alte Missionsstation

Hervorgegangen ist der Ort aus einer Siedlung der Nama. Um ihnen »zum rechten Glauben zu verhelfen«, wurde 1866 eine Missionsstation gegründet. Von dem deutschen Kaufmann Johann Keetman erhielt die Mission erhebliche finanzielle Zuwendungen – man dankte ihm, indem man den Ort nach ihm benannte.

KEETMANSHOOP ERLEBEN

AUSKUNFT

Southern Tourist Information
Im alten Postamt am Stadtgarten

ÜBERNACHTEN

► Komfortabel

Canyon Nest Hotel
Tel 0 63 / 22 33 61, Fax 22 37 14
Es heißt, dass wer noch nie im Canyon Nest übernachtet, das Beste von Namibia verpasst hat. Das ist sicher nicht wahr, aber das Mittelklassehotel mit dem künstlerisch gestalteten Ambiente hat gewiss einen ganz besonderen Charme.

Gariganus Farm
Tel. / Fax 0 63 / 22 28 35
Auf dem Gelände der Farm liegt der berühmte Köcherbaumwald. Zur Verfügung stehen zweckmäßig ausgestattete Zimmer mit Bad und WC; ferner gibt es einfache Häuschen für Selbstversorger.

Stadtbild Keetmanshoop präsentiert sich freundlich und eignet sich mit seinen zwei Hotels und einem Campingplatz auch als Übernachtungsstation. Die ehemalige Kirche der Rheinischen Mission (von 1895) fungiert heute als **Museum** zur Geschichte der Region (Öffnungszeiten: Mo.–Fr. 7.30 – 12.30 und 13.30–16.00 Uhr). Daneben steht das Modell einer Nama-Hütte. Die Touristeninformation hat ihren Sitz im ehemaligen Kaiserlichen Postamt (erbaut 1910). An Ostern und im Juli startet am Bahnhof (gebaut 1907) der von einer alten Dampflok gezogene **»Diamond Train«** zu einer Fahrt nach Lüderitz.

Umgebung von Keetmanshoop

**** Köcherbaumwald** Ein äußerst lohnendes Ziel ist der ca. 25 km nordöstlich von Keetmanshoop, auf dem Gelände der Gariganus-Farm gelegene Köcherbaumwald. Da sich die Köcherbäume am fotogensten bei Sonnenuntergang (im Winter ist das Licht bereits ab 15.00 Uhr sehr gut!) präsentieren, empfiehlt es sich, auf der Gariganus-Farm zu übernachten (► Praktisch-Kasten). Tagesbesucher melden sich im Hauptgebäude der Farm zunächst an.

Der sog. Köcherbaumwald ist eine Ansammlung von etwa 250 Bäumen, die weit verstreut zwischen Granitbrocken stehen. Köcherbäume sind eine Aloenart (Aloe dichotoma), die nur in Namibia und im Nordwesten Südafrikas vorkommt. Die San höhlten früher die Äste der Bäume aus und benutzten sie als Köcher für ihre Pfeile. Im Juni/Juli bilden sich bei Bäumen ab einem Alter von 20 – 30 Jahren bis zu 30 cm lange hellgelbe Blüten. Köcherbäume wachsen sehr langsam, die großen Exemplare auf der Gariganus-Farm sind 200–300 Jahre alt. Sie stehen in der Regel einzeln, nur selten in Gruppen – und keine ist so groß wie der Köcherbaumwald bei Keetmanshoop. Daher wurde er 1955 zum »Nationalen Monument« erklärt.

Wahrzeichen Namibias ist der nur im Süden des Landes vorkommende Köcherbaum.

Giants' Playground

Eine weitere Attraktion auf dem Gelände der Gariganus-Farm ist Giants' Playground (man meldet sich zunächst ebenfalls im Farmhaus an). Durch die gigantischen übereinander aufgetürmten, durch Erosion entstandenen Steinblöcke führt ein bezeichneter Rundweg.

Brukkaros

Fährt man von Keetmanshoop in nördlicher Richtung auf der B 1, so sieht man nach gut 60 km links der Straße das Massiv des Brukkaros (1588 m ü. d. M.), der sich ca. 650 m über die Hochebene erhebt. Die Zufahrtsstraße endet bei einem Parkplatz. Ein Pfad führt von hier zum ca. 3,5 km entfernten Südende des Kraters.

Khorixas

C 3

Region: Kunene
Höhe: 1000 m ü. d. M.
Einwohnerzahl: 8000

Der Ort Khorixas lebt von den Sehenswürdigkeiten in der Umgebung. Es gibt hier einige Läden und Tankstellen, vor allem aber ganz in der Nähe das schöne staatliche Khorixas Rest Camp. Die meisten Touristen machen gar nicht erst Station in Khorixas, sondern fahren gleich zum Camp weiter.

Umgebung von Khorixas

✶ **Versteinerter Wald**

Man verlässt Khorixas in westlicher Richtung auf der C 39, nach 42 km passiert man rechts den Parkplatz beim Nationaldenkmal Versteinerter Wald (Petrified Forest). Über ein etwa 60 ha großes Gelände verteilen sich ca. 50 fossile Stämme; sehr gut erkennbar sind die Jahresringe und die Rinde. Reste von Ästen und Wurzeln wurden nicht gefunden. Die 260 Mio. Jahre alten Nadelbäume sollen bei einer gewaltigen Flut entwurzelt und hierher gespült worden sein. Flusssand und Schlamm bedeckten die Bäume und sorgten dafür, dass sie nicht vermodern konnten. Die über den Stämmen angehäuften Gesteinsmassen wurden durch Erosion abgetragen, so dass schließlich die versteinerten Stämme sichtbar wurden. Einheimische Führer geleiten Touristen (gegen ein Entgelt) durch das eingezäunte Gelände, in dem übrigens auch einige Welwitschias gedeihen.

✶✶ **Twyfelfontein**

Weiter der C 39 in westlicher Richtung folgend, gelangt man zu der beschilderten Abzweigung nach Twyfelfontein, das man nach insgesamt 105 km von Khorixas aus erreicht. Es gilt als eine der bedeutendsten Fundstellen von Felsbildern in Namibia. Die ältesten Kunstwerke sind vermutlich bis zu 6000 Jahre alt. Andere stammen wohl erst aus dem 19. Jh.

KHORIXAS ERLEBEN

ÜBERNACHTEN

► Luxus

Mowani Mountain Camp
Tel. 0 67 / 69 70 08
www.ongumanamibia.com
Das Camp wenige Kilometer südlich von Twyfelfontein ist unbestreitbar die schickste und komfortabelste Lodge im Damaraland. Dabei sind ihre verstreuten Luxuszelte so in die bizarren Bergformationen integriert, dass sie Teil der Landschaft zu sein scheinen.

Vingerklip Lodge
Tel. 0 67 / 29 03 18, Fax 29 03 19
www.vingerklip.com.na
Fast allen Gästen ist der Aufenthalt auf der »Sundowner-Terrasse« der Lodge mit grandiosem Ausblick über die unberührte Landschaft unvergesslich.

In den zehn komfortablen Bungalows finden bis zu 48 Gäste Platz. Anfahrt über die C 39.

► Günstig

Khorixas Rest Camp
Buchungen beim Wildlife Resort in Windhoek, www.nwr.com.na, ►Praktische Informationen, Auskunft
Das sehr einfache Camp wird von den lokalen Damara geführt.

Felsbilder von Twyfelfontein

Forscher gehen davon aus, dass die Felsbilder in mindestens sechs verschiedenen Phasen entstanden sind. Bei den hiesigen Felsbildern handelt es sich in erster Linie um Gravuren – insgesamt hat man mehr als 2500 registriert –, die mit harten Quarzsteinen mehrere Millimeter tief in die weicheren Sandsteinplatten geritzt wurden. Am häufigsten werden auf den Felsplatten Giraffen, Strauße, Zebras, Nashörner und Elefanten abgebildet; berühmt sind der »Tanzende Kudu« und der Löwe mit seinem außergewöhnlich langen, seltsam geschwungenen Schwanz. Twyfelfontein ist einer der wenigen Plätze, an dem man sowohl Gravuren als auch Felsmalereien entdeckte. Unter einem Felsüberhang erkennt man mehrere männliche Gestalten und darüber Pfeil und Bogen. Die geometrischen Gravuren auf dem Stein fast am Fuße des Felsmassivs werden heute als Landkarte interpretiert. Geschaffen wurden Malereien und Gravuren von den San bzw. den Berg-Damara, die sich zur Jagd in diesem Gebiet aufhielten. Die Felsbilder waren sowohl »Mitteilungsblätter« für nachfolgende Nomadenfamilien als auch Bericht an den Gott »Kaggen«.
Die Felsen dürfen nur in Begleitung von Damara-Führern erklommen werden. Gutes Schuhwerk ist unbedingt erforderlich. In der Mittagshitze kann der Weg recht anstrengend werden. Nachdem man Fundstelle »Fünf« besichtigt hat, kann man zum Ausgangspunkt zurückkehren (Gesamtdauer des Rundgangs knapp eine Stunde) oder aber noch drei weitere Fundstellen von Felsbildern anschauen (Gesamtdauer: ca. 90 Minuten). Handwerkliche Damara-Produkte kann man an der »Reception« kaufen.

Orgelpfeifen

Von Twyfelfontein fährt man nur ein kurzes Stück auf derselben Strecke zurück, hält sich dann rechts (die Strecke ist beschildert) und gelangt nach insgesamt 10 km zu den so genannten Orgelpfeifen (Organ Pipes). Man steigt nur wenige Meter tief zu einer etwa 100 m langen Schlucht hinab. Hier stehen Hunderte von bis zu 5 m hohen Basaltsäulen nebeneinander. Sie bildeten sich vor etwa 120 Mio. Jahren, als Lavamassen in das Schiefergestein eindrangen und unter Druck erstarrten. Durch Erosion wurden sie zu einem späteren Zeitpunkt der Erdgeschichte freigelegt.

Verbrannter Berg

Mit einem Allradfahrzeug kann man vom Parkplatz der Organ Pipes noch etwas näher an den Burnt Mountain heranfahren, der sich rund 200 m über seine Umgebung erhebt. Das dunkle Schiefer- und Basaltgestein wirkt, als hätte hier ein verheerendes Feuer gewütet.

Die Vingerklip war einmal ein Tafelberg – an dem Wind und Wetter gehörig genagt haben

★ **Fingerklippe** Eine andere Natursehenswürdigkeit befindet sich ca. 75 km östlich. Die 35 m hohe Fingerklippe ist der Rest eines Tafelbergs, der durch Erosion allmählich abgetragen wurde. Man kann zu Fuß zur Klippe aufsteigen, von oben bietet sich ein schöner Blick auf die Ugab-Terrassen. In der Ferne erkennt man die Vingerklip Lodge.

★ Lüderitz

C 6

Region: Karas
Einwohnerzahl: 9000
Höhe: bis 110 m ü. d. M.

Die oft von kühlem Küstennebel eingehüllte, etwas verschlafen wirkende »Geburtsstadt des modernen Südwestafrika« liegt auf Granitfelsen im Süden Namibias, am häufig stürmischen Atlantik.

Jugendstil in Afrika Auch in Lüderitz leben mehrheitlich Schwarze und Farbige, allerdings nicht im gepflegten Jugendstil-Stadtzentrum, sondern in den trostlosen Vororten Nautilus und Benguela. Lüderitz lebt von Langustenfang und -verarbeitung, Austernzucht und Agar-Agar-Gewinnung. Die Entdeckung eines Erdgasfeldes sowie Diamantenfunde weckten Hoffnungen. Dennoch hat Lüderitz schon seit Jahrzehnten mit erheblichen wirtschaftlichen Problemen zu kämpfen. Große Hoffnungen setzt man heute auf den Fremdenverkehr. Es entstanden viele neue Hotels und Restaurants. Dank des nahen Flughafens ist Lüderitz auch von Windhoek aus schnell zu erreichen.

Geschichte

Bereits **Bartholomeu Diaz** suchte 1487 mit seinen drei Karavellen in der hiesigen Bucht Schutz vor einem Sturm und machte 1488, auf der Rückreise vom Kap der Guten Hoffnung, abermals hier Halt. Diesmal errichtete er auf der später nach ihm benannten Diaz-Spitze ein Steinkreuz, dessen Reste im Museum von Windhoek zu sehen sind. Erst vier Jahrhunderte später interessierten sich Walfänger und Guano-Sammler für die Bucht mit dem einzigen Naturhafen an der südlichen Namib-Küste.

Am 1. Mai 1883 schloss **Heinrich Vogelsang** im Auftrag des Bremer Tabakkaufmanns **Adolf Lüderitz** mit dem Nama-Führer **Joseph Fredericks** einen Vertrag: Für rund 250 Gewehre und 600 englische Pfund gelangte ein rund 20 km breiter Küstenstreifen von der Mündung des Oranje bis etwa zur Höhe des heutigen Helmeringhausen in seinen Besitz. Lüderitz wollte Handelshäuser errichten und spekulierte auf Erzvorkommen im Hinterland. Als 1884 der damalige Reichskanzler Bismarck die Erwerbungen in einem Telegramm offiziell »unter den Schutz des Deutschen Reiches« stellte, begann die Kolonisierung des Territoriums. Dies war die Geburtsstunde von Deutsch-Südwestafrika.

LÜDERITZ ERLEBEN

AUSKUNFT

Tourist Office
Schinzstr.aße, Tel. 0 63 / 20 27 52

PERMITS / AUSFLÜGE

Lüderitz Safaris & Tours
Bismarckstraße, Tel. 0 63 / 20 23 62
Ausflüge ins Diamantensperrgebiet und nach Kolmanskuppe sowie Angeltouren können gebucht werden.

ESSEN

► **Erschwinglich**

① *Ritzi's Seafood*
Waterfront, Tel. 0 63 / 1 29 93 11
Am besten isst man hier Hummer, Muscheln oder Meeresfrüchte. Hmmmm – köstlich!

ÜBERNACHTEN

► **Luxus**

① *Sea View Hotel zum Sperrgebiet*
Woermannstr./Ecke Stettiner Straße
Tel. 0 63 / 20 34 11, Fax 20 34 14
www.seaview-luederitz.com
Das »erste Haus« in Lüderitz besitzt ein gutes Restaurant mit schönem Ausblick, Hallenbad und Sauna.

③ *Nest Hotel*
Ende der Diazstraße
Tel. 0 63 / 20 40 00, Fax 20 40 01
www.natron.net/tour/nest-hotel/main
Das moderne Gebäude des großen, etwas anonymen Hotels mit gutem Restaurant liegt direkt am Meer.

► **Günstig**

② *Krabbenhöft und Lampe*
26, Bismarck Str., Tel. 0 63 / 20 25 49, Fax 20 24 66
Das Haus aus dem Jahr 1910 bietet mit seinem antiken Mobiliar eine nostalgische Atmosphäre.

Lüderitz Orientierung

Übernachten

1. Sea View Hotel zum Sperrgebiet
2. Krabbenhöft & Lampe
3. Nest Hotel

Essen

1. Ritzi's Seafood Restaurant

Die weithin sichtbare Felsenkirche gilt als Wahrzeichen von Lüderitz.

Von Anfang an gab es jedoch Schwierigkeiten: zum einen mit den Nama – sie fühlten sich beim Kauf übervorteilt – zum anderen mit der Versorgung, denn es gab kein Trinkwasser. Außerdem blieb der erhoffte Mineralienreichtum aus. So blieb das Städtchen ein unbedeutender Hafenplatz mit einer kleinen deutschen Verwaltung. Der in der Zwischenzeit völlig verarmte Lüderitz musste schließlich seine Hoheitsrechte an die Deutsche Kolonialgesellschaft für Südwestafrika veräußern.
Während der kriegerischen Auseinandersetzungen mit den Nama 1904 wurde die Stadt ein Gefangenenlager. 1908 war die Eisenbahnlinie Lüderitz – Keetmanshoop fertig gestellt. Der wirtschaftliche Aufschwung setzte ein, als im selben Jahr die ersten Diamanten in dem scheinbar wertlosen Wüstenstrich gefunden wurden. Fast über Nacht avancierten Lüderitz und das 15 km landeinwärts gelegene Kolmanskuppe zu den reichsten Orten Afrikas. Der Boom dauerte aber nur wenige Jahre.
Nach Ausbruch des Ersten Weltkrieges und nach der Landung von englischen Kriegsschiffen im Hafen erklärte sich Lüderitz zur offenen Stadt. Und nach einem Jahr der Internierung in Südafrika konnten die deutschstämmigen Bewohner endlich ihre Häuser wieder beziehen. Damit war der erste Weltkrieg 1915 für sie schon beendet.
Der Niedergang der Stadt begann bereits in den 1920er-Jahren. Nachdem man 1928 am Oranje ergiebigere Diamantenlager entdeckt hatte, versank Lüderitz in der Bedeutungslosigkeit.
Dank des Engagements der 1979 ins Leben gerufenen Lüderitz-Stiftung, die sich für eine wirtschaftliche, kulturelle und soziale Wiederbelebung der Stadt einsetzt und zur Verschönerung des Stadtbildes 1983 aus Anlass der 100-Jahr-Feier entscheidend beitrug, hat das hübsche Städtchen eine Renaissance erlebt und partizipiert sichtbar am Tourismus-Boom.

Stadtbild

Das eigentliche Stadtzentrum liegt zwischen dem Bahnhof und dem Robert-Hafen. Hier befinden sich auch die meisten der liebevoll restaurierten Häuser aus der kurzen Blütezeit der Stadt. Sie sind im Jugendstil und wilhelminischen Stil mit verspielten Fachwerkgiebeln, hohen Mansardendächern, Erkern, Balkonen und Türmchen gebaut. Vereinzelt gibt es auch moderne Bauten. Hauptstraße ist die Bismarckstraße, an der u. a. die Banken, größere Geschäfte und die neue Post liegen.

Sehenswertes in Lüderitz

★ **Felsenkirche** Die hoch gelegene evangelisch-lutherische Felsenkirche ist das Wahrzeichen der Stadt. Sie eignet sich als Ausgangspunkt für einen Stadtrundgang, weil man hier zunächst einen guten Überblick über den Ort bekommt. Den Entwurf für den 1911 errichteten neugotischen Bau lieferte der Lüderitzer Baumeister Albert Bause. Das schöne lanzettförmige Buntglasfenster im Innern stiftete Kaiser Wilhelm, die Altarbibel seine Frau (Öffnungszeiten: Mo. – Sa. ab 18.00 Uhr).

★ **Goerke-Haus** Durch die Kirchstraße und die Diamantbergstraße gelangt man zu dem etwas unterhalb der Kirche gelegenen Goerke-Haus. Leutnant Hans Goerke war Leiter der Emiliental-Diamantengesellschaft in Lüderitz. Sein 1909 – 1911 auf dem Diamantberg errichtetes Wohnhaus gehört zu den schönsten und aufwändigsten Gebäuden der Stadt. Auffällig ist die Sonnenuhr, ein Zeitmesser, der bis dahin in Namibia unbekannt war. Heute kann das Gebäude besichtigt werden. Die Inneneinrichtung aus Eichenmöbeln ist nicht mehr original (Öffnungszeiten: Mo. – Fr. 14.00 – 16.00, Sa./So. 16.00 – 17.00 Uhr).

Deutsche Kolonialarchitektur: Goerke-Haus

Das besuchenswerte kleine **Museum** in der Diazstraße geht auf die Privatsammlung von Friedrich Eberlanz zurück, der 1914 als Handwerksmeister nach Lüderitz kam. Mit liebevoll zusammengestellten Erinnerungsstücken und alten Fotos werden die Stadtgeschichte, der Diamantenabbau sowie die Geologie und Geographie der Gegend lebendig (Öffnungszeiten: Mo. – Fr. 10.00 – 12.00 und 15.30 – 17.00, So. 16.00 – 17.30 Uhr).

Bahnhof Das letzte größere Bauwerk dieser Zeit wurde von dem damaligen Regierungsarchitekten Kurt Lohse entworfen. Kurioserweise wurde der Bahnhof erst 1914 – sieben Jahre nachdem hier die erste Eisenbahn anhielt – in Betrieb genommen.

Altes Postamt Ein kleiner Abstecher führt zum 1908 erbauten Alten Postamt, das in der Schinzstraße steht. Im Obergeschoss befanden sich die Wohnungen der Postangestellten. Heute ist hier das Naturschutzbüro untergebracht (Ministry of Environment & Tourism).

Wieder an der Bismarckstraße liegt das ehem. Handelshaus von Krabbenhöft und Lampe. Heute beherbergt es eine Karakul-Teppichweberei, die besichtigt werden kann (mit Einkaufsmöglichkeiten).

Krabbenhöft und Lampe

An der Ecke Bergstraße/Diamantbergstraße steht das 1909 erbaute **Kreplin-Haus**. Sein Erbauer war Direktor einer Diamantfirma und erster Bürgermeister von Lüderitz.

In der Nähe des Hafens, Ecke Hafen-/Vogelsangstraße, steht das 1906 für die gleichnamige Reederei erbaute **Woermann-Haus**.

Ganz jungen Datums ist die **Waterfront**, ein viel besuchter Büro-, Laden - und Restaurantkomplex.

! *Baedeker* TIPP

Langusten am Haken

Selbst wer bisher für Fischen oder Angeln keine große Leidenschaft entwickeln konnte, wird beim alljährlichen Langustenfangen zwischen 1. November und 30. April an den Stränden um Lüderitz Spaß haben. Und am Abend genießt man bei einem Dinner am Strand die »Früchte« seiner Arbeit. Anmeldung: Namibia Wildlife Resort, Schinz Street, Tel. 0 63 / 20 27 52.

Auf der mit dem Festland verbundenen Insel Shark Island wird der Stadtbegründer Adolf Lüderitz mit einer Gedenktafel geehrt und es gibt einen schön gelegenen Campingplatz. Von dem alten Leuchtturm blickt man auf den natürlichen Hafen und die Stadt.

Shark Island

Umgebung von Lüderitz

Ein gutes Ziel für ausgedehnte Strandspaziergänge und ein Sonnenbad ist der Achat-Strand acht Kilometer nördlich von Lüderitz. Man verlässt die Stadt über die Hafen- und Industriestraße, die unterhalb der Schwarzen-Siedlung Nautilus verläuft. Benannt ist der Strand nach dem Halbedelstein Achat, dessen Splitter im Sand vorkommen. An dem flachen, weit gestreckten Sandstrand sind Feuerstellen und Toiletten vorhanden.

Agate Beach

i Permit

- Da Lüderitz von dem Diamantensperrgebiet umgeben ist, benötigt man für Ausflüge in die Umgebung, auch nach Kolmanskuppe, eine Genehmigung (erhältlich im Büro der Lüderitz Safaris & Tours, ►S. 199). Von dieser Bestimmung ausgenommen sind Ausflugsziele auf der Lüderitz-Halbinsel.

Die **Lüderitz-Halbinsel** westlich der Stadt besitzt malerische Buchten, Lagunen und unberührte Sandstrände. Für ihre Besichtigung sollte man sich mindestens einen halben Tag Zeit nehmen, die Pisten sind mit normalem Pkw befahrbar. In der ersten Bucht sind häufig **Flamingos** zu beobachten; die Piste führt an der sog. Second Lagoon vorbei, in der Austern gezüchtet werden. Nun folgt eine Sackgasse, über die man die Griffith Bay mit ihrem schönen Sandstrand erreicht. Von hier führt die Piste bis zur Sturmvogelbucht mit den verwitterten Resten einer norwegischen Walfangstation von 1914.

Lüderitz- Bucht Orientierung

★ Diaz Point

Nächstes Ziel ist der Felsvorsprung, an dem Bartholomeu Diaz 1488 ein Steinkreuz errichtete. Nicht weit entfernt liegt ein Felsen im Meer, auf dem sich Pinguine und Seelöwen aufhalten. Der nahe Leuchtturm weist seit 1910 Seefahrern den Weg.

Halifax Island

Die Halifax-Insel zwischen Guano Bay und Knochenbucht darf nicht betreten werden. Mit dem Fernglas lassen sich die hier lebenden **Pinguine** jedoch gut beobachten. Die Insel ist nur eine der zwölf sog. Pinguin-Inseln, die dem Küstenstreifen nördlich und südlich von Lüderitz vorgelagert sind. Sie bieten vielen Tausenden von Seevögeln Lebensraum. Um 1840 wurde der **Guano-Dünger** tonnenweise von den Eilanden abtransportiert. Allein vor dem winzigen **Ichaboe Island** 50 km nördlich der Lüderitz-Bucht sollen 1845 nicht weniger als 450 Schiffe gelegen haben, um den Vogelmist abzutransportieren. In größeren Zeitabständen sind auch heute noch Guano-Einsammlungen möglich, allerdings dauert es 35 Jahre, bis die Inseln von einer 1 m dicken Guano-Schicht bedeckt sind.

◄ Segeltörn auf der Sedina

Mit dem **Gaffelschoner »Sedina«** geht es zum Diaz Point und bei passendem Wetter weiter zur Insel Halifax, wo man recht nahe an die Pinguine herankommt. Die Tour dauert knapp drei Stunden. Abfahrt ist im Haupthafen an der Beton-Jetty (Info: Tel. 0 63 / 20 40 30).

Eberlanzhöhle, Fjord, Große Bucht

Zwischen Essy Bay und dem so genannten Fjord führt ein markierter Fußweg (ca. 10 Min.) zur Eberlanzhöhle direkt am Meer. Über die nächste Abzweigung erreicht man den Fjord, von dessen Klippen sich ein prachtvoller Blick bietet. In der Großen Bucht mit ihren Felsklippen an der Nordseite halten sich gerne Flamingos auf.

✶ Kolmanskuppe

Die ehemalige Diamantenstadt Kolmanskuppe (Kolmanskop) liegt an der B 4 im Diamantensperrgebiet, 15 km östlich von Lüderitz. Für den Besuch benötigt man ein Ticket (► S. 199; geführte Touren Mo. – Sa. 9.30, 10.45, So. 10.45 Uhr). 1908 fand ein schwarzer Bahnarbeiter einen Diamanten im Sand (► Baedeker Special S. 206). Die Kunde von dem wertvollen Fund verbreitete sich schnell und lockte Glücksritter aus aller Welt an. Bald schufteten über 20 000 Menschen auf den Diamantenfeldern, und aus dem Nichts entstand eine Stadt. 1914 deckten die Felder über 20 % der Weltmarktproduktion ab. Das Diamantenfieber währte indes nur kurz. Nachdem Geologen am Oranjemund viel ergiebigere Diamantenfelder entdeckt hatten, wurde die Mine in Kolmanskuppe 1938 geschlossen. 1956 verließ der letzte Sicherheitsbeamte die Stadt, die seither von den Wanderdünen zurückerobert wird.

Zur Blütezeit lebten hier rund 300 Fachleute mit ihren Familien, die meisten stammten aus Deutschland. Ihnen wurde der Aufenthalt in der unwirtlichen Gegend so angenehm wie möglich gemacht. Obwohl der feine Wüstensand mittlerweile meterhoch in die Häuser eingedrungen ist, lässt sich der einstige Wohlstand auch heute noch erahnen. Von 1911 an ver-

Sanddünen wachsen in die Häuser.

1983 ließ man einige Gebäude des 1956 aufgegebenen Ortes restaurieren, besonders das Kasino, in dem einst berühmte Stars aus Europa glanzvolle Vorstellungen gaben.

DIAMANTENFIEBER IN SÜDWEST

Sanddünen haben die Wohnhäuser, Schuppen und Werkstatthallen erobert, sind durch die offenen Türen und zerbrochenen Fenster eingedrungen und quellen auf der anderen Seite wieder heraus. Der Sandberg wächst unaufhörlich, und es ist nur noch eine Frage der Zeit, wann Kolmanskuppe, die Diamantenmetropole von Deutsch-Südwest, für immer unter dem feinen Sand verschwindet.

Angefangen hatte 1908 alles per Zufall, als Oberbahnmeister **August Stauch** und seine Arbeiter wie gewöhnlich die neue Streckenlinie von Lüderitz nach Keetmanshoop vom allgegenwärtigen Treibsand freischaufelten. Der farbige Bahnarbeiter **Zacharias Lewala** präsentierte seinem Vorgesetzten einen unscheinbar aussehenden Stein, den er im Sand gefunden hatte. Lewala hatte in einer südafrikanischen Diamantenmine gearbeitet und vermutete, dass es sich um einen Diamanten handeln könnte. Stauch sicherte sich in aller Eile die Schürfrechte. Als er dann die Bestätigung erhielt, dass es sich bei dem Fund Lewalas tatsächlich um einen Diamanten handelte, hing er seinen Job an den Nagel, rüstete eine Expedition aus und begann eiligst mit der Diamantenschürfung im Wüstensand.

Die Nachricht von Diamantenfunden in Deutsch-Südwest verbreitete sich wie ein Lauffeuer. Das Diamantenfieber brach aus. Von überall strömten die Menschen herbei: Bauern verließen ihre Scholle, Matrosen setzten sich von ihren Schiffen ab, Händler gaben ihre Geschäfte auf, Männer ließen ihre Frauen sitzen. Es hieß, man müsse sich nur bücken, um die Diamanten an der Oberfläche des Sandbodens einzusammeln bzw. ein wenig schaufeln und sieben, um ihrer habhaft zu werden.

Wettrennen in der Wüste

Wie spätere geologische Untersuchungen ergaben, stammten die Edelsteine aus südafrikanischen Diamantvorkommen. In Flussläufen waren sie zur Atlantikküste transportiert und dabei so abgeschliffen worden, dass sie eine besonders hohe Reinheit erhielten. Im Wüstensand begann ein Wettrennen. Wie die Pilze schossen die Schürffelder aus dem Boden. Ein solcher Claim hatte das Einheitsmaß von 400 m x 200 m und musste deutlich sichtbar markiert werden.

Nicht nur Einzelpersonen erwarben diese Schürffelder von der Regierung gegen geringe Abgaben; es wurden immer mehr Gesellschaften gegründet, um die Diamantensuche ertragreicher betreiben zu können. Lüderitz fing an zu wachsen, mit den Schiffen trafen Menschen und Waren ein, Geld floss bald in Hülle und Fülle.

Staatssache

Die Suche nach den wertvollen Klunkern wurde zunehmend zur »Staatssache«. Die Regierung erklärte einen rund 100 km breiten Küstenstreifen zum Sperrgebiet, das nur noch von der eigens gegründeten **»Deutschen Diamanten-Gesellschaft«** (DDG) ausgebeutet werden durfte, und alle Diamanten mussten der staatlichen »Diamantenregie des südwestafrikanischen Schutzgebietes« zum Ankauf abgeliefert werden. Für die Beteiligten lohnte sich das Geschäft mit den Glitzersteinchen, vor allem für die Regierung, denn Berlin konnte die Kosten für die Erschließung und Verwaltung der südafrikanischen Kolonie sparen – Südwest erhielt sich selbst. Nur die Deutsche Schutztruppe wurde weiterhin vom Heimatland aus gesponsert. Bis zum Ausbruch des Ersten Weltkrieges holte man Diamanten im Gegenwert von insgesamt 165 Millionen Mark aus dem Wüstenboden.

Die deutsche »Diamanten-Story« nahm nach dem Ersten Weltkrieg ein etwas kurioses Ende. Nachdem die Südafrikaner die Verwaltung über Deutsch-Südwest übernommen hatten, begann man, über die Ablöse oder Enteignungen der Diamantenfelder zu verhandeln. Dabei gelang es dem Diamantenkonzern Oppenheimer, sich durch einen Taschenspielertrick die südwestafrikanischen Diamantenfelder für ein »Butterbrot« anzueignen. Lange kontrollierte der südafrikanische Diamantenkonzern De Beers mit der **»Consolidated Diamond Mines of South West Africa«** (CDM) das Diamantensperrgebiet. 1994 wurde die CDM in »Nambdeb Diamond Corporation« umbenannt und der namibische Staat mit 50 % an dieser Gesellschaft beteiligt.

Heute ist der Wüstenboden längst leer geräumt, man fördert die funkelnden Steinchen mit modernsten Geräten aus dem Meeresgrund vor der Küste. Aus August Stauch, dem ersten Diamantenschürfer, war ein vielfacher Millionär geworden. Auch Zacharias Lewala hatte es zu ein wenig Wohlstand gebracht: Immerhin konnte er sich, wie Fotos belegen, ein Pferd anschaffen. Doch die Weltwirtschaftskrise und zwei Weltkriege machten aus dem reichen August Stauch einen »armen Schlucker«. Als er 1947 starb, besaß er gerade noch 2,50 Mark.

! Baedeker TIPP

Diamanten für Offroad-Fans

Man muss schon Erfahrung haben im Fahren eines Geländewagens, um ins alte Sperrgebiet zu gelangen, von Lüderitz aus 120 km in Richtung Norden. Unterkunft und Basis der dreitägigen Safari, die zur Spencer Bay, zu den Schiffswracks MS Otavi und Ancona weiterführt – alles offroad, ist das ehem. Diamantenlager Saddle Hill. Coastway Tours, Lüderitz, Tel. 0 63 / 20 23 62

sorgte eine Gasturbinen-Anlage in Lüderitz das Wüstenstädtchen mit Strom; monatlich brachte ein Schiff 1000 t Frischwasser aus Kapstadt. Später übernahmen Entsalzungsanlagen die Wasserversorgung. Eine Schule fehlte ebenso wenig wie ein Krankenhaus, in dem das erste Röntgengerät im südlichen Afrika stand, eine Stangeneis-Fabrik und eine Schlachterei. Gesellschaftlicher Mittelpunkt war das zweigeschossige Kasino. In der großen Mehrzweckhalle fanden Sportveranstaltungen statt; auf der Bühne traten Musik- und Theaterensembles auf, die eigens aus Deutschland eingeschifft wurden. Seit den 1980er-Jahren setzt sich die CDM für den Erhalt des ehemaligen Industriestädtchens ein.

Ausflug ins Diamantensperrgebiet

Eine interessante Tagestour führt an der Küste entlang etwa 90 km ins Diamantensperrgebiet. Dabei passiert man einige ehemalige Diamanten-Abbaustätten, u. a. Pomona, Märchental Valley und zuletzt Bogenfels Ghost Town. Diese Tour muss man mindestens sechs Tage im Voraus bei Lüderitz Safaris & Tours (► S. 199) oder Kolmanskop Tour Company buchen. 1986 wurde in **Elisabeth Bay** mit dem Diamantenabbau begonnen. Da die Diamantenfelder jedoch viel geringere Vorkommen aufwiesen, beschloss die CDM, hier keine Stadt wie Kolmanskuppe zu errichten, sondern die Arbeiter von Lüderitz aus zu versorgen. Weiter südlich an der Küste liegt der sog. Bogenfels, ein über 50 m hohes, von der Natur geschaffenes Felsentor.

✶ Bogenfels ►

Oranjemund

Die ab 1927 entstandene Retortenstadt ist das Zentrum der namibischen Diamantenindustrie und die größte Tagebaumine der Welt. Besucher sind nicht erlaubt, es heißt sogar, dass aus Sicherheitsgründen seit 70 Jahren kein Fahrzeug und keine Maschine das Gelände verlassen durfte. Hier, wo der Grenzfluss Oranje in den Atlantik mündet, förderte die CDM zu Beginn der 1990er-Jahre jährlich noch über eine Million Karat, davon viele Steine, die wegen ihrer Reinheit und Größe als Schmuckdiamanten Verwendung fanden. Um an die Preziosen zu gelangen, tragen Schaufelbagger bis zu 30 Mio. t Sand und Gestein ab. Aber auch die Tage von Oranjemund sind gezählt: Irgendwann im 21. Jh. wird hier die nächste Geisterstadt Namibias sein. Schon jetzt konzentriert sich die CDM bzw. NAMDEB, wie die Gesellschaft seit 1994 heißt, zunehmend auf den hoch technisierten Abbau unter dem Ozean: Im Laufe der Jahrmillionen hat der Oranje nämlich unzählige Diamanten in den Atlantik gespült.

Bogenfels an der Küste südlich von Lüderitz →

Maltahöhe

D5

Region: Hardap **Höhe:** 1330 m ü. d. M.
Einwohnerzahl: 2100

Der kleine, um die Wende vom 19. zum 20. Jahrhundert gegründete Ort eignet sich als Ausgangspunkt für Ausflüge in den Namib Naukluft Park, ins Sossusvlei sowie zum Schloss Duwisib.

Versorgungsort Maltahöhe liegt am Rande der 1400 m hohen Schwarzrandebene, in einer Region mit vielen verstreut liegenden Farmen. Im Ort gibt es das gleichnamige Hotel, dessen Bar ein beliebter Treffpunkt ist, sowie mehrere Gästefarmen in der näheren Umgebung.

Friedhöfe An die Kolonialgeschichte erinnern gleich zwei Friedhöfe: Östlich von Maltahöhe liegen auf einem Friedhof 40 deutsche Soldaten begraben, die im Kampf gegen den Nama-Häuptling Hendrik Witbooi 1894 und während des Nama-Aufstandes von 1904 bis 1907 gefallen waren. 55 km nördlich von Maltahöhe befindet sich an der C 14 der denkmalgeschützte Ernst-Hermann-Friedhof. Hermann war der erste Schafzüchter und größte Wolle-Verarbeiter Namibias; er kam 1904 während des Nama-Aufstandes ums Leben.

✶ Schloss Duwisib

Burg in der Wüste Beim ersten Anblick des aus lokalem roten Sandstein erbauten Schlosses traut man seinen Augen kaum, so unwirklich ist das Vorhandensein eines solchen Baus in der afrikanischen Landschaft. Erbaut wurde das Schloss von **Hansheinrich von Wolf**, dem Spross einer sächsischen Adelsfamilie, der 1904 als Mitglied der Schutztruppe erstmals nach Südwestafrika kam und bereits vier Jahre später acht Farmen und 1400 km² Land besaß – finanziert mit dem Vermögen seiner amerikanischen Gattin.

MALTAHÖHE ERLEBEN

ÜBERNACHTEN

► Komfortabel

Gästefarm Daweb
Tel. 0 63 / 29 35 08
Nur 2 km südlich der Stadt gelegen ist Daweb eine der ältesten Farmen Namibias. Hier kann man noch echtes Farmleben genießen.

► Günstig

Duwisib Castle Campsite
Buchungen beim Wildlife Resort in Windhoek, www.nwr.com.na, ►Praktische Informationen, Auskunft
Der Campingplatz ohne Elekrizitätsversorgung ist direkt auf dem Gelände des Duwisib-Schlosses gelegen.

Ritterromantik in Namibia: Schloss Duwisib

1808 beauftragte von Wolf den aus Berlin stammenden Architekten **Wilhelm Sander** mit dem Bau von Schloss Duwisib als »Farmhaus«. Als Vorbilder dienten ihm die Forts der Schutztruppen in Namutoni, Gibeon und Windhoek. Sanders Plan liegt ein geschlossenes Viereck zugrunde, um einen schönen Innenhof gruppieren sich insgesamt 22 Zimmer. Bis auf die Steine stammen Material und Mobiliar aus Deutschland – mit dem Schiff herantransportiert und auf 20 Ochsenkarren über 600 km durch die namibische Wüste gezogen. Steinmetze wurden aus Italien, Zimmerleute aus Skandinavien und Bauarbeiter aus Irland verpflichtet.

Besichtigung

Durch eine Vorhalle gelangt man in den Rittersaal. Eine schmale Treppe führt zur auf romanischen Bögen und Säulen ruhenden Galerie. Links vom Rittersaal befinden sich Biedermeier- und Esszimmer, rechter Hand die einstigen Privaträume der Besitzer. Das Schloss ist mit alten Möbeln, Bildern, Kupferstichen, Fotos sowie Waffen (vor allem aus der zweiten Hälfte des 18. und ersten Hälfte des 19. Jh.s) ausgestattet.

Öffnungszeiten:
tgl. 8.00 – 17.00

★ Namib Naukluft Park

C/D 4 – 6

Region: Karas, Hardap, Erongo **Größe:** 49 768 km²

Endlos erscheinende Karstflächen, die welthöchsten Dünen, die zerklüfteten Naukluft-Berge und die lebensfeindliche Westküste: Das sind die eindrucksvollen Großlandschaften im Namib Naukluft Park. Der Nationalpark im Westen Namibias gehört mit einer Fläche deutlich größer als die Schweiz zu den größten Naturschutzgebieten weltweit.

Vier Landschaften

Die riesige Fläche gliedert sich in unterschiedliche Gebiete: den **Namib-Teil** im Norden zwischen Swakop- und Kuiseb-Fluss mit seinen ausgedehnten grau-schwarzen Schotterebenen und einzelnen Inselbergen, den Küstenabschnitt **Sandwich Harbour**, die **Naukluft-Berge** mit ihren tiefen Schluchten und bis zu 2000 m hohen Gipfeln im Osten sowie das als **Zentral- oder Dünennamib** bezeichnete Gebiet, das das gesamte Areal südlich des Kuiseb umfasst und zu dem auch die grandiose Dünenlandschaft des Sossusvlei gehört. Besucher haben nur zu einem kleinen Teil des Naturschutzparks Zugang, das gesamte Gebiet südlich des Kuiseb (mit Ausnahme von Sossusvlei und Naukluft) ist für die Öffentlichkeit gesperrt. Da die Anfahrt nach Sandwich Harbour von Walvis Bay aus erfolgt, ist dieser Teil des Namib Naukluft Park unter dem Stichwort ►Walvis Bay beschrieben.

Geschichte

Das zentrale Gebiet der Namib-Wüste wurde bereits 1907 zum »Naturschutzgebiet Nr. 3« erklärt. Im Jahre 1941 wurden dann Sandwich Harbour und Umgebung, 1956 der Kuiseb-Canyon, das Swakop-Flusstal und schließlich die Welwitschia-Ebene angefügt. Damals erhielt das Gebiet den Namen Namib Desert Park. Nach dem Kauf der Naukluft-Farm im Jahr 1966 wurde der Naukluft Mountain Zebra Park gegründet, ein Schutzraum für die Hartmann-Bergzebras. In den folgenden Jahren wurde der Park durch den Erwerb umliegender Farmen erweitert. Nachdem die Consolidated Diamond Mines das Diamantensperrgebiet freigab, konnten der Namib-Wüstenpark, die Naukluft-Berge und Teile des einstigen Sperrgebiets miteinander verbunden werden. Seit 1979 spricht man vom Namib Naukluft Park, der damals eine Größe von ca. 23 000 km² hatte. 1986 wurde der Rest des Diamantensperrgebietes Nr. 2 angefügt (bis auf einen kleinen Teil in der Nähe von Lüderitz). In diesem riesigen Areal können die Tiere frei je nach Vegetationsstand herumziehen.

Fauna und Flora

Elefanten und Nashörner sind seit mindestens über 100 Jahren in dieser Region ausgestorben. Mit etwas Glück trifft man in den bergigen Gegenden jedoch auf Zebras, Klippspringer und Paviane. Springböcke halten sich gerne in der Nähe der Wasserstellen auf; Spießböcke ziehen zwar Ebenen vor, aber Durst zieht sie auch in Felsschluchten, wo sie bis zu 1 m tiefe Löcher graben, um an Wasser zu kommen. Leoparden und Hyänen sind die einzigen größeren Raubtiere; zu den kleineren Vertretern gehören Schabrackenschakale, Kapfüchse, Löffelhunde und Erdwölfe.

Die Naukluft-Berge sind für ihren Vogelreichtum bekannt. Gute Gelegenheit zur Vogelbeobachtung bieten darüber hinaus die Uferböschung des Kuiseb- und des Swakop-Flusses. Während der Brutzeit (von Mai bis September) sieht man hier mit etwas Glück Ohrengeier. Zu den nur in der Namib anzutreffenden Vogelarten gehören die Dünen- und die Namiblerche, die auf den Schotterebenen vorkommt. Recht zahlreich sind die von weitem als schwarze Punkte erkennbaren Strauße.

i Verhalten im Nationalpark

- Bei Fahrten in die Namib (abseits der Hauptstraßen) sollte man zur eigenen Sicherheit unbedingt ein zweites Reserverad, ausreichend Trinkwasser sowie Proviant mitnehmen.
- Alle Pflanzen und Tiere in der Namib stehen unter Naturschutz. Um das sehr empfindliche Gleichgewicht der Wüste nicht über Gebühr zu strapazieren, nur auf den ausgewiesenen Pisten fahren; durch Autofahrten querfeldein werden Pflanzen und Kleintiere zerstört, zudem bleiben Fuß- und vor allem Fahrspuren monate- bzw. jahrelang sichtbar.

In der unwirtlichen Gegend können nur wenige Pflanzenarten überleben. Dazu zählen Kameldornbäume, die häufig entlang eines Trockentals und am Sossusvlei stehen, Dünengras, das mit seinem weit verzweigten flachen Wurzelwerk versickertes Nebel-Wasser sehr gut aufnehmen kann, einige Blattsukkulenten, u.a. Welwitschia und Köcherbaum, Akazien und Balsambäume sowie das Kürbisgewächs Nara.

★ Fahrt durch die Namib-Region des Parks

Im Folgenden wird eine Fahrt von Solitaire durch den Namib Naukluft Park bis nach Swakopmund beschrieben (ca. 320 km), für die man, solange man auf der amtlichen Hauptstraße bleibt, keine extra Genehmigung benötigt. Abstecher, z.B. zur Blutkuppe oder zur Welwitschia-Ebene, sind jedoch nur mit Permit gestattet (► Praktisch-Kasten, S. 218).

Namib Naukluft Park Orientierung

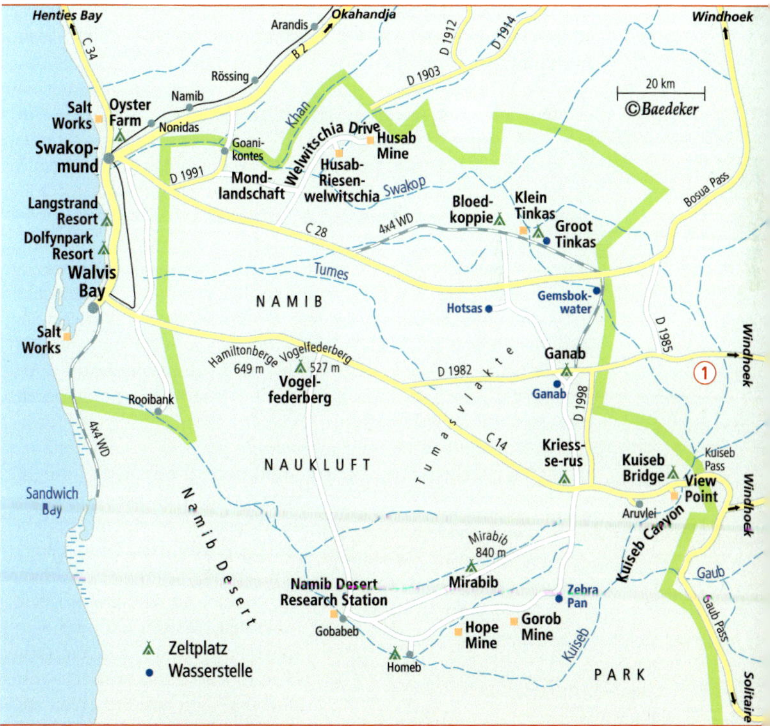

Übernachten und Essen
① Gästefarm Niedersachsen

Der Gaub-Pass führt vom Hochland hinunter in die Namib.

Solitaire Ausgangspunkt ist Solitaire, eine kleine Farmsiedlung. Auf der C 14 überquert man das trockene Tal des Gaub, eines Nebenflusses vom Kuiseb, wenig später (75 km nördlich von Solitaire) folgt die Einmündung der von Windhoek (198 km) über den 2334 m hohen Gamsberg-Pass kommenden C 26. Kurz darauf geht es über den Kuiseb-Pass hinunter in das gleichnamige Tal. 4 km nach dem Park-Grenzschild überquert man den Kuiseb auf einer Brücke, unterhalb derer sich ein Rastplatz unter Schatten spendenden Anabäumen befindet. 9 km hinter der Brücke führt eine Piste in Richtung Süden zum Kuiseb-Canyon (6 km).

✶ Kuiseb Canyon Von dem Aussichtspunkt Carp Cliff kann man in den Kuiseb-Canyon hinabschauen. Das hier (früher reichlich) vorhandene Wasser ermöglichte eine dichte Vegetation, die wiederum das Vorwärtswandern der südlich anschließenden Sanddünen aufhielt. Auch wenn der Kuiseb heute nur selten Wasser führt, so ist der Grundwasserspiegel im Flusstal jedoch hoch. Es gibt etliche Wasserlöcher, an denen man mit etwas Glück Wild antreffen kann. Bei Carp Cliff versteckten sich die beiden deutschstämmigen Geologen Henno Martin und Hermann Korn während des Zweiten Weltkrieges für mehr als zwei Jahre versteckten, um der Internierung zu entgehen? In ihrem lesenswerten Buch »Wenn es Krieg gibt, gehen wir in die Wüste« haben sie die Namib auf spannende Art beschrieben. Wieder auf der C 14, führt nach etwa 5 km ein Abstecher (2 km) zum Aruvlei, wo sich nochmals ein schöner Blick über den Kuiseb-Canyon bietet.

? WUSSTEN SIE SCHON ...?

- ... dass der Kuiseb in der Landesmitte entspringt, dann am Dünengürtel der Namib entlangführt und auf seinem Weg an die Küste versandet, wo er schließlich südlich von Walvis Bay unbemerkt und unterirdisch in den Atlantik mündet?

Nach weiteren 8 km erreicht man eine Kreuzung. Hier zweigt eine 140 km lange Strecke in Richtung Süden zu den Wasserstellen Zebra Pan, Homeb und Gobabeb ab. In Homeb kann man in einem Camp am Kuiseb unter Kameldorn- und Ebenholzbäumen übernachten. Manchmal trifft man in dieser Gegend auf Rinder- und Ziegenherden, die den in der Nähe lebenden Topnaar-Nama gehören. In Gobabeb befindet sich eine Wüstenforschungsstation; Besucher sind nicht zugelassen. Von hier führt die Piste weiter nach Nordwesten. Kurz bevor sie wieder auf die C 14 stößt, passiert sie den Vogelfederberg, eine durch Wind und Wetter abgerundete Granitkuppe.

Zebra Pan, Gobabeb

Wer nicht viel Zeit zur Verfügung hat, biegt an der zuvor erwähnten Kreuzung von der C 14 jedoch besser in nördlicher Richtung ab. Man passiert das Kriess-se-Rus-Camp und bei der Wasserstelle Ganab ein weiteres Camp. Nun kreuzt man die D 1982 und fährt weiter in Richtung Norden. Nach etwa 12 km befindet sich westlich der Piste Hotsas, eine Wasserstelle mit einer Schutzhütte zur Wildbeobachtung. 6 km nördlich stößt man auf die C 28, die Hauptverbindungsstraße Swakopmund – Windhoek.

Ganab, Hotsas

Von hier lohnt der 12 km lange Abstecher zur Blutkuppe (Bloedkoppie), einem schon von weitem sichtbaren Granitberg, der seinen Namen dem rötlich schimmernden Gestein verdankt. Wegen der großen Temperaturunterschiede platzen Teile der Felsoberfläche ab – also Vorsicht beim Besteigen, der Untergrund ist nicht sehr stabil. Von oben genießt man einen phantastischen Rundblick.
Klein-Tinkas mit der Ruine eines deutschen Polizeipostens und zwei Gräbern aus der Kolonialzeit ist nur mit einem Allradfahrzeug zu erreichen.

Bloedkoppie

Zurück zur C 28, Richtung Swakopmund: Nach etwa 56 km biegt man nach rechts ab und folgt den Schildern »Welwitschia Drive« (wenn man stattdessen noch etwas geradeaus fährt, passiert man die linker Hand gelegene, stillgelegte Van Stryk Mine, in der noch bis in die 1950er-Jahre Eisenerz gewonnen wurde). Auf der nun folgenden Strecke weisen von der Nationalparkverwaltung aufgestellte Steintafeln auf botanisch, geologisch und geschichtlich interessante Stellen hin. Hinweisschild Nr. 11 (knapp 6 km hinter dem Fluss) macht auf zwei besonders schöne Exemplare der Welwitschia-Pflanze aufmerksam, eine männliche und eine weibliche. In ihrer Umgebung wachsen andere Wüstenpflanzen wie Buschmannkerze, Balsambaum und Talerbusch.

★ Welwitschia Drive

Botanisch gesehen ist die Welwitschia eine entfernte Verwandte der Kiefer.

✶ Mondlandschaft

Auf derselben Strecke zurück fährt man bis rechts die Pad 1991 abzweigt. Bei dem Hinweis Nr. 7 findet man die Überreste eines von südafrikanischen Truppen während des Ersten Weltkriegs errichteten Lagers. Knapp 10 km weiter erreicht man einen von mehreren Aussichtspunkten auf die so genannte Mondlandschaft. Das gesamte Gebiet ist nahezu vegetationslos und erscheint mit den schlackenartig wirkenden Gesteinsmassen, den zerklüfteten Erhebungen und den tiefen Schluchten tatsächlich wie eine Mondlandschaft.

Kurz hinter dem Hinweis Nr. 6 zweigt die 5 km lange Zufahrt zur **Farm Goanikontes** ab, die bereits 1848 am Swakop-Fluss gegründet wurde. Üppiges Grün inmitten der Wüste: Hier wachsen Palmen und hohe Eukalyptusbäume.

Tafel Nr. 5 macht auf **Flechtenfelder** aufmerksam. Manchmal haben sie fast die Farbe des Bodens und sind kaum zu erkennen. Folgt man dem Hinweis Nr. 4, gelangt man nochmals zu einem Aussichtspunkt über die spektakuläre Mondlandschaft. Tafel Nr. 3 verweist auf die immer noch nicht verwitterten Spuren der alten Ochsenwagenroute. Der Baaiweg (Buchtweg) verband die Küste mit dem Inland. Die letzten beiden Tafeln beziehen sich auf die so genannten Taler- und Bleistiftpflanzen bzw. auf die »windverwehten Flechten«, die dank der Nebel-Feuchtigkeit überleben können. Wenn man über die scheinbar toten Pflanzen ein wenig Wasser spritzt, entfalten sie sich innerhalb von kurzer Zeit. Nun stößt man alsbald wieder auf die C 28, und nach ca. 17 km wird man linker Hand von der Martin-Luther-Lok begrüßt, einem der Wahrzeichen von ►Swakopmund.

? WUSSTEN SIE SCHON ...?

- Die Sukkulente Welwitschia (Welwitschia mirabilis) gilt als botanische Kuriosität. Ursprünglich kam sie nur innerhalb eines 40 – 100 km breiten Küstenstreifens vom Kuiseb-Fluss bis nach Südangola vor. Ihre Wurzeln können mit vielen Verzweigungen bis zu 3 m tief in die Erde reichen. Die vermeintlich vielen Blätter der Pflanze sind in Wirklichkeit nur zwei bis zu 8 m lange, olivgrüne, lederartige Blätter mit vom Wind zerfransten Enden, die auf dem Boden liegen und die Feuchtigkeit des Meeresnebels aufnehmen können. Die Befruchtung erfolgt wahrscheinlich durch Insekten. Die gelbgrüne weibliche Blüte sieht Kiefernzapfen ähnlich und ist größer als die lachsfarbene männliche. Durchschnittlich große Welwitschias sind um die 500 Jahre alt; die Husab-Riesenwelwitschia am Ende des Welwitschia Drive wird auf 2000 Jahre geschätzt.

✶ Naukluft-Berge

Schroffer Gebirgsstock

Die Naukluft ist ein mächtiger, bis zu 2000 m aufragender Gebirgsstock am Ostrand der Namib-Wüste, südlich von Solitaire. Schroffe Felsen und tief eingeschnittene, teilweise dicht bewachsene, in der Regel ausgetrocknete Flusstäler bestimmen das Landschaftsbild.
Zu Beginn der deutschen Kolonialzeit lag hier ein wichtiges Rückzugsgebiet der Nama unter ihrem Häuptling **Hendrik Witbooi**. Noch

Fahrt durch die endlose Weite

heute erinnern einige Gräber an die Opfer der Aufstände, die 1894 mit einem Friedensvertrag beendet wurden.
Von der C 14, die Maltahöhe und Solitaire miteinander verbindet, zweigt bei Büllsport die D 854 ab; auf ihr erreicht man nach 11 km den Parkeingang. Das Büro liegt ca. 12 km weiter und ist täglich von Sonnenaufgang bis Sonnenuntergang geöffnet.

Wanderungen

Fahrzeuge sind – bis auf einer erst vor kurzer Zeit angelegten 4 x 4 km-Rundtour – nur auf der Anfahrtsstrecke zum Campingplatz erlaubt. Von hier aus lernt man den Park zu Fuß kennen. Wegen der hohen Temperaturen dürfen Wanderungen nur zwischen dem 1. März und dem 31. Oktober unternommen werden.
Zwei Eintageswanderungen stehen zur Auswahl. Der 17 km lange **Waterkloof-Rundwanderweg** ist recht anstrengend. Er beginnt gegen den Uhrzeigersinn am Koedoesrus-Campingplatz; Höhepunkte dieser rund 7-stündigen Tour sind die Kalktuff-Formationen und kristallklaren Wasserbecken stromaufwärts vom Campingplatz; auf hal-

! *Baedeker* TIPP

Naukluft Trail

Er gehört zu den fünf anspruchsvollsten Hiking Trails des südlichen Afrika. Es gibt eine achttägige und eine viertägige Route (120 km und 58 km); übernachtet wird in alten Farmhäusern und einfachen Steinhütten; Schlafsack und Proviant müssen mitgebracht werden. Für diese Tour benötigt man ein ärztliches Tauglichkeitsattest. Buchung: Wildlife Resort in Windhoek (www.nwr.com.na, ►Praktische Informationen, Auskunft)

NAMIB NAUKLUFT PARK ERLEBEN

STRASSEN & PERMITS

Die durch das Naturschutzgebiet verlaufenden amtlichen Hauptstraßen sind ohne spezielle Genehmigung zu befahren (C 14: Kuiseb Canyon – Walvis Bay, C 28: Khomas-Hochland – Swakopmund, D 1982 und 1998). Will man von diesen Hauptrouten jedoch auf ausgeschilderte Pisten zu verschiedenen Sehenswürdigkeiten (z. B. zur Welwitschia-Ebene oder zur Blutkuppe) abzweigen, braucht man eine Genehmigung (Permit). Im Naukluft-Gebirge sind die Besucherzahlen beschränkt, die dafür notwendige Genehmigung muss in der Regel schon lange im Voraus beantragt werden. Man erhält sie beim Wildlife Resort in Windhoek (www.nwr.com.na ►Praktische Informationen, Auskunft) sowie in den Büros der Naturschutzbehörde in Swakopmund (Tel. 0 64 / 40 48 27) und und am Eingang bei Sesriem. Für die Fahrt auf den Hauptstraßen reicht ein normaler Pkw; für viele Abstecher braucht man ein Allradfahrzeug. Diese Strecken sind auf der Karte gekennzeichnet, die zusammen mit dem Permit ausgehändigt wird. Benzin gibt es nur in Sesriem und Solitaire.

Wüstenstraße

ÜBERNACHTEN IM PARK

Es gibt mehrere einfache Rastplätze für Selbstversorger, u. a. an der Kuiseb-Brücke, bei Homeb, Ganab, Vogelfederberg, Kriess-se-Rus, Mirabib, Groot Tinkas, Blutkuppe sowie in der Nähe der Welwitschia-Ebene und in den Naukluft-Bergen. Beim Sossusvlei gibt es das Sossusvlei Camp. Eine Übernachtung muss meist lange im Voraus gebucht werden (►Buchung beim Wildlife Resort, s. o.). Ausrüstung, Verpflegung, Trinkwasser und Feuerholz müssen mitgebracht werden.

Naukluft-Camp

Das Camp verfügt nur über vier Stellplätze, Grillplätze, Trinkwasser und Sanitäranlagen. Verpflegung und Benzin müssen mitgebracht werden; Feuerholz und Holzkohle sind meistens im Büro erhältlich.

Sesriem Camp

Wenn man den besonders eindrucksvollen Sonnenaufgang am Sossusvlei erleben möchte, muss man im innerhalb des Namib Naukluft Park gelegenen Sesriem-Camp übernachten. Das Camp verfügt über eine beschränkte Zahl von Campingstellplätzen mit Waschgelegenheiten, Toiletten, eine Tankstelle und einen Laden.

ÜBERNACHTEN IN DER UMGEBUNG

► Namib-Region

① ***Gästefarm Niedersachsen***

Tel. 0 62 / 57 22 00, Fax 24 29 34
www.farm-niedersachsen.com

Die »Versteinerten Dünen« der Ur-Namib

Bekannt wurde die Karakul-Farm durch zwei deutsche Geologen, die sich hier im Zweiten Weltkrieg versteckten, um der Internierung zu entgehen. ►S. 214. Die gemütliche Farm befindet sich an der D 1982.

► Südlich von Solitaire

Gästefarm Ababis
P.O. Box 1004, Maltahöhe
Tel. 0 63 / 29 33 62
www.ababis-gaestefarm.de
Die sympathische Gästefarm mit historischem Farmhaus ist günstiger Ausgangsort für Tagesausflüge in den Namib Naukluft Park.

Wolwedans Dune Lodge & Tented Camp
Namib Rand Safaris
P.O. Box 5048, Windhoek
Tel. 0 61 / 23 06 16, Fax 22 01 02
www.wolwedans.com
Das Camp im großen privaten Namib Rand Nature Reserve südlich von Sossusvlei ist ein Erlebnis. Das stilvolle Abendessen könnte auch in einem eleganten Hotel serviert werden – wäre da nicht der gigantische Ausblick auf die Wüstenlandschaft. Die Luxus-Lodge auf einem Dünenkamm ist die noch luxuriösere Alternative ...

Namib Desert Lodge
Tel. 0 61 / 23 00 66, Fax 25 18 63
www.gondwana-desert-collection.com
Die Lodge liegt im privaten Naturschutzgebiet Gondwana Namib Park am Fuß der Versteinerten Dünen.

Kulala Desert Lodge
Tel. 0 63 / 29 32 34
www.wilderness-safaris.com
Top-Ende der Komfort- und Preisskala. Dafür eine Kombination von Natur mit Luxus, Wellness und Geschmack, die man kaum vergessen wird.

Räuberische Paviane

- Frech, gerissen und hemmungslos neugierig sind die Paviane, die gerne zu den Campingplätzen im Park kommen. Sie schrecken auf der Suche nach Essbarem auch nicht vor der Durchsuchung von Gepäck zurück – also gut aufräumen und alles im Auto wegsperren!

ber Strecke erreicht man den höchsten Punkt der Tour (1910 m ü. d. M.). Ein kurzes Wegstück verläuft auf der alten deutschen Kanonenstraße, die während der Kämpfe gegen Hendrik Witbooi 1894 angelegt wurde.
Der 10 km lange **Olive Trail** hat seinen Namen von den vielen wilden Olivenbäumen am Wegrand. Man sollte mit mindestens vier Stunden Laufzeit rechnen. Gleich nach Beginn führt ein ziemlich steiler Weg bis zur Hochebene hinauf; weiter geht es über relativ ebenes Gelände, bevor der Abstieg hinunter in ein Flusstal beginnt; hier muss ein Wasserfall überquert werden (mit Hilfe von Ketten an den Seiten des Canyons). Nach dem Überqueren zweier Fahrspuren (die erste führt nach oben, zum Plateau hinauf, die zweite zum Parkplatz zurück) ist man wieder am Ausgangspunkt.
Wer sich keine Tageswanderung zutraut, kann das Gelände auf gemütlichen Spaziergängen erkunden. Nicht versäumen sollte man die klaren Wasserbecken flussaufwärts (ca. 20 Min.).

Rundfahrt

Neuerdings besteht die Möglichkeit zu einer zweitägigen 4 x 4-Rundtour. Der ausgewiesene Weg folgt streckenweise einer Piste, die zum Transport von Arbeitsgerät angelegt wurde, und führt auf ein Plateau mit einem einfachen Rastlager. Buchung Wildlife Resort in Windhoek (www.nwr.com.na, ►Praktische Informationen, Auskunft).

✶✶ Sossusvlei · Sesriem Canyon (Zentralnamib)

Dünenlandschaft

Das Gebiet des Namib Naukluft Park südlich des Kuiseb (mit Ausnahme der Naukluft-Berge) wird als **Dünen- oder Zentralnamib** bezeichnet. Über eine Länge von mehr als 300 km und eine Breite von etwa 140 km erstreckt sich hier eine endlos erscheinende Dünenlandschaft. Man vermutet, dass der Sand vor etwa 5 Mio. Jahren vom Oranje aus der Kalahari ins Meer geschwemmt und von dort mit dem Benguela-Strom nordwärts bis auf die Höhe von Lüderitz getragen wurde. Von hier wehten die Winde ihn dann landeinwärts. Für Besucher sind nur die beiden bedeutendsten Natursehenswürdigkeiten dieses riesigen Gebietes zugänglich: der **Sesriem-Canyon** und das von gewaltigen Dünen eingerahmte **Sossusvlei**. Beide erreicht man auf der C 36 entweder von Maltahöhe aus (125 km) oder von Solitaire (80 km). Das Einfahrtstor zum Park passiert man bei Sesriem am Ostrand des Naturschutzgebietes. Hier muss man eine Gebühr bezahlen. Die Einfahrt ist erst nach Sonnenaufgang möglich; bis Sonnenuntergang müssen alle Besucher (mit Ausnahme der Übernachtungsgäste des Sesriem-Camp) das Gelände wieder verlassen haben.

✶ Sesriem Canyon

Hält man sich nach dem Einfahrtstor in diesen Teil des Namib Naukluft Park gleich links, gelangt man nach etwa 4 km zum Sesriem-Canyon. Der Fluss Tsauchab hat hier vor rund 2 Mio. Jahren eine 1 km lange, bis zu 30 m tiefe Schlucht in das Gestein gegraben. Von einem Parkplatz oberhalb des Canyons führt ein Pfad hinab zum Grund der heute meist trockenen Schlucht. Nur in Jahren mit ergiebigen Niederschlägen sammelt sich Wasser in einigen Tümpeln, in denen man dann sogar schwimmen kann. Das Grundwasser reicht jedoch auch in langen Trockenzeiten, um einige Pflanzen überleben zu lassen, vereinzelte Wasserlöcher ziehen Wild und Vögel an. Am oberen Ende der Schlucht rücken die Felswände immer näher zusammen, stellenweise ist der Canyon nur noch 2 m breit; flussabwärts verliert die Schlucht an Tiefe; schließlich weitet sie sich zu einem breiten Tal, das ins Sandmeer hineinführt und nach etwa 60 km am Sossusvlei endet.

Fahrt ins Sossusvlei

Eine auch mit dem normalen Pkw gut befahrbare Piste verläuft von Sesriem 60 km parallel zum fast immer trockenen Tal des Tsauchab. Sie endet an einem Parkplatz, wo die Fahrzeuge im Schatten hoher

Bis zu 300 m erheben sich die Dünen über dem Vlei, einer Senke, die sich alle paar Jahre mit Wasser füllt.

Kameldornbäume abgestellt werden. Die letzten 5 km bis zum Sossusvlei führen teilweise durch Tiefsand und sind nur mit einem Allradfahrzeug zu bewältigen. Bis zu den Dünen geht es nun entweder mit einem kostenpflichtigen Allrad-Shuttle (der ist allerdings nicht immer im Dienst), oder zu Fuß (Gehzeit mindestens eine Stunde). Es empfiehlt sich, möglichst früh loszugehen, da der Rückweg in der gleißenden Sonne eine Strapaze ist; unbedingt ausreichend Trinkwasser mitnehmen!

Elim-Düne Ein kurzer Abstecher führt von der Hauptpiste nach Norden zur viel fotografierten Elim-Düne. Sie liegt auf dem Gelände der ehemaligen, später in das Naturschutzgebiet integrierten Elim-Farm.

Sossuspoort Auch ein Halt am Sossuspoort-Aussichtspunkt, 24 km vom Einfahrtstor entfernt, ist lohnend. Von hier hat man einen prachtvollen Ausblick über das Tsauchab-Tal, die Dünen- und Berglandschaft.

Düne 45 Nach weiteren 21 km liegt linker Hand die 170 m hohe Düne 45, benannt nach der Entfernung zum Sesriem-Camp.

✶✶ Sossusvlei Das Sossusvlei ist eine große, abflusslose Lehmbodensenke, die eingeschlossen wird von bis zu 300 m aufragenden Namib-Dünen. Sie steigen allerdings von den bereits ca. 100 m hohen Tsondab-Sandsteinformationen auf. Diese Urdünen waren vor 20 bis 40 Mio. Jahren aktiv, versteinerten während einer Feuchtperiode und wurden mit frischem Sand beweht.

Wellen im Sandmeer

Die Senke ist meistens vollkommen ausgetrocknet. Nur wenn der Tsauchab-Fluss, der aus den Naukluft-Bergen kommt, extrem viel Wasser führt, gelangt Wasser bis in die Senke und lässt für kurze Zeit einen See entstehen. Sehr schnell finden sich dann viele Tiere ein. Aber auch ausgetrocknet fungiert das Vlei als Lebensspender, so wachsen hier die genügsamen Kameldornbäume, die mit ihren langen Wurzeln das unter der trockenen Kruste gespeicherte Wasser erreichen können. Vereinzelt streifen Oryxantilopen, Springböcke und Strauße durch die Sandwüste.

Den beeindruckendsten Blick hat man zweifellos, wenn man auf den Kamm einer Düne hinaufklettert. Zwar wird der Aufstieg vom losen

Sand erschwert, aber von oben hat man eine unvergleichliche Aussicht auf das endlos erscheinende Dünenmeer. Man erkennt, dass die Dünen rund um das Sossusvlei zu Recht als **Sterndünen** bezeichnet werden. Von der Spitze aus verlaufen drei oder mehr Kämme in verschiedene Richtungen – ein Resultat der hier ständig aus unterschiedlichen Himmelsrichtungen wehenden Winde. Nach Westen hin schließen sich an die Sterndünen die so genannten **Längsdünen** an, die in Nord-Süd-Richtung verlaufen. Sie sind bis zu 50 km lang. Entlang der Küste liegt ein bis zu 20 km breiter Dünengürtel, der aus sichelförmigen, so genannten **Barchandünen** besteht. Diese verlaufen rechtwinklig zu den das ganze Jahr über aus südlicher Richtung wehenden Winden. Messungen haben ergeben, dass die Dünen in der Zentralnamib nach Norden wandern; Barchandünen legen bis zu 75 m im Jahr zurück, die durchschnittliche Verschiebung der Dünen in dieser Region beträgt jedoch nur 10 m pro Jahr.

Namib Rand Nature Reserve

Südlich des Sossusvlei liegt das mit 185 000 ha größte private Naturschutzgebiet im südlichen Afrika. Auf dem heutigen Schutzgebiet lagen bis in die 1980er-Jahre Farmen, deren Vieh der empfindlichen Vegetation durch Überweidung lange anhaltenden Schaden zufügte. Das dort lebende Wild wurde durch intensive Jagd fast ausgerottet. Ein Geschäftsmann aus Windhoek entschied sich, Land und Farmen zu erwerben, um ein Naturreservat zu schaffen, in dem sich Flora und Fauna erholen können. Finanziert wird diese Idee mit einer Art »sanftem Tourismus«, den exklusiven Wolwedans-Unterkünften (►Praktisch-Kasten).

! *Baedeker* TIPP

Tok Tokkie Trails

Auf der Farm »Die Duine« starten ein- bis viertägige Wüstenwanderungen durch das Namib Rand Reserve. Unter kundiger Führung von Marc und Elinor Dürr wandert man rund 10 km am Tag, unterwegs übernachtet man in Wüstencamps (Tok Tokkie Trails, 0 63 / 69 30 11, toktokki@iway.na).

★ Okahandja

D3

Region: Otjozondjupa **Höhe:** 1342 m ü. d. M.
Einwohnerzahl: 11 000

Die kleine Handelsstadt Okahandja liegt nördlich von Windhoek am Schnittpunkt zweier Hauptverkehrsstraßen. Durchreisenden bietet das Stammeszentrum der Herero vor allem zwei reichhaltige Kunsthandwerker-Märkte.

Schicksalsort der Herero

Für die Herero hat Okahandja eine große kulturelle und geschichtliche Bedeutung: Hier begann 1904 ihr Aufstand gegen die deutsche Kolonialmacht (► S. 50) und hier liegen ihre bedeutendsten Führer

! Baedeker TIPP

Herero-Umzüge

Alljährlich finden Mitte Juni und Ende August unter großer Beteiligung der Bevölkerung Gedenktage statt. Falls man sich zu dieser Zeit in Namibia aufhält, sollte man die farbenprächtigen Umzüge nicht versäumen. Über die genauen Daten informiert die Visitors Information, Tel. 0 62 / 50 10 51.

begraben. Mit einem festlichen Umzug Ende August ehren die Herero die drei Häuptlinge der Maharero-Dynastie; anlässlich des Mbanderu-Umzuges im Juni gedenken sie des 1896 hingerichteten Kahimemua Nguvauva. Besonders eindrucksvoll sind die Herero-Frauen in ihren traditionellen knöchellangen viktorianischen, leuchtend roten oder grünen Kleidern, sowie ihren unverwechselbaren Kopfbedeckungen. Die Herero-Männer tragen zur Demonstration ihres Kriegerstatus Uniformen mit Medaillen.

Geschichte

Um 1800 ließen sich aus dem Norden kommende Herero am Zusammenfluss des Okahandja und Okakango nieder und nannten das Gebiet »Okahandja«. Ursprünglich war es jedoch Nama-Land gewesen, und ab den 1840er-Jahren kam es immer wieder zu Zusammenstößen. Am 23. August 1850 überfielen die Nama Okahandja unter Führung von Jan Jonker Afrikaner und massakrierten am Moordkoppie 700 Herero. Dieser kleiner Hügel liegt etwas östlich der B 2, kurz vor der Abzweigung nach Groß Barmen.
Im Jahre 1872 erbaute die Rheinische Missionsgesellschaft hier eine erste Steinkirche. Die Deutschen errichteten 1894 ein Fort, Okahandja wurde ein militärischer Stützpunkt.

Sehenswertes in Okahandja

Kirche der Rheinischen Mission

Die 1872 erbaute Kirche der Rheinischen Mission steht am südlichen Ende der Kerk Street. Die Kirche wurde zum Nationaldenkmal erklärt; seit 1952 finden in dem Gebäude keine Gottesdienste mehr statt. Auf dem dazugehörigen kleinen Friedhof liegen Mitglieder der deutschen Schutztruppe, frühere Missionare und die Herero-Häuptlinge Trougoth und Willem Maharero begraben.

Friedenskirche

Gegenüber stehen die 1952 geweihte Friedenskirche und das neue Missionshaus, in dem der Missionar, Lehrer, Forscher und Schriftsteller **Dr. Heinrich Vedder** lebte. Ein paar Schritte weiter, ebenfalls an der Kerk Street, ruht der 1861 verstorbene Nama-Häuptling **Jan Jonker Afrikaner**. Daneben befinden sich die Gräber der Herero-Häuptlinge **Hosea Kutako** (1872 – 1970) und **Clemens Kapuuo** (1923 bis 1978). Kutako protestierte bereits 1946 bei den Vereinten Nationen gegen die südafrikanische Besetzung des Landes; sein Nachfolger Kapuuo war Präsident der Demokratischen Turnhallen-Allianz und fiel 1978 einem Attentat zum Opfer. Mit seinem Wunsch, neben Jonker Afrikaner, einem der ehemaligen Feinde seines Volkes, begraben zu werden, wollte Kutako ein Zeichen der Verbrüderung setzen.

! *Baedeker* TIPP

Deutsches Brot

In der deutschen Bäckerei Dekker bekommt man außer Kaffee, Schokoladenkuchen und Windbeuteln auch gutes Kartoffel-Sauerteig-Brot.

Etwas nördlich von hier erstreckt sich ein kleiner **Stadtpark**. Ein Weg führt an einem Tennisplatz vorbei und endet bei den Grabstätten der berühmtesten Herero-Führer der Maharero-Dynastie, Tjamuaha (1938 – 1989), Kamaherero (gest. 1890) und Samuel Maharero (1854 – 1923).

Fort In der Main Street steht das 1894 von den Deutschen errichtete Fort. Es dient heute als Polizeistation.

Bahnhof Etwas nordwestlich folgt der Bahnhof. Nachdem die Schmalspurbahn aus Swakopmund 1901 den Ort erreicht hatte, war er im folgenden Jahr im Kolonialstil erbaut worden.

✶ Kunsthandwerker-Markt Okahandja ist bekannt für seinen großen Kunsthandwerker-Markt. Am nördlichen und südlichen Ortsausgang bieten Holzschnitzer aus Okavango und den nördlichen Nachbarländern Namibias ihre Erzeugnisse an und man kann den Künstlern bei ihrer Arbeit zuschauen. Handeln gilt im Übrigen als Ehrensache!

Umgebung von Okahandja

Ombo-Straußen- und Krokodilfarm Ca. 3 km nördlich von Okahandja kann man auf der Ombo-Straußenfarm nicht nur Interessantes über Strauße, sondern auch über Krokodile erfahren. Zwei nachgebaute Herero-Hütten und ein Streichelzoo gehören zu dem Areal. Im dazugehörigen Restaurant werden Straußenfleisch und -rühreier serviert (Öffnungszeiten: 8.30 – 17.00 Uhr).

Von Bach Dam Wenige Kilometer südöstlich von Okahandja wird der Swakop zum Von Bach Dam aufgestaut, der Windhoek mit Frischwasser versorgt. Die Speicherkapazität des Stausees beläuft sich auf bis zu 54 Mio. m³. Der zwischen hohen Hügeln gelegene See, das **Von Bach Dam Recreation Resort** ist ein beliebtes Ausflugsziel. Hier werden Wassersportarten wie Angeln (Angelscheine am Eingang), Surfen, Motorbootfahren usw. angeboten. Es gibt auch einen Campingplatz.

OKAHANDJA ERLEBEN

ÜBERNACHTEN

Otjisazu-Gästefarm
P.O. Box 149, Okahandja
Tel. 0 62 / 50 12 59, Fax 50 13 23
Eine angenehm entspannte Atmosphäre herrscht auf der ehemaligen Missionsstation 28 km östlich von Okahandja. Ein besonderes Lob verdient die Küche: traditionelle afrikanische Speisen und leckere europäische Gerichte erfreuen Gaumen und Auge.

Gross Barmen

Die Heilkräfte der **heißen Quellen** von Gross Barmen sind über die Grenzen Namibias hinaus bekannt. Der Ort war 1884 als erste Missionsstation für die Herero Namibias gegründet worden. An diese Zeit erinnern nur noch unbedeutende Mauerreste neben einer einsamen Palme, westlich des kleinen Stausees. Sein breiter Schilfgürtel bietet Lebensraum für zahlreiche Vögel. Die Thermalanlagen gruppieren sich weitläufig um den Stausee. Der Besucher hat die Auswahl zwischen einem großen Hallenbad (41 °C), einem Freibad (29 °C) und sechs heißen Privatbädern. Abwechslung bieten Tennisplätze und ein Kinderspielplatz. Den Übernachtungsgästen stehen Bungalows verschiedener Kategorien, ein schöner Zeltplatz und ein Restaurant zur Verfügung (vor allem an den Wochenenden sollten die Unterkünfte reserviert werden, Buchungen: Wildlife Resort in Windhoek (www.nwr.com.na, ►Praktische Informationen, Auskunft).

Ondangwa

C1

Region: Oshana
Einwohnerzahl: 70 000
Höhe: 1097 m ü. d. M.

Ondangwa ist eines der Zentren im dicht besiedelten Norden Namibias, in der Region zwischen Etosha-Nationalpark und angolanischer Grenze. Bis zur Unabhängigkeit war dieses Gebiet Homeland für die Ovambo, die größte Bevölkerungsgruppe Namibias.

Umkämpftes Land

Fast die Hälfte der namibischen Bevölkerung lebt in der Region um Ondangwa im Norden des Landes – auf gut 6% der gesamten Staatsfläche. Die meisten versuchen durch den Anbau von Hirse und Ge-

Termitenbauten sind typisch für den Norden Namibias.

müse sowie durch Viehzucht genügend zum Leben zu erwirtschaften. Obwohl das einstige Ovamboland mit seinen vielen Flussläufen und der relativ üppigen Vegetation einen reizvollen Kontrast zum ansonsten fast ausschließlich trockenen Land bildet, ist es touristisch kaum erschlossen. Das liegt nicht zuletzt daran, dass die Region bis zur Unabhängigkeit Kriegsschauplatz war. Mehr als zwei Jahrzehnte kämpfte hier die Befreiungsbewegung SWAPO gegen das Apartheidsregime. Vielerorts sieht man noch heute die Folgen dieses Bürgerkriegs. Mit dem Abzug der Militärs verlor die Bevölkerung auch einen Großteil der Infrastruktur.

Sehenswürdigkeiten kann man weder in Ondangwa noch in den umliegenden Ortschaften besichtigen – aber man bekommt einen Einblick in das »andere«, das »schwarze« Namibia, abseits der gepflegten Lodges und Gästefarmen. Es ist ein lebhaftes Städtchen mit modernen Läden und Tankstellen, der Marktplatz hingegen ist typisch afrikanisch, ebenso wie die vielen Garküchen, die »Cuca Shops«, so benannt nach einer angolanischen Biermarke. Sie tragen oft einfallsreiche Namen wie »Cape to Cairo«, »Face to Face« oder »Funky Town«.

Umgebung von Ondangwa

Hinweise Für Fahrten in das Umland von Ondangwa benötigt man unbedingt ein Fahrzeug mit Vierradantrieb (es sei denn, man bleibt auf der geteerten B 1 bzw. C 46, die von Tsumeb nach Ruacana führt). Zahlreiche Wasserläufe durchziehen die lieblich anmutende, weitgehend ebene Landschaft. Während der Regenzeit treten Bäche und Flüsse häufig über die Ufer und machen ein Vorwärtskommen oftmals unmöglich. Abseits der Hauptstrecken kann man sich kaum orientieren: Die meisten Wege sind nicht beschildert, viele enden im Nichts. Bei Fahrten über Land passiert man zahlreiche so genannte Omaumbo, von hohen Zäunen umgebene Ovambo-Gehöfte. Dahinter verbergen sich mehrere Hütten einer Großfamilie. Früher wurden die Zäune lediglich aus Naturmaterialien errichtet, heute greift man immer häufiger auch auf Kunststoff, Blech oder anderes Material zurück. Die Ansiedlungen liegen als Schutz vor Überschwemmungen häufig leicht erhöht.

Olukondo

In Olukondo, 12 km südöstlich von Ondangwa, steht das älteste Gebäude der Region, das **Nakambale-Haus**. Es wurde Ende der siebziger Jahre des 19. Jh.s von **finnischen Missionaren** errichtet. Die 1889 erbaute Kirche wurde erst vor wenigen Jahren mit finnischer Unterstützung restauriert. 1995 entstand hier das Nakambale Museum (Tel. 0 65 / 24 02 41, Öffnungszeiten: Mo. – Fr. 8.00 – 13.00, 14.00 – 17.00, Sa./So. 12.00 – 17.00 Uhr) in dem Kultur, Traditionen und heutiger Lebensstil der Ovambo dargestellt sind. Zudem wird die Arbeitsweise der finnischen Mission geschildert, und wer sich für das Leben der Ovambofarmer interessiert, wird auf einer nahe gelegenen Farm darüber eindrucksvoll informiert. Das Nakambale-Projekt ist eine Initiative des community based tourism und garantiert somit, dass alle Einnahmen aus dem Tourismus direkt in die Hände der beteiligten einheimischen Bevölkerung gelangen. Besucher können im angegliederten Rastlager in Hütten oder auf dem Zeltplatz übernachten, man kann sich am Kochen beteiligen und typische Rezepte der Ovambo erlernen, sich mit Tanz und Musik unterhalten oder von einem kundigen Führer zum erlebenswerten Markt von Oshakati begleiten lassen. Eine solche Tour vermittelt einen intensiven Einblick in die alltäglichen Gepflogenheiten Schwarz-Namibias.

ONDANGWA

ÜBERNACHTEN

► Günstig

Nakambale Museum Rest Camp
Tel. 0 65 / 24 56 68
Buchungen über Nactoba
www.nactoba.com.na
Olukonda war eine ehemalige finnische Missionsstation. Neben dem sehenswerten Museum gibt es einfache Übernachtungsmöglichkeiten der Nactoba-Organisation des community based tourism, u. a. in drei traditionellen Ovambohütten. Mit den hilfsbereiten einheimischen Guides bekommt man eine hervorragende Innnenansicht der Region.

Oshakati

Das 35 km nordwestlich von Ondangwa gelegene Oshakati ist Sitz der Regionalverwaltung von Oshana. Im Ortszentrum stehen einige Steinbauten. Man findet hier Hotels, Banken, Läden, mehrere Krankenhäuser und vor allem einen riesigen Markt.
Über die auch weiterhin asphaltierte C 46 erreicht man nach gut 200 km (von Oshakati) den Ruacana-Wasserfall. Nur noch während bzw. nach der Regenzeit bietet er ein eindrucksvolles Bild. Auf einer Breite von etwa 700 m fällt der Kunene in eine 120 m tiefe Schlucht. Bei niedrigem Wasserstand werden die Fluten des Kunene komplett durch Turbinen geleitet. Sie gehören zu einem Wasserkraftwerk, das das halbe Land mit Strom versorgt.
Man erreicht die Region auch vom Nordtor des Etosha-Nationalparks, dem King Nehale Gate aus.

Kaokoveld

Von den Ruacana-Fällen kann man nach Opuwo und zu den malerischen Epupa-Fällen (►Kaokoveld) weiterfahren.

Otjiwarongo

D 3

Region: Otjozondjupa **Höhe:** 1460 m ü. d. M.
Einwohnerzahl: 10 000

Auf dem Weg von Windhoek nach Norden, zum eine Fahrstunde entfernten Etosha-Nationalpark, führen alle Wege durch diese Kleinstadt. Das Umland von Otjiwarongo ist äußerst fruchtbar – heute ist es allerdings größtenteils im Besitz von weißen Farmern.

Geschichte Nachdem mit dem Herero-Führer Kambazembi ein Abkommen unterzeichnet worden war, durfte hier 1891 eine Rheinische Missionsstation eröffnet werden. Als die Deutschen 1904 einen Militärposten stationierten, fragten sie allerdings nicht um Erlaubnis. Als Gründungsjahr des Städtchens wird gemeinhin 1906 angesehen, damals wurde der Bahnhof (an der Bahnlinie zwischen Swakopmund und Tsumeb) eröffnet.

Stadtbild Otjiwarongo gehört zu den größeren Ortschaften in Namibia und dient als Einkaufszentrum für die Farmer der Umgebung. Die breite Hauptstraße säumen zahlreiche Läden, darunter auch eine deutsche Buchhandlung. Es gibt zwei Hotels, einen Campingplatz und eine Touristeninformation .

Krokodilfarm Bedeutendste Attraktion in Otjiwarongo ist eine Krokodilfarm am östlichen Ortsrand, nahe dem Campingplatz (Öffnungszeiten: Mo.– Fr. 9.00 – 16.00, Sa./So. 10.00 – 13.00 Uhr).

Lokomotive Vor dem Bahnhof steht die so genannte Lokomotive Nr. 41. Sie wurde 1912 in Kassel gebaut. Ihren Dienst auf der Strecke zwischen Tsumeb und Swakopmund versah sie bis 1960.

Umgebung von Otjiwarongo

Waterberg Plateau Park Ein beliebtes Ziel, auch für einen längeren Ausflug ist der östlich von Otjiwarongo gelegene ►Waterberg Plateau Park.,

Dinosaurierspuren Verlässt man Otjiwarongo in südwestlicher Richtung auf der C 33, so erreicht man nach ca. 70 km die winzige Ortschaft Kalkfeld. Hier biegt man auf die D 2414 ab und gelangt, nachdem man nochmals 30 km zurückgelegt hat, zur **Farm Otjihaenamaparero**, auf deren Gelände Dinosaurierspuren entdeckt wurden. Sie stammen von einem aufrecht gehenden, zweibeinigen Dino, dessen dreizehige Spur im Sandstein auf einer Länge von 25 m verfolgt werden kann. Er lebte vor etwa 150 Mio. Jahren und ähnelte vermutlich einem (überdimensionalen) Känguru, weshalb die Spur lange mit der eines großen Vogels verwechselt wurde.

OTJIWARONGO ERLEBEN

AUSKUNFT

Tourist Office
5th Georges Street, Tel. 0 67 / 30 38 30

ÜBERNACHTEN

► **Luxus**

Okonjima Lodge
P.O. Box 793, Otjiwarongo
Tel. 0 67 / 30 45 63, Fax 30 45 65
www.okonjima.com
Die auf Okonjima ansässige »AfriCat Foundation« hat sich den Erhalt großer Raubkatzen wie Geparde und Leoparden zur Aufgabe gemacht. Man begegnet den eindrucksvollen Katzen, sei es beim »Cheetah tracking on foot« oder im »Cheetah Rehabilitation Camp«. Mit einem Aufenthalt unterstützt man die wertvolle Arbeit zum Erhalt der Großkatzen.

► **Günstig**

Pension Falkennest
P.O. Box 107, Otjiwangoro
Tel. / Fax 0 67 / 30 26 16
Kleinodien der freundlich geführten Pension sind der Pool und der Kakteengarten.

Outjo

D 3

Region: Kunene
Einwohnerzahl: 7000
Höhe: 1282 m ü. d. M.

Outjo präsentiert sich als freundliches gepflegtes Städtchen mit breiten Straßen und hübschen, von Gärten umgebenen Häuschen. Es gibt einen gut sortierten Supermarkt, die Outjo-Bäckerei, zwei Hotels sowie etwas außerhalb eine Lodge mit Zeltplatz.

Franke-Haus

In Outjo kann man das ehemalige Wohnhaus des Majors Viktor Franke besichtigen. Es wurde 1899 als eines der ersten Steingebäude des Ortes errichtet und beherbergt heute Exponate zur Stadtgeschichte (Öffnungszeiten: Mo. – Fr. 10.00 – 12.00 und 14.00 – 16.00 Uhr).

Windmühle

Allzu eindrucksvoll sind die Überreste der 1900 errichteten Windmühle nicht. Der fast 10 m hohe Turm (beim Etosha Garden Hotel) diente der Wasserversorgung für das hier stationierte deutsche Truppenkontingent und für ein Hospital.

Rehoboth

D 4

Region: Hardap **Höhe:** 1386 m ü. d. M.
Einwohnerzahl: 15 000

Das 85 km südlich von Windhoek gelegene Rehoboth ist eine für namibische Verhältnisse große Siedlung. Es ist das Zentrum der so genannten Baster, die sich hier um 1870 ansiedelten.

Stadtbild Die Baster sind Nachfahren von weißen südafrikanischen Farmern und Nama-Frauen. Bis zur Unabhängigkeit Namibias genossen sie in ihrer kleinen selbst verwalteten »Republik« eine gewisse Autonomie. Rehoboth ist eine weitläufige, zersiedelte Ortschaft. Ein Stadtzentrum im eigentlichen Sinne existiert nicht. Die Häuser scharen sich um die 1907 errichtete Paulus-Kirche.

Rehoboth Museum Sehenswert ist das Museum, das 1986 im ehemaligen Haus des Postvorstehers eingerichtet wurde. Die Exponate befassen sich mit der Geschichte der Baster, aber auch mit anderen Aspekten der Natur und Kultur Namibias. Angeschlossen sind dem Museum eine Freilichtausstellung und ein Garten mit heimischen Pflanzen.
Nach vorheriger Anmeldung (Tel. 0 62 / 52 29 54) organisiert das Museum Ausflüge mit einheimischen Guides in den nahe gelegenen, für die Gegend völlig untypischen Akazienwald und zu eindrucksvollen Felsgravuren. Diese Aktivitäten gehören zu einem community-based-tourism-Projekt, so dass die Einnahmen bei den Einheimischen verbleiben. In einer eigens errichteten Werkstatt werden Kunst-Restaurateure ausgebildet. Man kann das Studio während der Museumszeiten besichtigen, Mo. – Fr. 9.00 – 12.00 und 14.00 – 16.00 Uhr, Sa. 9.00 – 12.00 Uhr.

Reho Spa Die in Rehoboth ans Tageslicht sprudelnden heißen Quellen speisen ein modernes Hallen- und ein Freibad. Das fluorid-, chlorid- und sulfatreiche Quellwasser soll vor allem rheumatische Beschwerden lindern. Bei den Bädern wurde ein Erholungspark mit Bungalows und Restaurant angelegt (Öffnungszeiten: 7.00 – 18.00 Uhr).

Umgebung von Rehoboth

Tropic of Capricorn Verlässt man Rehoboth in südlicher Richtung auf der B 1, so weist nach 13 km ein Schild darauf hin, dass man nun den Tropic of Capricorn, den Wendekreis des Steinbocks, überfährt.

Oanob Dam Der Oanob Dam ist ein kleiner Stausee, 10 km westlich von Rehoboth. Der Stausee hat eine Speicherkapazität von 35 Mio. m^3. Es gibt Picknickplätze und ein Weg führt zu einem Aussichtspunkt, von dem aus man einen weiten Blick über den See genießt.

Rundu

E 1

Region: Okavango **Höhe:** 1095 m ü. d. M.
Einwohnerzahl: 25 000

Das am Südufer des Okavango, an der Grenze zu Angola gelegene Rundu ist Sitz der Regionalverwaltung von Okavango und einziger größerer Ort der Region.

Grenznahe Einkaufsoase

Mit Sehenswürdigkeiten kann Rundu nicht aufwarten, aber die modernen Supermärkte und Kaufhäuser bilden eine Einkaufsoase für die angolanischen Nachbarn, deren Portugiesisch vielfach in den Straßen zu hören ist. Übernachtungsmöglichkeiten findet man, jeweils mit Blick auf den Fluss, in der Kavango River Lodge, in der Kaisosi Safari Lodge und in der Sarasungu-Lodge.

Rundu existiert erst seit den dreißiger Jahren des 20. Jahrhunderts. Es gibt ein Postamt und Autowerkstätten im Ortskern und die hier ansässige Naturschutzbehörde erteilt Informationen über die Schutzgebiete im Caprivi-Zipfel.

Rundu und das Umland sind bekannt für das hier gefertigte **Kunsthandwerk**. Von Grootfontein kommend sieht man viele Einheimische, die an der Straße Holzschnitzereien verkaufen. In Rundu selbst ist die staatlich geförderte »Mbangura Woodcarvers Cooperative« eine gute Adresse für ein geschnitztes Souvenir.

RUNDU

AUSKUNFT

Rundu Tourism Centre
Eugen Kakukuru Street
Tel. 0 66 / 25 61 40

ÜBERNACHTEN

▸ **Komfortabel**

Sarasungu River Lodge
Tel. 0 66 / 25 51 61, Fax 25 62 38
5 km östlich von Rundu direkt am Okavango. Mit gutem Restaurant und Campingplatz.

★ Skeleton Coast National Park

A/B 1 – 3

Region: Kunene **Größe:** 16 360 km²

Großartige Landschaftserlebnisse, ein endlos erscheinendes Dünenmeer, davor das stahlblaue Meer und ein weiter Himmel – das erwartet den Besucher des Skelettküsten-Nationalparks.

Sturmumtoste Nebelküste

Der gesamte nordwestliche Küstenabschnitt von Namibia steht seit 1967 als Skeleton Coast National Park (Skelettküstenpark) unter Naturschutz. Der Park erstreckt sich über etwa 500 km, vom Kunene bis etwa zum Ugab im Süden. Er umfasst die Küste und einen daran

SKELETON COAST PARK ERLEBEN

AUSKUNFT / PERMITS

Man sollte sich bereits in Swakopmund (Namib Information Centre, Tel. 0 64 / 40 21 72) erkundigen, ob Permits weiterhin auch an den Einfahrtstoren ausgestellt werden.

EINLASSZEITEN

Tagesbesucher sind im Park zugelassen, sie dürfen aber die Camps nicht betreten und müssen im Park bis spätestens 15.00 Uhr angekommen sein, verlassen müssen sie ihn bis 17.00 Uhr. Wenn man im Park übernachten möchte, muss man das Ugabtor bis 15.00 Uhr, das Tor Springbokwater bis 17.00 Uhr passiert haben; beide Tore schließen um 19.00 Uhr!

ÜBERNACHTEN

Terrace Bay Rest Camp
Zuweilen etwas nachlässig geführte Unterkünfte in einer alten Mine, dazu einen Laden und eine Tankstelle. Buchung: Wildlife Resort in Windhoek (www.nwr.com.na, ►Praktische Informationen, Auskunft).

Torra Bay
Der einfache Zeltplatz ist nur im Dez. und Jan. geöffnet. Buchungen: s. o.

WANDERUNGEN

Ugab River Hiking Route
Ausdauernde Wanderer können an der geführten, 50 km langen Tour teilnehmen. Gestartet wird zwischen April und Oktober jeden zweiten und vierten Dienstag eines Monats. Am Donnerstag haben die Wanderer ihr Ziel erreicht (Anmeldung beim Namib Information Centre, s. o.).
Für Tageswanderungen bietet sich das Deltagebiet des Uniab an. Das hier dank einiger Quellen vorhandene Süßwasser lockt Vögel und andere Tiere an. Vom Parkplatz westlich der Piste kann man in knapp zwei Stunden zum Meer hinab- und wieder zurück-

Beliebtes Anglerrevier: die Skelettküste bei Torra Bay

angrenzenden 30 – 40 km breiten Landstreifen. Die Skelettküste liegt im Bereich der vom kühlen Benguela-Strom verursachten Nebelzone. So wurde diese schier endlos lange stürmische Küste über die Jahrhunderte zu einem wahren Schiffsfriedhof. Davon zeugen zahlreiche, oftmals kaum noch erkennbare Wracks vor der Küste.
Nachdem man ► Cape Cross mit seiner Robbenkolonie hinter sich gelassen hat, kann man ohne weitere Genehmigung auf der C 34 noch ca. 70 km bis zur Mündung des Ugab hinauffahren. Die Weiterfahrt bis Terrace Bay ist dann nur mit einem »Permit« möglich. Daneben besteht die Möglichkeit, von Osten her auf der C 39 über Springbokwater in den Skelettküsten-Nationalpark hineinzufahren. Ist man in Besitz der Genehmigung, so kann man bis Seal Beach (14 km nördlich von Terrace Bay) fahren. Die Küstenregion nördlich davon darf nur im Rahmen von Flugsafaris besucht werden.

Fauna

Wegen des Wassermangels und der spärlichen Vegetation ist der Wildbestand im Skelettküsten-Nationalpark gering. Der Bestand der so genannten Wüstenelefanten hat sich auf wenige dutzend Tiere reduziert, es gehört schon viel Glück dazu, sie zu sehen (► Kaokoveld). Vor allem im Delta des Uniab zeigen sich mitunter Spring- und Spießböcke. Landeinwärts streifen manchmal Herden von Bergzebras durchs Land. Ferner kommen Schabrackenschakale und Hyänen vor. An Vogelarten sind 224 im Parkgebiet verzeichnet worden. Angler finden im Skelettküsten-Nationalpark die besten Bedingungen entlang der gesamten südafrikanischen Küste vor; der Fischreichtum ist enorm.

Besuchszeit

Der Park ist ganzjährig geöffnet. Zwischen Oktober und Mai sind die Tage vielfach sonnig, in den Wintermonaten bildet sich meist nachmittags eine Nebelschicht, die sich – wenn überhaupt – erst am späten Vormittag des nächsten Tages wieder auflöst.

Die Skelettküste war jahrhundertelang der Schrecken vieler Seefahrer. Noch bevor man in den Nationalpark hineinfährt, weist ein Schild mit der Aufschrift **»Winston«** auf die Piste zu dem 1970 auf Grund gelaufenen Wrack hin. Bei Terrace Bay sank 1942 die **»Dunedin«**, Besatzung und Passagiere konnten erst nach einer dramatischen Rettungsaktion geborgen werden. Noch 1976 strandete in der Möwe Bay ein modernes hochseetüchtiges Schiff.
Vorsicht bei Autofahrten in diesem Gebiet, nicht selten sind die Sandpisten kaum als solche zu erkennen und verlieren sich bald.

Opfer des Nebels: die »Winston«

★ Spitzkoppe

C3

Region: Erongo **Höhe:** 1728 m ü. d. M.

Die Spitzkoppe, ein Inselberg aus Granit, ist ein weithin sichtbares Wahrzeichen nördlich der Strecke Usakos – Swakopmund. Wegen der charakteristischen Form wird der Berg auch als »Matterhorn Namibias« bezeichnet.

Große und Kleine Spitzkoppe

Die Spitzkoppe erreicht zwar eine Höhe von 1728 m, überragt das Umland aber nur um 700 m. Wenige Kilometer entfernt ragt die 1584 m hohe Kleine Spitzkoppe auf.

Erstmals bestiegen wurde die Große Spitzkoppe 1946, seither haben sich schon viele Bergsteiger daran versucht, nicht wenige allerdings vergeblich. Das Areal rund um die Spitzkoppe ist mit seinen malerischen Gesteinsformationen und der relativ üppigen Vegetation ein schönes Gebiet für Spaziergänge. Die Gegend ist eine kleine, klimatisch besonders begünstigte Nische. Über dem Gebirgsmassiv regnen sich die Wolken häufiger ab als über dem flachen Umland. Unvergesslich ist der Besuch nach der Regenzeit. Zartes Grün und gelb blühende Morgensterne überziehen dann das Land. Bei Betreten des unter Naturschutz stehenden Geländes ist eine Eintrittsgebühr an die lokale Gemeinde zu entrichten. Es gibt einen Campingplatz mit Toiletten und Feuerstellen.

Macht ihrem Namen alle Ehre: die Spitzkoppe

Gefundenes Steinwerkzeug und Felsbilder weisen auf die frühe Besiedlung dieses Gebietes hin. Die bedeutendste Fundstelle von Felsbildern wird als **Bushman's Paradise** bezeichnet. Sie befindet sich unweit östlich der Großen Spitzkoppe, bei einer Erhebung, die als Pontok Mountains bezeichnet wird. Der Zugang ist etwas mühsam. An einer im Felsen verankerten Kette muss man sich zu einer Felsplatte hochziehen.

★ Swakopmund

C 4

Region: Erongo **Höhe:** 10 m ü. d. M.
Einwohnerzahl: 22 000

Namibias beliebtester Ferienort erhebt sich wie eine Fata Morgana aus dem Wüstensand der Namib. Für die weißen Namibier ist Swakopmund seit langem die Sommerfrische schlechthin. Dies verdankt die Stadt einmal ihrer Lage am Meer, ihren langen Stränden, den hübschen Parkanlagen sowie den vielen historischen Gebäuden aus der deutschen Kolonialzeit.

Sommerhauptstadt

So ist es nicht weiter verwunderlich, dass zwischen Dezember und Februar, wenn es im Landesinnern fast unerträglich heiß wird, Tausende, vom Büroangestellten bis zum Präsidenten, in die drittgrößte Stadt des Landes strömen. Hier entsteigen dem Meer kühle Morgennebel, die die Häuser in einen weißen Schleier hüllen, und dank des kühlen Benguela-Stroms herrschen angenehme Temperaturen. Über Neujahr verdoppelt sich die Zahl der Bevölkerung, ein freies Zimmer ist dann rar. Windsurfer, Bootsbesitzer und Angler nutzen das Meer. Aber Badefreunde müssen abgehärtet sein: Selbst im Hochsommer erwärmt sich der Atlantik auf maximal 21 °C, und es wimmelt von Haien! Ein nahe gelegener 18-Loch-Golfplatz bietet weitere Abwechslung.
Neben dem Fremdenverkehr, der Salzgewinnung und dem Guano-Abbau auf den vor der Küste gelegenen künstlichen Inseln spielt die in den siebziger Jahren eröffnete Rössing-Mine wirtschaftlich eine bedeutende Rolle (s. Umgebung). Der größte Teil der Bewohner von Swakopmund lebt in verschiedenen Vororten. Kramersdorf ist das Villenviertel der Weißen; im Norden Swakopmunds, in Vineta, leben gut situierte Weiße und einige schwarze Namibier. Bis zur Unabhängigkeit waren Tamariskia und Mondesa die nach Stammes- oder Rassenzugehörigkeit getrennten Wohngebiete für die Farbigen und die Schwarzen. Daran hat sich bis heute nur wenig geändert.

Geschichte

Im Jahre 1793 ankerten holländische Seefahrer kurzzeitig an der Flussmündung. Aber erst 1892 gingen vierzig deutsche Siedler hier an Land. Die Kolonialregierung benötigte einen eigenen Hafen, da der 35 km südlich gelegene Naturhafen von Walvis Bay britischer Besitz war. Die Landungen waren anfangs sehr schwierig, da der Strand sehr flach und die Brandung äußerst stark war. So mussten die Schiffe weit vor der Küste ankern. Die Passagiere wurden – nicht ganz ungefährlich – mit ihrem Hab und Gut in Brandungsbooten an Land gebracht. 1904 begann man mit dem Bau einer ersten Landebrücke. Nun wurden die Passagiere mit einem Kran in einem geschlossenen Korb an Land gehievt – ein Exemplar dieses Transportmittels ist im Museum ausgestellt.

Swakopmund Orientierung

Übernachten
1. Strand Hotel
2. Swakop Hotel & Entertainment Center
3. Hotel Pension Schweizer Haus
4. Hotel Pension Deutsches Haus

Essen
1. Kücki's Pub
2. De Kelder
3. The Lighthouse

Einfuhrhafen Bis zum Ausbruch des Ersten Weltkriegs wurde fast alles, was die Kolonie benötigte, über Swakopmund eingeführt. Aus einer provisorischen Siedlung entstand innerhalb sehr kurzer Zeit ein prosperierendes Städtchen im Baustil der Jahrhundertwende. Nach dem Ersten Weltkrieg geriet die Stadt zunehmend in Vergessenheit, die neue Mandatsmacht Südafrika hatte Deutschland und Großbritannien abgelöst und baute nun das benachbarte Walvis Bay zum wichtigsten Fischerei- und Industriehafen Namibias aus. Im Rückblick erweist sich diese Entwicklung als Segen, denn so blieb das historische Stadtbild erhalten und Swakopmunds Aufstieg zum beliebtesten Seebad des Landes konnte beginnen.

Südlichstes deutsches Seebad

Früher hatten Spötter Recht, wenn sie Swakopmund als »das südlichste deutsche Seebad« bezeichneten. Denn hier schien die Zeit stehen geblieben zu sein. Der Konservatismus und die unbedingte Treue zum deutschen Erbe waren legendär. Doch der Mief ist jedoch schon lange aus Swakopmund verschwunden und hat einer bezaubernd mediterranen Atmosphäre Platz gemacht. Promenieren kann man entlang der ehemaligen Kaiser-Wilhelm-Straße, die heute Sam Nujoma Avenue heißt, der Post-, Bahnhof- oder Knoblauchstraße. Reizvoll sind die zahlreichen, liebevoll restaurierten Jugendstilhäuser, die schattige Parkanlage und die mit Palmen bewachsene Strandpromenade vervollständigen das Bild einer erlebenswerten Stadt. Ohnehin wundert man sich angesichts der Dünen, die bis an die Bebauungsgrenze heranreichen, und mit dem Ozean vor der Haustür, wie Bewohner und Stadtverwaltung es fertig bekommen, Bougainvilleahecken, Jacarandahaine, Hibiskus und Oleander in verschwenderischer Pracht gedeihen zu lassen. Ein ausgeklügeltes Wiederverwertungssystem für Nutzwasser ist des Rätsels Lösung.

! *Baedeker* TIPP

»Bauet am Erbe«

Das wohl interessanteste Museum Namibias ist das Swakopmunder Museum. Über seinem Eingang sind die Worte »Bauet am Erbe« eingemeißelt – jener Grundsatz, der die deutschen Pioniere ermutigte, in der unwirtlichen Wüste heimisch zu werden. Relikte ihres Lebensstils, ihr Handwerkszeug, ganze Inneneinrichtungen von Häusern, Kultobjekte der Völker Namibias, Herbarien mit Namibflora und einheimischer Tierwelt, Mineraliensammlungen und Darstellungen zum Uranabbau – nirgendwo sonst stößt der Besucher auf mehr historisches und wissenschaftliches Namibia (Öffnungszeiten: tgl. 10.00 – 13.00, 14.00 – 17.00 Uhr).

Zwar wird noch immer viel Deutsch gesprochen, doch wechselt man erst ins Deutsche, wenn das Gegenüber als allein Deutschsprachig identifiziert ist. Und oft genug hört man nur noch Afrikaans und Englisch. Wer möchte, kann noch immer Eisbein mit Sauerkraut essen oder auch original Schwarzwälder Kirschtorte, doch ist die Swakopmunder Küche heute eigenständig, in Form von hiesigem grünen Spargel, delikaten Wildmahlzeiten, exquisiten Langusten- und Fischgerichten und Austern, wie es sie frischer kaum gibt.
Dazu kann man einen einheimischen Wein aus der über die Landesgrenzen hinaus bekannten Kristall-Kellerei genießen oder eines der wohlschmeckenden hiesigen Biere. Übrigens: Hier braut man, wie überall in Namibia, nach deutschen Reinheitsgebot.

Sehenswertes in Swakopmund

Leuchtturm

Der folgende Stadtrundgang beginnt am Wahrzeichen Swakopmunds in der Strandstraße, nahe dem Palm Beach. Hier überrragt der 21 m hohe, rot-weiß gestreifte Leuchtturm alle übrigen Gebäude der Stadt. Trotz der Versandung des Hafens ist der Leuchtturm noch in Betrieb. Seine Reichweite beträgt 35 Seemeilen.

SWAKOPMUND ERLEBEN

AUSKUNFT

Namib Information Centre
Tel. 0 64 / 40 21 72
Hier gibt es u. a. Permits für den ► Skeletton Coast National Park.

ESSEN

► Erschwinglich

① *Küki's Pub*
22 Tobias Hainyeko St.
Tel. 0 64 / 40 24 07
Gemütliche Bar mit Restaurant. Man kann auch im Innenhof unter einer großen Palme speisen – wir empfehlen die Fischgerichte!

② *De Kelder*
Moltkestraße 10
Tel. 0 64 / 40 24 33
Beste Zutaten werden mal klassisch, mal kreativ verarbeitet. Immer ein Hit: Austern, Langusten und Fische.

③ *The Lighthouse*
An der Mole
Tel. 0 64 / 40 08 94
Bei schönem Wetter kann man den Sonnenuntergang von der Terrasse des Pub-Restaurants genießen. Die Speisekarte orientiert sich an den Größen: Steak und Fisch.

ÜBERNACHTEN

► Luxus

② *Swakop Hotel & Entertainment Centre*
Bahnhofstr. 2
Tel. 0 64 / 40 08 00, Fax 40 08 01
Das Viersternehaus ist zweifellos das eleganteste Hotel Swakopmunds. Es verbirgt sich hinter der Fassade des alten Bahnhofs, das Innere wurde jedoch völlig neu gestaltet. Im dazugehörigen Spielkasino wird fast rund um die Uhr Unterhaltung geboten.

► Komfortabel

① *Strand Hotel*
An der Mole
Tel. 0 64 / 40 03 15, Fax 40 49 42
Das einzige Hotel Swakopmunds, das direkt am Strand mit Blick auf's Meer steht. Das Gebäude ist keine Schönheit, aber die Zimmer sind gemütlich.

③ *Hotel Schweizer Haus*
P.O. Box 445, Swakopmund
Tel. 0 64 / 40 03 31, Fax 40 58 50
Die meisten der gemütlichen 24 Zimmer im Schweizerhaus haben einen eigenen Balkon. Im Gebäudekomplex liegt auch das berühmte Café Anton, hier gibt es original Schwarzwälder Kirschtorte oder gedeckten Apfelkuchen.

► Günstig

④ *Hotel Pension Deutsches Haus*
13 Lüderitz Str.
Tel. 0 64 / 40 48 96, Fax 40 48 61
www.deutsches-haus.com.na
Günstige, etwas nüchterne Pension mit eigenem Schwimmbad

AKTIVITÄTEN

► Ballonfahren

African Adventure Balloons
Tel. / Fax 0 64 / 40 34 55

► Rundflüge

Bush Bird Adventure Flights & Safaris
Tel. 0 64 / 40 40 71, Fax 40 71 60

Scenic Air
Tel. 0 64 / 40 35 75

► Golf

Rossmund Golf Course
Tel. / Fax 0 64 / 40 56 44

Sommerresidenz des Präsidenten

Gleich nebenan befindet sich die Sommerresidenz des Staatsoberhauptes (seit 1990 Sam Nujoma). Der Bau entstand 1902 als Kaiserliches Bezirksgericht. Der hölzerne Turm wurde erst 1945 angefügt. Oft verkaufen gegenüber, unterhalb der kleinen Grünanlage vor dem Hotel Schweizer Haus mit seinem bekannten **Café Anton**, Einheimische schönes selbst gefertigtes Kunsthandwerk.

Altes Amtsgericht

An der Kreuzung zwischen Garnison- und Bahnhof-Straße steht etwas versteckt das mit Giebeln und Türmchen verzierte alte Amtsgericht. Es war 1907/1908 als Schulneubau geplant und – als die Geldmittel ausgegangen waren – als Amtsgericht fertig gestellt worden. In der **Crystal Gallerie** (etwas nördlich) ist eine Sammlung glitzernder Steine ausgestellt (Öffnungszeiten: Mo. – Sa. 9.00 – 17.00 Uhr).

✶ Museum

Das in Strandnähe gelegene Swakopmunder Museum informiert über die Früh- und Kolonialgeschichte der Stadt und des Landes. Es vermittelt auch Besichtigungsfahrten zur Rössing-Mine (tgl. 10.00 bis 13.00, 14.00 – 17.00 Uhr; www.swakopmund-museum.org.na). Zum Museum gehört die wissenschaftliche **Sam-Cohen-Bibliothek** mit einer wertvollen Afrikana-Sammlung und einem fast lückenlosen Zeitungsarchiv von 1898 bis heute.

Hübsche Kolonial-Fundstücke im Stadtmuseum

Verlässt man das Museum, liegt gleich links die 1899 – 1903 zum Schutz des Hafenbeckens angelegte **Mole**. Da der Hafen heute versandet ist, begrenzt sie den Palm Beach, einen beliebten Sandstrand. Windsurfer und Schwimmer tummeln sich in dem sicheren Wasser, an der Mole legen Vergnügungsboote an, Kinder toben auf dem großen Spielplatz. Seit 1972 lockt auch das geheizte Hallenschwimmbad mit olympischen Maßen, dessen Schiebedach sich bei sonnigem Wetter öffnen lässt.

Ritterburg

Der Spaziergang führt nun zurück zur Hauptstraße (Am Zoll). Die Treppen hinauf kommt man an der sog. Ritterburg (rechts) vorbei. Heute ist hier ein Ableger des Ministeriums für Natur und Tourismus untergebracht. Dann wird die Sam Nujoma Street überquert.

✶ Woermannhaus

Das an seinem markanten Turm schon von weitem erkennbare repräsentative Gebäude in der Bismarck-Straße entstand 1903 – 1904. Es war der Sitz der damals bedeutendsten Import-Export-Gesellschaft in Südwestafrika. Die Woermann-Schifffahrts-Linie verkehrte bereits seit 1894 regelmäßig. Vom Damaraturm konnten die Angestellten sowohl die Ankunft der Schiffe beobachten als auch mit ih-

Der Leuchtturm und das Denkmal für die deutschen Gefallenen der Herero-Kriege

nen über einen Spiegeltelegrafen kommunizieren. Die prachtvolle Innenausstattung mit kostbaren Täfelungen, Kassettendecken und Deckengemälden zeigt noch etwas von der vergangenen Pracht. Heute sind hier die **Stadtbibliothek** und die **Galerie des Kunstvereins** mit wechselnden Ausstellungen untergebracht (Öffnungszeiten: Mo. – Sa. 10.00 – 12.00; Mo. – Do. auch 15.00 – 18.00 Uhr). Vom Damaraturm genießt man einen schönen Blick über Swakopmund, das Meer und die Wüste; den Schlüssel für den Turm erhält man sowohl in der Galerie als auch in der Bibliothek.

Hohenzollernhaus

Nur einen Block weiter liegt das Hohenzollernhaus (1906) mit seiner Fassade im Neobarock. Erst ein Hotel, dann ein Gemeindebüro, wurde es 1988 als Appartementhaus renoviert.

Alte Kaserne

Die alte Kaserne in der Lazarettstraße war 1907 erbaut worden. Mit ihren Zinnen erinnert sie an die Festungsbauten in Windhoek und an Fort Namutoni im Etosha-Nationalpark. Heute beherbergt sie ein Jugendheim.

Hotel Prinzessin Rupprecht Heim

Wenige Schritte weiter befindet sich das 1901 erbaute einstige Militärlazarett; die Seeluft wurde als gesundheitsfördernd empfunden. Heute beherbergt es ein ruhiges Familienhotel (20 Zimmer) mit angeschlossenem Seniorenheim.

Am Ende der palmengesäumten Strandpromenade liegt das 1994 eröffnete Meerwasser-Aquarium. Ein Glastunnel führt durch das riesige Wasserbecken, Haie schwimmen über den Köpfen der Besucher hinweg, viele bunte Fische tummeln sich rechts und links des Glasganges. Sehr unterhaltsam ist die Fütterung täglich um 15.00 Uhr (Öffnungszeiten: Di. – So. 10.00 – 16.00 Uhr).

* **National Marine Aquarium**

1911 wurde mit dem Bau eines Eisenpiers begonnen, der die ramponierte hölzerne Landungsbrücke ersetzen sollte. Er sollte 640 m in den Atlantik hineinragen und mit mehreren Kränen und einem Eisenbahngleis ausgerüstet werden. Beim Ausbruch des Ersten Weltkriegs wurden die Arbeiten zunächst unterbrochen und nach Verlegung des Hafens nach Walvis Bay endgültig aufgegeben. Zwischenzeitlich war die im Volksmund Jetty genannte Landungsbrücke begehbar und bei Spaziergängern und Anglern beliebt, musste jedoch aus Sicherheitsgründen bald wieder geschlossen werden. 2004 bekundete die Stadt ihren Willen, das »inoffizielle Wahrzeichen« wieder zu renovieren.

Jetty

Zurück ins Stadtzentrum geht es nun über die Sam Nujoma Avenue, die Hauptgeschäftsstraße Swakopmunds. Hier befinden sich die meisten Banken, die Swakopmunder Buchhandlung, das Fremdenverkehrsbüro sowie unzählige Schmuck- und Souvenirläden.

Sam Nujoma Avenue

Nun biegt man nach links in die Roonstraße. An der Ecke Post-/Garnisonstraße steht die alte Post von 1906. Heute beherbergt sie einen Teil der Stadtverwaltung.

Alte Post

An der Kreuzung Post-/Otavi-Straße erhebt sich die evangelisch-lutherische Kirche, die 1910 in neobarockem Stil erbaut wurde. Gegenüber der Kirche befindet sich die Alte Deutsche Schule im selben Baustil aus dem Jahre 1912.

Evangelisch-lutherische Kirche

Unter den vielen anderen sehenswerten Privathäusern seien noch erwähnt: die Villa Wille mit ihrem auffälligen, verzierten Turm (Ecke Sam Nujoma-/Otavi-Straße), die 1911 entstand. Etwas nördlich, Ecke Post-/Otavi-Straße, folgt das 1910 erbaute so genannte Schwietering-Haus. Auf der gleichen Straßenseite passiert man das ehemalige Franziskaner-Krankenhaus aus dem Jahr 1907.

Villa Wille

Wieder auf der Sam Nujoma-Straße, befindet sich bei der Einmündung der Lüderitz-Straße das OMEG-Haus, ursprünglich Lagerhaus der **O**tavi-**M**inen- und **E**isenbahn-**G**esellschaft. Die Otavi-Linie fuhr nach Tsumeb zur Kupfermine. Das historische Gebäude wurde 1901 im wilhelminischen Stil erbaut.

OMEG-Haus

Am Nordende von Breite- oder Otavi-Straße stößt man auf den 1901 erbauten Bahnhof der Kaiserlichen Eisenbahn-Verwaltung. Sei-

Bahnhof

Der alte Bahnhof in seinem zweiten Leben als Luxushotel

nen spitzen Pyramidenturm erhielt er kurze Zeit darauf von dem damals noch unbekannten Baumeister Wilhelm Sander. Später wurde dieser durch seine Burgenbauten bekannt (von ihm sind u. a. Schloss Duwisib sowie die drei Burgen Schwerins-, Heynitz- und Sanderburg in Windhoek). Der Bahnhof war der Endpunkt der 1897–1902 erbauten Eisenbahnlinie Windhoek – Swakopmund. Seit 1995 steht nur noch die unter Denkmalschutz stehende Fassade des Bahnhofs, die Gleise wurden demontiert. Das Innere des Gebäudes wurde zu einem Luxushotel mit Geschäften, Restaurant und Spielkasino umgebaut.

Snake Park Im alten Otavi-Bahnhof befindet sich auch ein kleiner besuchenswerter Schlangenpark mit Namibischen Spezies. In Namibia sterben jährlich etwa 10 Menschen an den Folgen eines Schlangenbisses.

Gefängnis Etwa 1 km nördlich von hier, am Nordring, steht das 1907/1908 von Otto Ertl entworfene Gefängnis. Mit seinem schönen Fachwerk-Obergeschoss sieht es eigentlich recht einladend aus ...

Umgebung von Swakopmund

Martin-Luther-Lok Vor den Toren der Stadt (direkt an der B 2, Richtung Usakos) erinnert ein kurioses Gefährt auf einem niedrigen Sockel an den Versuch, 1896 mit Dampfkraft, aber ohne Schiene ins Landesinnere zu gelangen. Der deutsche Offizier Edmund Troost importierte mit eigenem Geld eine 1,4 t schwere Zugmaschine. Halb Traktor, halb Dampflok sollte es die Ochsengespanne ersetzen. Aber das enorm wasserhungrige Ungetüm blieb ständig im Sand stecken, für die kurze Strecke von Swakopmund nach Walvis Bay brauchte Troost ganze drei Monate. Hinzu kam, dass die beiden Anhänger nicht ausreichten, um gleichzeitig das notwendige Brennmaterial (Holz) und genügend Fracht zu befördern. Bei der vierten Fahrt gab er auf. Der Spitzname entstand, als jemand Luthers berühmten Ausspruch vor dem Wormser Reichstag zitierte: »Hier steh ich. Ich kann nicht anders.«

Okakambe-Farm Die Okakambe-Farm liegt an der D 1901, 9 km außerhalb der Stadt. Hier ist man bereits auf dem Weg ins Mondtal, ein Ziel, das man von der Farm aus bei Ausritten auf Pferden oder Kamelen erreichen kann. Kinder können sich in einem Streichelzoo oder bei Ponyritten vergnügen und übernachten kann man hier auch, sehr einfach, aber adäquat, Tel. 0 64 / 40 27 99.

Rössing-Mine

Ca. 65 km östlich von Swakopmund wurden vor 70 Jahren die größten Uranablagerungen der Welt entdeckt. Wöchentlich werden 1 Mio. Tonnen des harten Alaskitgesteins gesprengt, in dem das radioaktive Uranerz lagert. Daraus wird der an Uranoxid reiche »Yellow Cake« gewonnen. Nach der Diamantengesellschaft NAMBDEB ist die Rössing Uranium Limited der zweitgrößte Steuerzahler Namibias. Angesichts der Entwicklungen auf dem Uran-Weltmarkt steht der hoch mechanisierte, kapitalintensive Abbau jedoch vor einer ungewissen Zukunft. Laut Umweltschützern ist nicht vollständig geklärt, wie gesundheitsschädlich die Arbeit in der Mine wirklich ist, außerdem fallen bem Uranabbau riesige Mengen teils hochgiftigen Abfalls an.

! *Baedeker* TIPP

Ski-Alm

Ein sportbegeisterter Thüringer fand heraus, dass sich die Dünen der Namib hervorragend zum Ski Fahren eignen. Ob Langlauf oder Alpin – nur eine Sache des Geschmacks. Er bietet auf seiner Gästefarm Sophia Dale Restcamp (Tel. / Fax 0 64 / 40 32 64, www.sophiadale.com) geführte Skitouren in die Wüste an.

Welwitschia Drive

Ein beliebtes Ausflugsziel ca. 50 km östlich von Swakopmund ist der so genannte Welwitschia Drive. Auf einer Hochebene im ► Namib Naukluft Park wachsen viele Exemplare dieser seltenen Pflanze. Sehenswert ist daneben in dieser Region die Mondlandschaft.

Walvis Bay

Der Küstenabschnitt zwischen Swakopmund und ► Walvis Bay ist bei Anglern beliebt. In den Ferienzentren **Langstrand** und **Dolphin Bay** gibt es Meerwasserschwimmbecken und Restaurants.

National West Coast Tourist Recreation Area

Das Küstengebiet nördlich von Swakopmund bis zum ► Skeleton-Coast-Nationalpark steht als National West Coast Tourist Recreation Area unter Naturschutz. Hier erstrecken sich traumhafte weite Sandstrände mit Bade- und Wassersportmöglichkeiten. Es gibt einige Feriensiedlungen und Campingplätze. Getrübt werden die Badefreuden durch das das ganze Jahr über sehr kalte Wasser des Atlantiks und durch den häufig – durchschnittlich an 113 Tagen im Jahr – herrschenden Nebel.

Angler bei Hentjes Bay – zum Baden ist das Wasser fast immer zu kalt.

Etwa 10 km nördlich von Swakopmund passiert man auf der Küstenstraße die größten **Salzwerke** des Landes. Nachdem die natürlichen Vorkommen 1955 erschöpft waren, wird nun Meerwasser in künstlich angelegte, flache Becken geleitet, wo es allmählich verdunstet und Natriumchlorid auskristallisiert.

Henties Bay Henties Bay ist ein 80 km nördlich von Swakopmund gelegener Ferienort mit Hotel, Campingplatz, Restaurants und einem Schwimmbad. Heute zählt sogar ein Golfplatz zu den Freizeitangeboten der ständig wachsenden Ortschaft mit ihren skurrilen Einfamilienhäusern.

Cape Cross Wegen seiner Robbenkolonie wird ►Cape Cross, gut 50 km nördlich von Henties Bay, viel besucht.

★ Tsumeb

D 2

Region: Oshikoto
Einwohnerzahl: 10 000
Höhe: 1279 m ü. d. M.

Die einzig größere nahe dem Etosha-Nationalpark gelegene Stadt lebt vom Mineralreichtum seiner Umgebung (Kupfer, Blei, Zink, Silber und Kadmium). Die Förderung ist heute kaum noch rentabel, immer weniger Minenangestellte finden noch Beschäftigung.

Bergbaustadt Außergewöhnlich ist die Vielzahl der in der Tsumeb-Mine gefundenen Mineralien. Insgesamt konnten mehr als 200 Halbedelsteine nachgewiesen werden, zehn davon kommen nirgendwo sonst in der Welt vor. Eine weitere Attraktion hat das Städtchen seit Jüngstem zu bieten: Der namibische Luxuszug **Desert Express** rollt jetzt auch hierher.

Tsumeb Orientierung

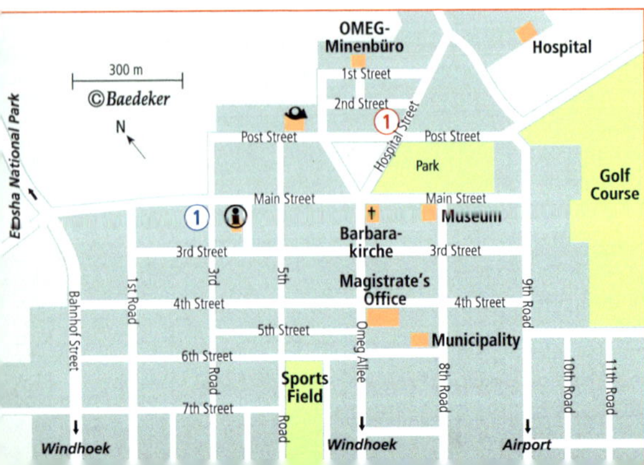

Übernachten
① Minen Hotel

Essen
① Etosha Café

Der Stadtname leitet sich vermutlich von dem Wort **»tsomsoub«** ab, das in der Sprache der Buschleute so viel bedeutet wie »Loch in die lose Erde graben«. Genau das haben afrikanische Völker vermutlich schon in prähistorischer Zeit hier getan. Ein 1700 m tief in die Erde hinabreichender »Erzschlauch« mündete an der Erdoberfläche in einen kleinen Malachithügel. Im Tagebau konnten die Buschleute leicht Kupfer abbauen.

Die hübsch renovierte Barbarakirche in Tsumeb

Die deutsch-britische Otavi-Minen und Eisenbahn-Gesellschaft (OMEG) erwarb 1900 die Schürfrechte und begann mit dem Bau einer Schmalspurbahnlinie von Swakopmund über Otavi nach Tsumeb. Die Bahnlinie wurde 1906 eröffnet. Zwei Jahre später konnten bereits 15 000 t Kupfererz nach Hamburg verschifft werden. Weitere 3500 t wurden in Tsumeb direkt verhüttet. In den folgenden Jahrzehnten stieg die Fördermenge kontinuierlich an. Nach 1947 ging die Mine in den Besitz der Tsumeb Corporation Limited über.

Stadtbild

Das aus dem Bergwerk gepumpte Wasser erlaubt die Anlage großer Grünflächen und farbenprächtiger Gärten. Besonders zwischen September und Februar präsentiert sich der Ort mit seinen vielen Jakarandabäumen, Flamboyants und Bougainvilleen als Blütenmeer. Das üppige Grün kontrastiert mit den schon von weitem sichtbaren Schornsteinen des Bergwerks und der Schmelzerei. Mitten in der Stadt ragt weithin sichtbar der Förderturm auf, mit dem das Erz aus mittlerweile über 1500 m Tiefe an die Oberfläche befördert wird. Entlang der Main Street reihen sich viele Geschäfte aneinander.

Sehenswertes in Tsumeb

★ **Museum**

Öffnungszeiten:
Mo. – Fr.
9.00 – 12.00 und
14.00 – 17.00,
Sa. 9.00 – 12.00

Das Museum an der Main Street verdankt seine Entstehung dem engagierten Einsatz von Ilse Schatz (► Berühmte Persönlichkeiten). Die Farmersfrau trug aus Familienbesitz und Schenkungen eine eindrucksvolle Sammlung zusammen, die seit 1975 der Öffentlichkeit zugänglich ist. Man erhält einen Einblick in die Geschichte der Bergwerksindustrie und kann sich die Mineralienarten aus den Erzlagern der Umgebung anschauen. Im Khorab-Raum sind Waffen und Kriegsgeräte ausgestellt. Sie wurden nach Kriegsende vom Grund des Otjikoto-Sees geborgen – deutsche Truppen hatten das Material 1915 versenkt, um es den südafrikanischen Militäreinheiten nicht in die Hände fallen zu lassen. Überaus eindrucksvoll sind die Exponate aus dem Alltag und der früheren Kultur der San, der Ovambo, der Herero, Kavango und Himba. Eine weitere Ausstellung befasst sich mit der Internierungszeit, den Pfadfindern und den Südwestern, und eine umfangreiche Briefmarkensammlung dokumentiert die Ära der kaiserlichen Post und der Missionare und Händler.

Barbarakirche Gleich neben dem Museum steht die der Patronin der Bergleute geweihte Barbarakirche (1913). Mit ihrem seltsamen Turm ähnelt die Kirche eher einem Verwaltungsbau als einem Gotteshaus.

Minenbüro Sehenswert sind auch das hohe OMEG-Minenbüro (1907) in der First Street, das mit einer Kirche verwechselt werden könnte, und die Direktorenresidenz (1912) in der Hospital Street.

Tsumeb Arts and Crafts Centre Eine empfehlenswerte Adresse ist das Tsumeb Arts and Crafts Centre (Main Street 18). Man kann Künstlern und Handwerkern bei der Arbeit zuschauen und ihre Erzeugnisse kaufen. Damit unterstützt man ein verdienstvolles Entwicklungsprojekt: Ältere Leute bilden hier junge Arbeitslose in den Kunsthandwerkstechniken aus.

TSUMEB ERLEBEN

AUSKUNFT

Travel North Tourism Services
1551 OMEG Allee,
Tel. 0 67 / 22 07 28
travelnn@tsunamib.com

ESSEN

▸ Preiswert

① ***Etosha Café***
21 Main Street, Tel. 0 67 / 22 12 07
Ein günstiger Ort für eine kleine Erfrischungspause im begrünten Innenhof, auch einfache Übernachtungsmöglichkeiten sind vorhanden.

ÜBERNACHTEN

▸ Günstig

① ***Minen Hotel***
Post Street
Tel. 0 67 / 22 10 71, Fax 22 17 50
www.minenhotel.com
Der Lebensstil der weißen Farmer und Stadtbewohner spiegelt sich in verblüffender Authentizität im historischen Minen Hotel am Stadtpark wider. Hierher kommt man zu jedem Anlass, zum Sehen und gesehen werden. Gourmets sind hier sicher fehl am Platz, doch die Portionen bei Tisch sind mehr als reichlich und richtig nahrhaft.

▸ Komfortabel

Gabus Game Ranch
P.O. Box 52, Otavi, Tel. 0 67 / 23 42 91
kuehl@mweb.com.naEin Kleinod unter den Gästefarmen ist die Gabus Ranch, mit Platz für nur acht Gäste. Großfamilien und Kleingruppen finden hier eine familiär geführte Unterkunft, ideal zum Ausspannen mit tollen Wildbegegnungen auf dem Weg zum Etosha.

Aus dem Otjikoto-See bargen Taucher altes deutsches Kriegsgerät.

Umgebung von Tsumeb

Otavi

In Otavi, einem schlichten Städtchen 63 km südwestlich von Tsumeb, wurde 1915 das Ende der deutschen Kolonialherrschaft besiegelt. Die Gedenktafel am nördlichen Ortsrand markiert die Stelle, an der am 9. Juli 1915 der deutsche Gouverneur Seits und Truppenkommandeur Franke vor dem südafrikanischen General Louis Botha die Kapitulationsurkunde unterschreiben mussten. In den östlich gelegenen Otavi-Bergen entdeckten Wissenschaftler im Juni 1991 in einer Höhle, in der die Damara in vergangenen Jahrhunderten Kupfer geschmolzen haben, einen 12 – 15 Mio. Jahre alten Kieferknochen eines Hominoiden (Otavipithecus namibiensis), der erste Fund dieser Spezies südlich des Äquators.

Otjikoto Lake

Ein weiteres Naturwunder Namibias befindet sich 25 km nordwestlich von Tsumeb (an der B 1). Der Otjikoto- und der nahe Guinas-See sind die einzigen natürlichen Seen Namibias. Der fast kreisrunde und über 100 m tiefe Otjikoto See war einst eine Höhle, sichtbar wurde er erst nach dem Einsturz des Daches. Die hier lebenden Fischarten sind Maulbrüter, heißen Filapia und werden bis zu 20 cm groß. Kurz vor der Kapitulation 1915 versenkten deutsche Truppen einen Großteil ihrer Waffen und Munition in dem See. Taucher haben einen Teil davon später geborgen, z. B. einen Munitionswagen (heute im Museum in ► Windhoek). Einige der Waffen kamen ins Museum von Tsumeb. Auf dem Gelände gibt es einen Campingplatz.

Guinas Lake

Noch idyllischer als der Otjikoto-See präsentiert sich der Guinas-See. Er soll 130 m tief sein und dient ebenso wie der Otjikoto Lake der Wasserversorgung umliegender Farmen.

Muramba Bushman Trails Wanderungen auf den Spuren der San organisiert Reinhard Friederich auf seiner Farm. Man erreicht das Gelände der Muramba Bushman Trails über die C 75, die Tsumeb mit Tsintsabis verbindet. Nach 64 km biegt man rechts auf die D 3016 ab, nach weiteren 6 km hält man sich nochmals rechts. Tagesbesucher sind willkommen, es besteht auch die Möglichkeit zum Übernachten in einfachen Hütten (Anmeldung unter Tel. 0 67 / 22 06 59, Fax 22 27 90). Folkloristische Darbietungen kann man hier allerdings nicht erwarten. Dafür hat man den Eindruck, dass die hier lebenden und arbeitenden Bushmen ein würdevolles Leben führen – das ist mehr als die meisten ihres Volkes heute noch von sich behaupten können.

★★ Victoria Falls

H 1

Region: Grenzgebiet von Simbabwe und Sambia

Höhe der Fälle: 119 m

Die Viktoriafälle sind die größten Wasserfälle des afrikanischen Kontinents. Der Sambesi fällt dort – den größten Wasservorhang der Welt bildend – auf einer Breite von 1700 m donnernd in die Tiefe. Viele Reisende zieht es vor oder im Anschluss an eine Namibia-Reise zu diesem eindrucksvollen Naturwunder.

Anreise Geeignete Ausgangspunkte sind das in Sambia gelegene **Livingstone** oder der Ort **Victoria Falls** in Simbabwe. Beide Städte verfügen über Flughäfen, welche die Air Namibia von Windhoek über Katima Mulilo (Caprivi-Zipfel) mehrmals wöchentlich anfliegt. Für Auto-Reisende, die sich im Caprivi-Zipfel aufhalten, lohnt der Abstecher ebenfalls (für den Grenzübertritt mit einem Leihwagen benötigt man die Genehmigung des Verleihers); die 56 km zwischen Ngoma und Kasane legt man auf einer guten Schotterpiste, die restlichen 84 km bis Victoria Falls auf einer asphaltierten Straße zurück. 2004 wurde eine neue Brücke über den Sambesi bei Katima Mulilo eröffnet, das ermöglicht eine billigere und schnellere Anreise nördlich des Flusses über Sambia. Das Visum gibt es gegen US-Dollar direkt am Grenzübergang.

Einreisebestimmungen Für die Einreise nach Simbabwe wird an der Grenze eine Visumsgebühr erhoben. Das Land hat unter dem Mugabe-Regime große wirtschaftliche Probleme, die Inflation galoppiert, Benzin und Lebensmittel sind Mangelware. Kreditkarten werden kaum noch akzeptiert. Für Reisen zu den Victoriafällen ist die Situation überschaubar, von Reisen in den Rest des Landes ist dringend abzuraten. Impfungen sind nicht vorgeschrieben. Malaria-Prophylaxe wird im Gebiet der Viktoria-Wasserfälle empfohlen, vor allem in den Monaten November bis März.

Geschichte

1855 entdeckte der schottische Missionar, Arzt und Afrikaforscher **David Livingstone** als erster Europäer die Fälle. Um die folgende Jahrhundertwende begann man mit dem Bau einer Eisenbahnlinie zwischen Kapstadt und Kairo. Diese wurde zwar nur teilweise verwirklicht (sie endet heute in Zaire), aber nachdem 1905 die Brücke, die den Sambesi bei den Wasserfällen überquert, fertig gestellt war, kamen dann die ersten Besucher. Im Jahr 1906 entstand ein Vorläufer des legendären **Victoria Falls Hotel** (► Praktisch-Kasten S. 255), das seither immer wieder vergrößert und modernisiert wurde.

Sambesi

Der Sambesi entspringt im äußersten Nordwesten Sambias, nahe der zairischen Grenze. Er durchfließt den äußersten Osten Angolas sowie den Westen Sambias und bildet dann im ► Caprivi-Zipfel einen Teil der Grenze zwischen Namibia und Sambia. In seinem Mittellauf, bei Livingstone (Sambia), verlässt der gewaltige Fluss das Hochland und stürzt bei den Victoriafällen in eine tiefe, enge Schlucht. Im weiteren Verlauf bildet er die Grenze zwischen Sambia und Simbabwe. Bei Tete erreicht er das Tiefland von Mosambik, wo er schiffbar wird. Rund 200 km nördlich von Beira mündet er in den Indischen Ozean. Der Sambesi ist knapp 2700 km lang.

Der Sambesi ist der viertlängste Fluss Afrikas.

VICTORIAFÄLLE

★★ **Feiner Sprühnebel umhüllt die Umgebung, das Donnern ist wahrlich ohrenbetäubend und der Anblick dann nahezu unvergesslich: Ein Sinneserlebnis der Superlative sind die Victoriafälle – und außerdem der längste einheitlich herabstürzende Wasserfall der Welt.**

Entstehung

Die Viktoriafälle entstanden und entstehen auch weiterhin an Kluft- bzw. Verwerfungslinien innerhalb einer größeren Basaltfläche, über die der Sambesi hinwegfließt. Dabei räumt der Fluss immer wieder die sein breites Bett querenden Klüfte und Spalten aus, die von unterschiedlich widerständigem und verhältnismäßig leicht abtragbarem Gesteinsmaterial (v. a. Sandstein) gefüllt sind. Das in Ost-West- bzw. in Nord-Süd-Richtung verlaufende Kluft- und Spaltensystem in dem ausgedehnten Basaltkomplex erleichtert die rückschreitende Erosion und bewirkt auch den eigentümlichen Zickzack-Kurs dieser Abtragung.

1 Eine gigantische Wasserwand

Das Wasser des Sambesi stürzt derzeit auf einer Breite von rund 1700 m in eine 80 bis 105 m tiefe und nur 40 bis 100 m breite Schlucht. Diese Klamm ist die jüngste einer ganzen Reihe von zickzackförmig angeordneten Canyons, die der Fluss im Laufe der Zeit durch rückschreitende Erosion geschaffen hat. In der Regenzeit rauschen bis zu 5400 m^3/sec Wasser pro Sekunde hinab und es steigt eine bis zu 1600 m hohe Gischt- und Nebelwolke auf, die noch aus 40 km Entfernung zu sehen ist. In der Trockenzeit sind es gerade knapp 300 m^3/sec oder noch weniger, doch dann zeigen die Fälle, was sie sind: eine gigantische Wasserwand.

2 Devil's Cataract

Hier tost das Wasser besonders wild, denn hier scheren sich Klüfte, die mit weniger widerständigem Sandstein ausgefüllt sind und leichter ausgeräumt werden können. Es deutet sich bereits auch die nächste »Zacke« des Schluchtverlaufs an.

3 Horseshoe Falls

Sehr eindrucksvoll stürzen die Wassermassen an dieser hufeisenförmigen Kerbe in die Tiefe.

4 Rainbow Falls

Bei entsprechendem Einfall des Sonnenlichts entsteht hier ein herrlicher Regenbogen im Sprühschleier des Wasserfalls.

5 Boiling Pot

An dieser Biegung der Schlucht dreht sich das Wasser in mächtigen Strudeln, bevor es nach Südwesten und unter der Brücke abfließt.

6 Second Gorge

7 Third Gorge

8 Fourth Gorge

Diese Schluchten, an die sich flussabwärts noch fünf weitere anschließen, markieren einzelne Stadien der Flussgeschichte bzw. der rückschreitenden Erosion.

9 Victoria Falls Bridge

Die 200 m lange kombinierte Eisenbahn- und Straßenbrücke überspannt seit 1905 (Eisenbahn) bzw. 1930 (Straße) die an dieser Stelle 130 m tiefe Sambesi-Schlucht. Ein Tipp für weniger Mutige: Man kann auf ihr zu Fuß nach Sambia gehen. Es wird ein kostenloser Passierschein ausgestellt und der Blick ist atemberaubend!

10 Livingstone Statue

Der schottische Missionar und Afrikaforscher hat die Wasserfälle 1855 entdeckt und nach der englischen Königin Victoria benannt. In der Sprache der Makalolo, die Livingstone zu den Fällen geführt hatten, hießen sie sehr viel treffender **»Mosi-oa-Tunya«**, »Rauch, der donnert«. Und so beschrieb Livingstone 1855 das Naturspektakel:

Nach zwanzig Minuten Fahrt von Kalai aus sahen wir zum ersten Male die Rauchsäulen, die sich in einer Entfernung von fünf bis sechs Meilen erhoben, gerade wie wenn große Strecken Gras in Afrika angebrannt werden. Es stiegen fünf Säulen auf, deren Spitzen sich mit den Wolken zu vermischen schienen ... Die Ufer und die auf dem Fluss verstreuten Inseln sind mit Waldbäumen der verschiedensten Farben und Gestalt geschmückt.

11 Danger Point

Aussichtspunkt

12 Knife Edge

Aussichtsterasse

VICTORIA FALLS ERLEBEN

AUSKUNFT

Publicity Association
Victoria Falls (Simbabwe)
Tel. 0 02 63 /13 / 44 202

Tourist Information
Livingstone (Sambia)
Tel. 0 02 60 / 3 / 32 14 04
zntblive@zamnet.zm

ÜBERNACHTEN

▶ Luxus

① ***Victoria Falls Hotel***
0 02 63 / 13 / 47 51, Fax 45 86
www.victoriafallshotel.com
Von der großen Veranda und Terrasse des im Jahr 1904 erbauten Nobelhotels mit exquisiter Küche hat man einen herrlichen Blick auf die Victoria-Falls-Brücke und die darunter liegende Schlucht.

③ ***Ilala Lodge***
P.O. Box 18, Victoria Falls, Simbabwe
Tel. 0 02 63 / 13 / 4 47 37, Fax 4 47 40
www.ilalalodge.com
Die nette Anlage mit gutem Restaurant ist ebenfalls in Fußnähe zu den Fällen gelegen. Zum Hotel gehört die einzige Disco des Ortes.
Die Lodge managed auch den örtlichen Campingplatz mit Zeltmöglichkeiten, Chalets und Cottages.

⑤ ***Tongabezi Lodge***
P.O. Box 31, Livingstone, Sambia
Tel. 0 02 60 / 3 / 32 32 35, Fax 32 32 24
Die Lodge mit Zelt-Cottages und Luxushäuschen liegt nahe Livingstone, an der Grenze zwischen Sambia und Simbabwe direkt am Sambesi, oberhalb der Fälle. Fast alle angebotenen Aktivitäten sind hier auf's Wasser ausgerichtet: Kanu- und Motorbootfahrten, Angeln, Tierbeobachtung am Flussufer und selbstverständlich Ausflüge zu den Fällen – auf Wunsch mit dem Flugzeug.
Denselben Betreibern gehört auch das 3 km entfernt gelegene Sindabezi Island Camp. Auf dem Inselchen stehen nur vier schilfgedeckte Hütten. Man kann auf der Terrasse schlafen und hat zwischen sich und den Sternen nur noch ein Moskitonetz.

② ***Makasa Sun Hotel***
P.O. Box 90
Victoria Falls Zimbabwe
Tel. 0 02 63 / 11 / 3 34 61
Fax 3 47 82
Großes modernes Hotel mit Kasino, sehr nahe bei den Fällen gelegen.

▶ Komfortabel

④ ***Rainbow Hotel***
Tel. 0 02 63 / 13 / 4 58 71
Fax 4 45 61
Vom Rainbow Hotel im Zentrum von Victoria Falls sind die Fälle bequem zu Fuß erreichbar.

Naturnah und luxuriös – die Tongabezi Lodge

Victoria Falls National Park Orientierung

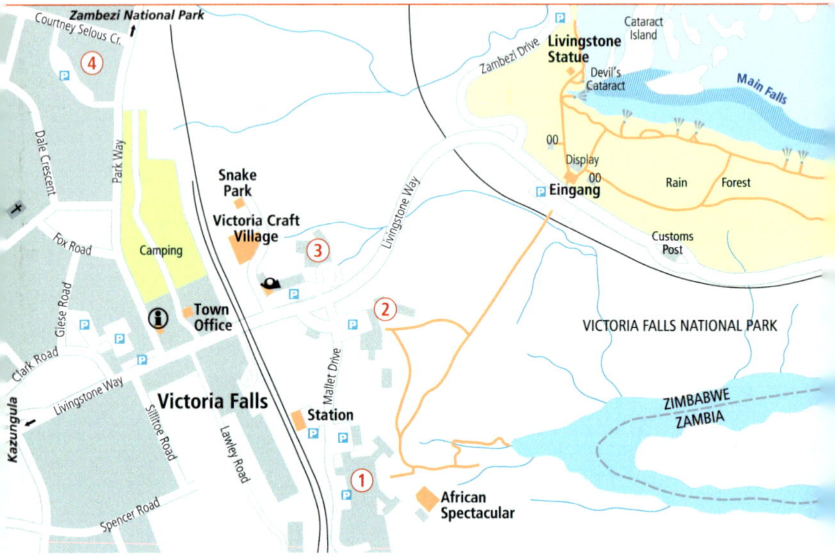

immergrünen Uferwald. Doch Vorsicht ist geboten: Der Weg wird auch von Büffeln oder Elefanten genutzt, am Ufer stößt man unter Umständen auf dösende Krokodile ...

Zambezi National Park

Der 570 km² große Zambezi-Nationalpark lädt zu Tagesausflügen ein, entweder mit einem der ortsansässigen Safari-Unternehmen oder als Selbstfahrer (Allrad-Fahrzeug empfohlen). Er beginnt wenige Kilometer flussaufwärts, am Ende des Park Way. Im Wildpark führt eine etwa 25 km lange Schotterpiste am Sambesi-Uferwald entlang; zahlreiche Abstecher führen direkt ans Wasser, wo man die Ausblicke auf den träge dahinfließenden Fluss mit seinen zahlreichen Flusspferden genießt. Eindrucksvoll ist auch die Vogelwelt vertreten.

★★ Victoria Falls Park

Die Hauptattraktion sind jedoch unzweifelhaft die Fälle selbst, deren nähere Umgebung zum Victoria Falls Park erklärt wurde. Am Eingang informiert eine kleine Ausstellung über die Entstehung und die Geschichte der Fälle. Dann hält man sich links, um den Rundgang im Westen des Geländes, an der Livingstone-Statue (► Karte oben) zu beginnen. Von hier genießt man einen ersten atemberaubenden Blick in die tiefe Schlucht, bei Sonnenschein leuchtet in der Gischt ein herrlicher Regenbogen. Der Weg geht nun in Richtung Osten, die Eindrücke werden von Aussichtspunkt zu Aussichtspunkt dramatischer. Eine steile Treppe führt hinunter zum **Devil's Cataract**, wo der Sambesi 70 m in die Tiefe stürzt, bei den **Main Falls** sind es bereits

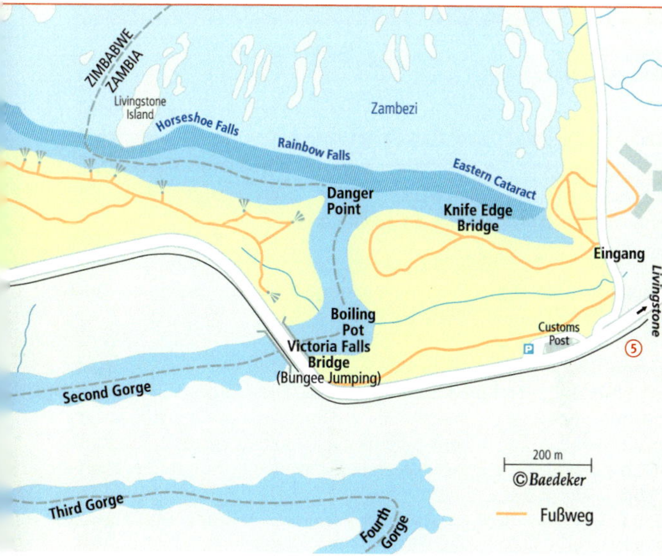

Übernachten
1. Victoria Falls Hotel
2. Makasa Sun Hotel
3. Ilala Lodge
4. Rainbow Hotel
5. Tongabezi Lodg

85 m und bei den **Rainbow Falls** stolze 108 m. Die beiden letztgenannten Aussichtspunkte liegen im Regenwald. Die hohe Feuchtigkeit und große Hitze sorgen hier für die üppige tropische Vegetation. Viele der großen Ebenholz- und Mahagoni-Bäume sind mit Schlingpflanzen überwuchert; besonders zahlreich sind die Feigenbäume, in denen man vielerlei Vögel hört. Erst am Aussichtspunkt auf die **Eastern Falls** erreicht man wieder trockenes Gelände. Beim **Danger Point** sieht man die Rainbow Falls und den schmalen Durchlass, durch den der Sambesi in die nächste Schlucht, die sog. **Second Gorge** gedrängt wird, die bis zu 100 m breit und nahezu 2 km lang ist.

Livingstone (Sambia)

Wem das hektische Victoria Falls nicht zusagt, der ist auf der sambischen Seite der Victoria-Wasserfälle besser aufgehoben (wunderschön übernachten kann man hier z. B. in der Tongabezi Lodge ► Victoria Falls erleben).

In Livingstone selber lohnt das **Nationalmuseum** einen Besuch, neben archäologischen Fundstücken und kunsthandwerklichen Erzeugnissen ist David Livingstone eine kleine Sammlung gewidmet. Das Museum liegt an der Hauptverkehrsstraße, der Mosi-oa-Tunya Road, beim Fremdenverkehrsamt.

i Feuchtes Vergnügen

- Zum Besuch der Fälle unbedingt Regenzeug mitnehmen, da der Großteil des Geländes dauernd mit Sprühregen berieselt wird! In der Dämmerung sollte man auch an einen Moskitoschutz denken. Die beste Tageszeit für einen Besuch ist der frühe Nachmittag.

Walvis Bay

C 4

Region: Erongo
Höhe: Meereshöhe
Einwohnerzahl: 36 000

Zwischen Kapstadt und Luanda ist Walvis Bay, der Naturhafen in der geschützten Bucht gleichen Namens, der einzige Tiefseehafen an der südwestafrikanischen Küste. Hier werden 95 % des namibischen Außenhandels abgewickelt.

Zentrum der Fischindustrie

Die Hafenstadt Walvis Bay ist die zweitgrößte Stadt Namibias. Haupterwerbszweige sind der Fischfang und die Fischverarbeitung sowie die Salz- und Guanogewinnung.

Geschichte

Schon Bartholomeu Diaz erkannte die Eignung zum Hafenplatz, als er 1487 als erster Europäer hier landete. Der Name Walfischbucht tauchte Mitte des 16. Jh.s auf, als die Bucht ein bevorzugter Ankerplatz von Walfängern wurde, die hier reiche Beute machten. Da es jedoch keine Quellen in der Nähe gab, kam die Gegend als Siedlungsgebiet nicht in Frage.
1793 begannen zweihundert Jahre dauernde Auseinandersetzungen um den Besitz des Hafens, die erst 1994, mit der Rückgabe von Walvis Bay an Namibia, zu Ende gingen. Seit 1884 verwaltete erst Großbritannien und von 1922 an Südafrika die Stadt. Auch nach der Unabhängigkeit Namibias im Jahr 1990 hielt Südafrika zunächst an Walvis Bay als »natürlichem Teil« seines Gebietes fest. In langen Verhandlungen einigten sich beide Länder dann zunächst auf eine gemeinsame Verwaltung und seit 1994 gehört Walvis Bay endgültig wieder zu Namibia.

Stadtbild

Die lange Zugehörigkeit zu Südafrika schlägt sich im Stadtbild nieder. Schon auf den ersten Blick wirkt Walvis Bay anders als die meisten namibischen Ortschaften. Die ganz von Wüste und Meer umschlossene Stadt ist schachbrettartig angelegt mit auffallend breiten Straßen. Diese sind nicht mit Namen, sondern mit Nummern versehen. Die »Roads« führen immer zur Küste hin, wohingegen die »Streets« parallel zu ihr verlaufen. Die geschäftige Stadt wirkt touristisch nicht allzu ansprechend. Bedeutende Sehenswürdigkeiten gibt es nicht, sie wird als Durchgangsstation nach Sandwich Harbour oder wegen des Vogelreichtums der Region als Ausflugsziel von Swakopmund aus besucht.

Sehenswertes in Walvis Bay

Civic Center

Aus Swakopmund kommend erreicht man die Stadt am Diaz Circle, an dem auch die aus Windhoek herführende C 14 endet. Von hier aus ist es nicht weit zum Civic Center (10th Street). In dem moder-

WALVIS BAY ERLEBEN

AUSKUNFT

Tourist Office
42 12th Road, Tel. 0 64 / 20 91 70
valvisinfo@com.na
Hier gibt es auch Permits für den ►Namib Naukluft Park.

ESSEN

► Fein & Teuer

The Raft
Tel. 0 64 / 20 48 77
Auf Stelzen über der Lagune gebaut, besonders schön bei Sonnenuntergang, manchmal kann man sogar Delphine erspähen. Fisch dominiert die Karte.

► Erschwinglich

Crazy Mama's
113 11th Road, Tel. 0 64 / 20 73 64
Beliebtes Restaurant, es gibt Fisch, Pasta, Pizza, Salate.

Café Restaurant Probst
148 Theo Ben Guriab St.
Tel. 0 64 / 20 27 44
Leckermäuler aufgepasst: Namibias angeblich beste Schwarzwälder Kirschtorte – oder ist es die Nusscremetorte oder der Frankfurter Kranz? – gibt es im Café Probst.

Torte wie bei Großmuttern gibt es im Café Probst.

ÜBERNACHTEN

► Luxus

Lagoon Lodge
Tel. 0 64 / 20 08 50, Fax 20 08 51
www.lagoonlodge.com.na
Schönste Unterkunft im Ort, direkt an der Lagune gelegen, mit Swimming-Pool und exzellenter Küche

► Preiswert

Kleines Nest
76 Esplanade
Tel. 0 64 / 20 32 03, Fax 20 369 07
wmlcoast@iafrica.com.na
Vier freundliche Zimmer mit schönem Blick auf die Lagune

nen Gebäude sind unter anderem das Fremdenverkehrsamt, die öffentliche Bibliothek und ein Museum untergebracht. Im **Museum** sind prähistorische Funde und eine Mineraliensammlung ausgestellt; darüber hinaus unterrichtet es über die wechselvolle Stadtgeschichte (Öffnungszeiten: Mo. – Fr. 9.00 – 16.00 Uhr).

Rheinische Missionskirche

Ältestes Gebäude der Stadt ist die Rheinische Missionskirche. Sie wurde 1879 in Hamburg als Fertigbau hergestellt, in Einzelteilen nach Walvis Bay verschifft und 1880 am Hafen aufgebaut. 1960, als der Hafen vergrößert wurde, musste sie an ihre heutige Stelle, in die 5th Road/Ecke 8th Street, versetzt werden.

Hafen Der Hafen liegt im Mündungsbereich des hier unterirdisch fließenden Kuiseb (nur wenn der Fluss extrem viel Wasser führt, in den letzten 150 Jahren geschah dies 16mal, mündet er oberirdisch). Er kann nur mit einer Genehmigung besichtigt werden (Auskunft erteilt das Fremdenverkehrsbüro im Civic Center).

✶ **Lagoon** Eine Landzunge bildet eine weite Bucht. Sie endet im Norden mit dem **Pelican Point**, zu dem Bootsfahrten angeboten werden. Diese Bucht ist Lebensraum für viele Seevogelarten und ist die »Hauptattraktion« von Walvis Bay. Über die Diaz Street und die Esplanade gelangt man zu einer entlang der Küste verlaufenden Promenade im Süden der Stadt. Von hier hat man einen guten Blick über die Lagune; im nährstoffreichen Flachwasser halten sich zur Freude der Besucher Tausende Flamingos, Pelikane, Möwen und andere Seevögel auf.

Hauptattraktion von Walvis Bay: Pelikane und andere Seevögel

Am östlichen Ortsausgang von Walvis Bay, zwischen C 14 und 13th Road, liegt der **Bird Park**, der Vogelpark mit einem Aussichtsturm. Ein kleiner, mit Sumpf- und Wasserpflanzen bewachsener, künstlich angelegter Strandsee bietet Lebensraum für Seevögel, für farbenfrohe Flamingos, Pelikane und Co ...

Umgebung von Walvis Bay

Bird Island Bird Island ist der Küste 10 km nördlich von Walvis Bay vorgelagert. Auf der nur 1700 m² großen künstlichen Insel nisten jedes Jahr Pelikane, Kormorane und andere Seevögel. Im Februar, nach der Brutzeit, lassen sie eine ca. 6 cm hohe Kot-Schicht aus rund 1000 t Guano zurück. Der begehrte Dünger wird mit Hilfe einer Seilbahn aufs Festland transportiert.

Long Beach Long Beach ist ein schnell wachsendes Erholungsgebiet 15 km nördlich der Stadt, mit Restaurant, Spielplatz und Picknicktischen.

Düne Nr. 7 Man verlässt Walvis Bay auf der C 14 in Richtung Windhoek. Nach knapp 7 km führt ein kurzer Abstecher in Richtung Norden zur Düne Nr. 7, dem mit 50 m höchsten Sandberg der Gegend.

Rooibank Bleibt man dagegen auf der C 14, zweigt kurz darauf die Pad 1983 in Richtung Süden nach Rooibank ab. Das umliegende Gelände wurde ebenso wie die Lagune bei Walvis Bay als **Walvis Bay Nature Park** unter Naturschutz gestellt. Bei Rooibank versorgen Bohrlöcher die Städte Walvis Bay und Swakopmund mit Trinkwasser aus dem unterirdisch verlaufenden Kuiseb (►Namib Naukluft Park). Auf einer Piste kann man von Rooibank aus das Schutzgebiet auch mit einem Pkw erkunden.

Salzgewinnung

Im Süden von Walvis Bay befinden sich die Walvis Bay Salt Works, der bedeutendste Salzerzeuger Afrikas. Die Anlagen können nach Voranmeldung besichtigt werden (Auskünfte erteilt das Fremdenverkehrsamt).

Paaltjes

Etwa 15 km südlich der Stadt erreicht man Paaltjes; die weitläufigen Felsstrände gehören zu den beliebtesten Angelplätzen in der Umgebung.

Sandwich Harbour

Das Naturschutzgebiet Sandwich Harbour erstreckt sich rund 45 km südlich von Walvis Bay und ist Teil des ►Namib Naukluft Park. Den Kern des Schutzgebietes bildet eine mehr als 10 km lange, sich ständig verändernde Lagune. Daran schließt nach Osten hin eine grandiose Dünenlandschaft an. Der Küstenabschnitt ist vor allem bei Naturliebhabern und bei Anglern beliebt. Für den Besuch von Sandwich Harbour benötigt man eine Genehmigung, die u. a. die Naturschutzbehörde in Swakopmund erteilt. Es sind nur Tagesbesucher zugelassen, eine Übernachtungsmöglichkeit gibt es nicht. Das Gebiet bei der Lagune kann man nur zu Fuß erkunden, ein traumhafter Blick bietet sich vom Kamm der Düne bei der Lagune.
Die Fahrt von Walvis Bay nach Sandwich Harbour gilt als eine der anspruchsvollsten Allradstrecken in Namibia. Die Pisten sind weder gekennzeichnet noch befestigt. Streckenweise geht es durch tiefen Sand, dann wieder direkt an der Küste entlang auf einer manchmal überfluteten Piste. Von einer Privatfahrt nach Sandwich Harbour ist daher abzuraten.

Dünenlandschaft bei Sandwich Harbour

Heute kann man es kaum noch glauben, dass die Gegend bei der Lagune einst ein bei Walfängern, Schmugglern und Piraten beliebter Ankerplatz war (zumal es hier eine Quelle gibt, die für Frischwasser sorgt). Am Südrand der Lagune wurde 1890 eine kleine Fleischfabrik errichtet, die nach Versandung des Ankerplatzes schon 1895 aufgegeben wurde. An sie erinnern nur noch die verwitterten Balken zweier alter Häuser. Zwischen 1910 und Ende der vierziger Jahre erlebte Sandwich Harbour durch die Guanogewinnung einen letzten wirtschaftlichen Aufschwung.

★ Waterberg Plateau Park

D 3

Region: Otjozondjupa **Fläche:** 405 km²
Höhe: bis 1857 m ü. d. M.

Das Waterberg-Plateau ist eine der eindrucksvollsten Landschaften im Norden Namibias. Die 50 km lange und bis zu 16 km breite Hochfläche des Tafelbergs überragt das Umland um etwa 200 m. Den Fuß der steilen und schroffen Felswände ziert eine üppig grüne Vegetation.

Nomen est omen

Wie der Name »Wasserberg« vermuten lässt, ist hier relativ viel Oberflächenwasser vorhanden. Die Niederschläge versickern sofort im Sand des Plateaus, eine wasserundurchlässige Tonschicht am Fuße des Waterbergs staut sie jedoch und lässt sie als Quellen wieder zutage treten. Seit 1972 steht das Gebiet als Waterberg Plateau Park unter Naturschutz. Es gliedert sich in die so genannte Wilderness Area, in der die Natur völlig sich selbst überlassen bleibt, in der anderen Hälfte des Parks wurden Wege und Tiertränken angelegt.

Rot angestrahlt von der Abendsonne

Für die **Herero** ist der Waterberg ihr »Schicksalsberg«, hier kam es zum letzten entscheidenden Kampf mit den Soldaten der deutschen Schutztruppe. Am 10. August 1904 standen sich mehrere Zehntausend Herero – Männer, Frauen und Kinder mit Vieh und ihrem gesamten Besitz – und gut 1600 deutsche Soldaten auf einer 40 km langen Frontlinie am Waterberg gegenüber. Der waffentechnischen Überlegenheit der deutschen Truppe waren die Herero nicht gewachsen, es blieb ihnen nur noch die Flucht.

Waterberg Plateau National Park Orientierung

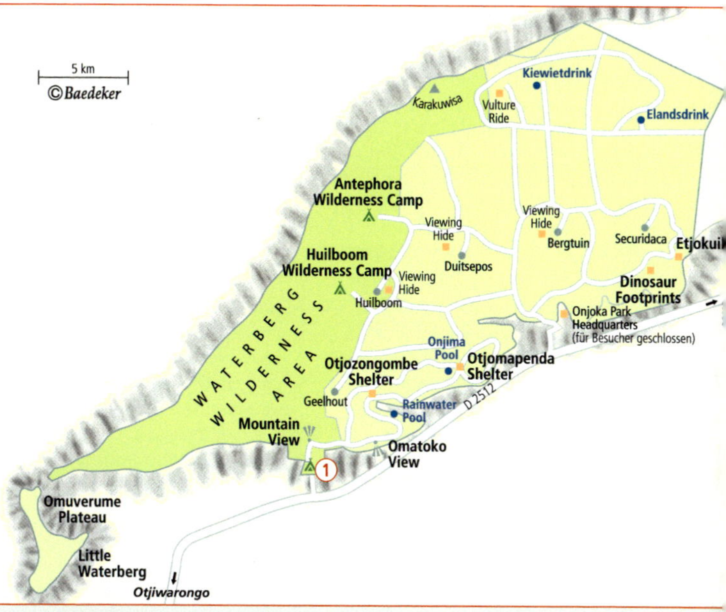

Übernachten
① Barnabé de la Bat Camp

Sie zogen nach Osten, in ein äußerst trockenes Gebiet; viele, die die Schlacht überlebt hatten, verdursteten bzw. verhungerten hier, da ihnen der Rückweg von den deutschen Truppen abgeschnitten wurde. Am zweiten Sonntag in jedem August gedenken Herero und Deutsche auf dem Soldatenfriedhof beim Waterberg gemeinsam ihrer Toten (► Praktische Informationen, Feiertage, Feste, Events). Das Missionsgelände am Waterberg wurde 1907 an Farmer verkauft; 1972 wurde es als Waterberg Plateau Park unter Naturschutz gestellt.

Flora und Fauna

Die wasserarme Hochfläche des Waterberg bedeckt Baum- und Buschsavanne. Geradezu tropisch ist die Vegetation am Fuße des Plateaus. Hier wachsen wilde Feigenbäume, mehrere Akazien- und zehn Farnarten. Auffallende Blütenpflanzen sind Feuerlilien und Korallenbäume.

Der Waterberg Plateau Park ist Heimat für 90 verschiedene Säugetierarten. Einige seltene und bedrohte Tierarten wurden hier wieder angesiedelt, so Pferde-, Rappen- und Elenantilopen, Giraffen, Streifengnus und Breitmaul- sowie Spitzmaulnashörner. Zum Wildbestand gehören ferner Kudus, Impalas, Spieß- und Steinböcke, Klipp-

WATERBERG PLATEAU PARK ERLEBEN

ANFAHRT / STRASSEN

Einziger Zugang für Individualreisende zum Waterberg Plateau Park ist das Tor beim Barnabé de la Bat Camp. Man erreicht es, wenn man 30 km vor Otjiwarongo von der B 1 auf die C 22 abbiegt, nach 41 km links auf die D 2512. Auf dieser gut befahrbaren Sandpiste gelangt man nach 18 km zur Abzweigung in den Park (der letzte Streckenabschnitt ist jedoch problematisch nach starken Regenfällen!). ***Fahrten mit dem eigenen Fahrzeug innerhalb des Parks sind nicht erlaubt.*** Es werden jedoch täglich von Angestellten der Parkverwaltung informative Rundfahrten angeboten, zudem kann man den Park auf längeren oder kürzeren Wanderungen erkunden.

ÜBERNACHTEN

① ***Barnabé de la Bat Camp***
Das sehr einfache Camp bietet Bungalows (nur mit Buchung; unbedingt Luxuskategorie wählen!). Zum Camp gehört auch ein schattiger Campingplatz. Restaurant, Laden, Tankstelle und Swimmingpool sind vorhanden. Das Restaurant wurde 1908 als deutsche Polizeistation errichtet. Auch Tagesbesucher sind willkommen. Buchung: Wildlife Resort in Windhoek (www.nwr.com.na, ►Praktische Informationen, Auskunft).

TOUREN

Mountain View Walk
Die vielleicht schönste Tour ist der Mountain View Walk. Der Pfad schlängelt sich zum Fuß der steilen Felswände, dann geht es aufwärts zum Plateau (Aufstieg ca. 30 Min.). Der Mission Way führt vom Restaurant, vorbei an Mauerresten der Missionsstation, zum zuvor erwähnten Soldatenfriedhof.

Wilderness Tours
Zwischen April und November werden an jedem zweiten, dritten und vierten Wochenende eines Monats geführte dreitägige Gruppen-Wanderungen durch den als »Wilderness Area« bezeichneten Teil des Naturschutzgebietes organisiert (die Gruppen umfassen mindestens sechs und höchstens acht Personen). Die tägliche Wanderleistung beträgt durchschnittlich 15 km.

Zudem kann man ohne Begleitung eines Wildhüters einen 50 km langen Wanderweg absolvieren, aber Achtung: Begegnung mit Nashorn oder Büffel nicht ausgeschlossen! Aus Sicherheitsgründen darf diese Tour nur in Gruppen von mindestens drei Personen unternommen werden.

← Die Gegend um den Waterberg ist ein Zentrum der Herero.

springer, Geparde, Leoparden und Schakale. Von den 200 Vogelarten sei besonders auf die **Kapgeier** verwiesen. Am Waterberg befindet sich die einzige Brutkolonie dieser seltenen Geierart in Namibia. Es wird geschätzt, dass es weltweit nur noch 2000 Brutpaare gibt. Ca. 20 Kapgeier sind im Waterberg Plateau Park heimisch.

Umgebung vom Waterberg Plateau Park

Okakarara

Südöstlich des Waterberg Plateau Park liegt die Ortschaft Okakarara, sie war einst Hauptort des Homelands »Hereroland«. Entsprechend hat sie Bedeutung als Gewerbe-, Verwaltungs- und Schulzentrum. Holz- und Wellblechhütten beherrschen das Straßenbild, die Arbeitslosigkeit ist hoch, die Perspektiven schlecht. »Seit uns die Deutschen unser Land, unsere Kühe und damit unsere Kultur genommen haben, leben wir hier wie auf dem Friedhof«, sagte ein Herero-Führer. Ende 2004 wurde mit Unterstützung des Deutschen Entwicklungsdienstes in Okakarara ein **Kulturzentrum** errichtet. Touristen können Veranstaltungen besuchen, örtlich produziertes Kunsthandwerk kaufen und auf dem kleinen Campingplatz übernachten.

★★ Windhoek

D 4

Region: Khomas
Einwohnerzahl: 252 000
Höhe: 1656 m ü. d. M.

Für die meisten Touristen ist Windhoek Ausgangspunkt ihrer Namibia-Rundreise. Das angenehme Hochlandklima und die bunte Bevölkerungsvielfalt der lebendigen Hauptstadt stimmen bestens auf das Land ein.

Namibias Hauptstadt

Windhoek ist Regierungssitz, Wirtschafts- und Kulturzentrum sowie einzige Universitätsstadt Namibias. Die größte Stadt des Landes liegt in einem Becken, eingebettet zwischen dem Khomas-Hochland im Westen, den Erosbergen im Nordosten und den Auasbergen im Süden. Alle Straßen (und Flugverbindungen) Namibias führen nach Windhoek, denn die Hauptstadt liegt in der Mitte des Landes: 600 bis 700 km Luftlinie zu den Grenzen im Norden und Süden, jeweils knapp 300 km nach Westen und Osten.
Die Sehenswürdigkeiten sind zwar in einem Tag erkundet, doch sollte man ruhig ein bis zwei Tage für den Aufenthalt in Windhoek einplanen. Außerdem sollte man sich Zeit nehmen, die Stadt auch abseits der Vorzeigestraßen zu erkunden: Verschiedene Reiseveranstalter bieten Fahrten in das Schwarzenviertel Katutura und in die Farbigensiedlung Khomasdal an. Wenn dann noch mehr Zeit vorhanden ist: Der nahe gelegene Daan-Viljoen-Park lädt ein zu Tierbeobachtungen und Wanderungen.

Bevölkerung Seit der Unabhängigkeit Namibias hat Windhoek einen starken Bevölkerungsanstieg zu verzeichnen. Ende der 1980er-Jahre lebten hier erst etwa 115 000 Menschen, heute wird die Einwohnerzahl mit 252 000 angegeben. Vor allem aus dem Norden des Landes und aus Angola erfolgt ständig ein unkontrollierter Zuzug in die Elendssiedlungen (squatter camps) der Stadt. Der weitaus größte Teil der Einwohnerschaft wohnt in Hütten und einfachen Häuschen in den Randgebieten der Stadt. Erstaunlich häufig hört man die deutsche Sprache – obgleich nur für 2 % der Hauptstädter Deutsch Muttersprache ist. Bevorzugtes Wohngebiet der ca. 30 000 Weißen ist Ludwigsdorf.

Geschichte

1840	Nama-Siedlung namens »Klein Windhoek«
1890/1891	Die deutsche Schutztruppe lässt sich in Windhoek nieder und richtet hier ihr Verwaltungszentrum ein.
1902–1914	Blüte der Stadt
1992	Windhoek wird Hauptstadt des neu gegründeten Staates Namibia.

Als sich der Namaführer Jan Jonker Afrikaner ab 1840 an den Quellen ansiedelte, nannte er den Ort »Klein Winterhoek« in Erinnerung an den Geburtsort seiner Vorfahren in den »Winterhoekbergen« im heutigen Südafrika. Die deutsche Einflussnahme in Windhoek begann 1890. Hauptmann Curt von François ließ sich mit seiner Schutztruppe hier nieder und begann mit dem Bau der Alten Feste. Bereits ein Jahr später wurde das zuvor in Otjimbingwe befindliche deutsche Verwaltungszentrum nach Windhoek verlegt. 1892 waren bereits 200 Soldaten in Windhoek stationiert, und die ersten Siedler ließen sich hier nieder. Allerdings lebten auch fünf Jahre später nur 200 Weiße in Windhoek. Sie konnten 1899 immerhin in zwölf Geschäften einkaufen. Auf Ochsengespannen wurden Lebensmittel, Munition und Baumaterial von der Küste hierher transportiert. Mit der Eröffnung der Schmalspurbahn zwischen Swakopmund und Windhoek 1902 erlebte die Stadt einen deutlichen Aufschwung. Dieser fand jedoch schon mit Ausbruch des Ersten Weltkrieges sein Ende. Die zwanziger, dreißiger und vierziger Jahre standen im Zeichen der Stagnation. Erst danach erhielt Windhoek wegen seiner zentralen Lage und nicht zuletzt auch wegen der bereits vorhandenen Bauten zunehmend Bedeutung als Handels- und Verwaltungszentrum. Der Status Windhoeks als Hauptstadt des neu gegründeten Staates stand nach der Unabhängigkeit nie zur Debatte.

Stadtbild Während eines knapp sechsstündigen Rundganges kann man die Sehenswürdigkeiten Windhoeks entdeckt haben. Aber wenn auch die Innenstadt Windhoeks klein und übersichtlich ist, so hat sie keineswegs Dorfcharakter, erst recht nicht mehr, seit aus den Schaufenstern

Windhoek • Übersicht Orientierung

die Relikte deutschtümelnder Traditionalisten verschwunden sind, seit es auch Snackbars, Kneipen und Straßencafés gibt – nicht mehr nur Gaststätten, Bierkeller und Ausschanks. Auch dominieren die mit Shorts und Kniestrümpfen bekleideten, mit Zwirbelbärten und Hüten verbrämten Südwester (so nannten/nennen sich die weißen Einheimischen Namibias) schon lange nicht mehr das Stadtbild. Vielmehr streben smart gekleidete Geschäftsleute aller Hautfarben und jeglichen Alters nebeneinander durch das Gewühl, Schulkinder in ihren Uniformen, die hoch gewachsenen Hererofrauen in ihren wilhelminischen Trachten und Touristen in Khakikleidung. Es sind nur wenige Bettler zu sehen – Windhoek ist noch immer sauber und ordentlich, zumindest, bis man in die Vororte der Schwarzen, Coloureds und illegalen Zuwanderer kommt.
Ein bisschen Europa und gar nicht mehr provinziell, ein bisschen afrikanisch, grellbunt und exotisch: Windhoek ist – zumindest auf den ersten Blick – das Vorzeigemodell einer unabhängigen aufstrebenden Nation. Die Probleme, die auch dieses Land hat, spiegeln sich jedenfalls nicht in den gläsernen Fassaden der Hochhäuser wider, werfen auch keine Schatten auf die pittoresken Geschäftshäuser wilhelminischer Architektur entlang der Independence Avenue, der Hauptstraße. Fast alle Geschäfte und das Regierungsviertel sind bequem zu Fuß erreichbar. Eingebettet in den umliegenden Hügeln liegen schmucke Vororte, die feinsten Adressen befinden sich in Ludwigsdorf, östlich des Zentrums. Die Schwarzen und Farbigen wurden in den Zeiten der Apartheid in die städtischen Randgebiete abgedrängt. Im Norden und Westen der Stadt entstanden seit Ende der 1950er-Jahre neue Viertel mit uniformen Flachbauten und staubigen Straßen. Katutura, das einstige Schwarzenghetto, wirkt deutlich ärmlicher als Khomasdal, das Viertel der Farbigen und Mischlinge. Seit der Unabhängigkeit darf nun jeder dort wohnen, wo er sich ein Domizil leisten kann. De facto hat sich dadurch wenig an den Wohngegebenheiten geändert.

Highlights Windhoek

Independence Avenue
Flanieren, Bummeln und Shoppen auf Windhoeks zentraler »Prachtmeile«, der ehemals sehr schicken Kaiserstraße
► Seite 269

Alte Feste / Staatsmuseum
Eintauchen in die wechselvolle Landesgeschichte in der Alten Feste, dem ältesten Bauwerk von Windhoek
► Seite 274

Tintenpalast
Regierungsgebäude der Kolonialregierung, hier floss einstmals viel Tinte aus den Federn emsiger Kolonialbeamter ...
► Seite 273

Christuskirche
Windhoeks beliebtestes Fotomotiv: die neo-romanisch gestaltete Christuskirche
► Seite 274

Sehenswertes in Windhoek

Werthsingel

Ein schöner Ausblick auf die Innenstadt ergibt sich vom Aussichtspunkt **Werthsingel,** den man über die Bahnhofstraße erreicht. Ganz in der Nähe beginnt unterhalb des Wasserturms, in der Sinclairstraße, der **Hofmeyr-Wanderweg**. Er führt durch einsame Gegend (keine Wertsachen mitnehmen!) auf dem Bergrücken, der das Klein-Windhoek-Tal von der Stadtmitte trennt. Der etwa einstündige Spaziergang bietet ebenfalls schöne Aussichten über Stadtmitte und Tal. Der Weg endet am oberen Ende der Orban Street.

◂ Spaziergang

Independence Avenue

Die Paradestraße Windhoeks hieß früher natürlich Kaiserstraße. Den Rundgang kann man bequem am Kalahari Sand Hotel, dem weithin sichtbaren Hochhaus, beginnen, denn hier starten und kommen auch die Shuttlebusse der Hotels an. Am Hintereingang gibt es ein großes sicheres Parkhaus. Entlang des Parkplatzes bieten Verkäufer Körbe, Schnitzereien, Puppen und bunte Perlenketten an; hier stehen auch immer Zeitungsverkäufer mit den vier Tageszeitungen Windhoeks im Arm.

Bauten an der Independence Avenue

An der Independence Avenue, jenseits der Fidel-Castro-Straße, ragt das Sanlamzentrum in den Himmel (6. Stock: Deutsche Botschaft). Gleich daneben befinden sich drei schöne Beispiele deutscher Kolonialbaukunst, die nach der Jahrhundertwende entstanden. Architekt war Wilhelm Sander, der auch für Windhoeks drei Burgen und für das Schloss Duwisib verantwortlich zeichnete. Das ehemalige **Hotel Kronprinz** entstand bereits 1902. Heute befinden sich im Erdgeschoss Läden, im Obergeschoss ein empfehlenswertes Restaurant. Es folgen das 1913 erbaute **Gathemann-Haus** und das **Erkrath-Gebäude**, das 1910 als Wohn- und Bürohaus errichtet worden war.

Zoo Park

Die Grünfläche gegenüber bezeichnen die Windhoeker als Zoo Park. Nach Tieren wird man darin allerdings vergeblich suchen. Während der deutschen Kolonialzeit war dieser kleine Stadtpark eine kühle Oase der Erholung. Unter Palmen, beim Klang von Musikkapellen und umgeben von viktorianischen, gusseisernen Käfigen mit Papageien und Kleinwild traf man sich zu Kaffeeklatsch und Kartenspiel. Heute ruhen sich Büroangestellte während der Mittagspause zwar immer noch auf dem Gras aus. Aber mit der einstigen Atmosphäre ist es vorbei. Sehenswert ist jedoch eine kleine Säule an der Stelle, wo

WINDHOEK ERLEBEN

AUSKUNFT

Namibia Tourist Information
7 Post Street Mall
Tel. 0 61 / 284 21 11
Fax 22 19 30
tourism@iwwn.com.na
Zusätzlich gibt es einen Infostand gegenüber dem Kalahari Sands Hotel.

ESSEN

► Fein & Teuer

① ***Leo's***
22 Heinitzburg St.
Tel. 0 61 / 24 95 97
Beste Adresse der Stadt. Berühmt ist der Ausblick auf die Sonnenuntergänge über Windhoek von der Gartenterrasse.

② ***Gatheman's***
169 Independence Ave.
Tel. 0 61 / 22 38 53
Von der Terrasse des Restaurants blickt man auf Windhoeks Hauptstraße. Die Karte ist edel und ambitioniert mit großer Weinauswahl. Auch die Atmosphäre stimmt!

④ ***The Gourmet/Kaiserkrone***
Post Street Mall
Tel. 0 61 / 23 28 82
Im Traditionshaus »Kaiserkrone« mit sehr schönem Palmengarten. Innen ist The Gourmet ein gediegenes Restaurant, im Innenhof gibt es alles von Pasta über Pizza zu Waffeln und leichten Mittagsgerichten.

Erste Adresse in Windhoek: Das Hotel Heinitzburg mit dem Restaurant Leo's

▸ Erschwinglich

③ ***NICE***
2 Mozart St.
Tel. 0 61 / 30 07 10
Elegantes Restaurant in einem umgebauten alten Haus. Hier werden Köche ausgebildet; die Einnahmen fließen zurück in die Ausbildung (NICE = Namibian Institute for Cullinary Education).

⑤ ***Joe's Beerhouse***
160 Nelson Mandela Ave.
Tel. 0 61 / 23 24 57
Das recht rustikale Restaurant ist bekannt für sein frisch gezapftes Bier und große Portionen Fleisch.

ÜBERNACHTEN

▸ Luxus

④ ***Hotel Heinitzburg***
P.O. Box 458
22 Heinitzburg St.
Tel. 0 61 / 24 95 97
Fax 24 95 98
www.heinitzburg.com
Seit 1996 ist die 1914 errichtete Heinitzburg ein fürstliches Hotel. Die romantische Atmosphäre, der ausgesprochen gute Service, das für seinen Ausblick berühmte Terrassencafé und das Feinschmeckerrestaurant »Leo's« mit dem bestsortierten Weinkeller ganz Namibias machen den Aufenthalt zu einem Erlebnis.

③ ***Kalahari Sands Hotel***
P.O. Box 2254
129 Independence Ave.
Tel. 0 61 / 22 23 00, Fax 22 22 60
www.suninternational.com/resorts/kalahari
Das große Vier-Sterne-Hotel liegt weithin sichtbar im Herzen der Innenstadt. Beliebt ist das Schwimmbad auf der Dachterrasse und im angeschlossenem Kasino kann man seine Reisekasse aufbessern.

① ***Villa Verdi***
P.O. Box 6784
4 Verdi St.
Tel. 9 61 / 22 19 94, Fax 22 25 74
www.resafrica.net/villa-verdi.de
Man wohnt nur wenige Gehminuten vom Zentrum entfernt und doch absolut ruhig.

▸ Komfortabel

② ***Hotel-Pension Steiner***
P.O. Box 20481
Wecke St.
Tel. 0 61 / 22 28 98, Fax 22 42 34
Ein Haus mit sehr persönlichem, fast familiärem Ambiente. Schwimmen und Essen kann man in dem hübschen exotischen Garten mit Pool.

⑤ ***Pension Handke***
3 Rossini St.
Tel. 0 61 / 23 49 04, Fax 22 56 60
www.hotel-handke.na
Freundliche und hübsche 12-Zimmer-Pension mit gutem Frühstück

⑤ ***Casa Blanca Boutique Hotel***
52 Fritsche St.
Tel. 0 61 / 24 96 23
www.casablancahotelnamibia.com
Das von Elke und Peter Young geführte Hotel mit 12 hübschen Zimmern liegt ca. 5 km außerhalb vom Stadtzentrum; mit Schwimmbad und schönem Innenhof, wo abends das Essen serviert wird.

TOUREN NACH KATATURA

Beamte in Zivil der Stadtpolizei von Windhoek begleiten Touristen nach Katatura (Info: Tel. 0 61 / 290 22 39). Touren mit einheimischen Führern, die viel über Alltag und Geschichte des »anderen« Windhoek berichten können, organisiert auch ***Face to Face Tours***, Independence Ave. / Fidel Castro St., Tel. 0 61 / 26 54 46

Jugendstil-Bahnhof

man Überreste von Elefanten fand, die vor schätzungsweise 5000 Jahren erlegt wurden. Das Kriegerdenkmal wurde 1897 aufgestellt und erinnert an die Soldaten der Schutztruppe, die im Kampf gegen die Nama 1893/1894 gefallen waren.

Den Eingang zur **Post Street Mall** markiert ein auffälliger Uhrturm. Gleich daneben lässt sich das bunte Bild gut vom Straßenrestaurant »Le Bistro Way of Life« betrachten. In der als Fußgängerzone gestalteten Poststraße bieten Straßenhändler Souvenirs und Waren aller Art an. Blickfang ist der **Meteoritenbrunnen** mit 33 Gesteinsbrocken, die 600 Millionen Jahre alt sein sollen und in einem Meteoritenschauer auf Namibia niedergingen. Der britische Forscher James Alexander entdeckte sie 1838 in der Umgebung von Gibeon. Insgesamt fand man dort 77 Meteoriten (▸Hardap Dam, Umgebung).
Das westliche Ende der Post Street Mall beherrscht das 1990 eröffnete **Wernhill Park Centre** mit Boutiquen, Läden und Cafés.

Levinson Arcade Den Brunnen in der Fußgängerpassage, die parallel zur Post Street Mall verläuft, verzieren in Bronze gegossene Perlhühner – »Guinea-Fowls«. Es ist dies eines der bekanntesten Werke der Bildhauerin Dörte Berner von der Künstlerfarm Pepperkorell.

Kudu-Denkmal Der Independence Avenue weiter Richtung Norden folgend kommt man zum Kudu-Denkmal, einem der Wahrzeichen von Windhoek. Geschaffen hat es der Münchner Professor Fritz Behn im Jahre 1960. Der »Kudu« muss für Erinnerungsfotos und als Wegweiser herhalten: »Wir wohnen in der zweiten Straße links hinterm Kudu«, so orientiert man sich in Windhoek.

Oude Voorpost Das als Oude Voorpost bezeichnete Gebäude (erbaut 1902) an der Ecke Moltke-Straße/John-Meinert-Straße war ursprünglich Sitz des Landesvermessungsamtes und beherbergt nun das Ministerium für Naturschutz und Tourismus.

✶ Bahnhof Die Bahnhofstraße führt links hinunter zum Transportbahnhof, an dem 1902 der erste Zug in Windhoek anhielt. Das 1912 errichtete und 1929 vergrößerte Bahnhofsgebäude ist ein hübsches Stilgemisch aus wilhelminischen und Jugendstilelementen. Auf dem Gelände davor steht »Poor Old Joe«, eine von über 100 Schmalspur-Lokomotiven, die aus Deutschland importiert wurden. Im ersten Stock des Bahnhofsgebäudes vermittelt das **Transnamib Transport Museum** (Öffnungszeiten: Mo. – Fr. 10.00 – 12.00 und 14.00 – 15.30 Uhr) Einblicke in die Geschichte der namibischen Eisenbahn.

Der Bahnhofstraße in östlicher Richtung folgend, gelangt man zur Turnhalle. Ursprünglich zur Leibesertüchtigung der Bürger bestimmt, wurde in dem 1909–1912 erbauten Gebäude Geschichte geschrieben: Hier tagte 1975 die erste verfassunggebende Versammlung des Landes, die so genannte **Turnhallen-Konferenz**. Immer noch ist danach die Oppositionspartei **Democratic Turnhalle Alliance** benannt. Heute fungiert die Halle als Konferenzzentrum.

Turnhalle

Biegt man hinter der Turnhalle rechts in die Robert Mugabe Avenue ein, so gelangt man zur Nationalgalerie, die in einer ständigen Ausstellung einen Überblick über das Kunstschaffen in Namibia vermittelt. Die besten zeitgenössischen Künstler des Landes werden mit Werkschauen vorgestellt (Öffnungszeiten: Di. – Fr. 9.00 – 17.00, Sa. 9.00 – 14.00 Uhr). Es folgt das Gebäude des 1960 erbauten Nationaltheaters. Schauspiel, Ballett und Musicals stehen auf dem Spielplan.

Nationalgalerie, Nationaltheater

Ebenfalls an der Robert Mugabe Avenue befindet sich das Owela Museum, die natur- und volkskundliche Sammlung des Staatsmuseums. In den Ausstellungen und Dioramen werden Themen behandelt wie »Seilherstellung bei den Buschmännern«, »Kleidung und Schmuck der Herero und Himba«, »Feldbaumethoden bei den Dama«, »Waffen und Pfeilgifte der verschiedenen Völker Namibias«, »Fellbearbeitung bei den Nama« und vieles mehr (Öffnungszeiten: Mo. – Fr. 9.00 – 18.00, Sa., So. 10.00 – 12.30 und 15.00 – 18.00 Uhr).

Owela Museum

Die St. George's Cathedral (schräg gegenüber in der Love Street) gilt als kleinste Kathedrale im südlichen Afrika.

St. George's Cathedral

Nächster beachtenswerter Bau zwischen Robert Mugabe Avenue und Lüderitzstraße ist das State House, der Amtssitz des Präsidenten. Das Repräsentationsgebäude entstand 1959. Bis 1989 residierte dort der Statthalter Südafrikas, seit 1990 Sam Nujoma, heute sein Nachfolger Hifikepunye Pohamba.

State House

Links oberhalb liegen am Berg, von Parkanlagen umgeben, die Regierungsgebäude. Als **Tintenpalast** wird der lang gestreckte, von Gottlieb Redecker entworfene Verandenbau bezeichnet. Seinen Spitznamen erhielt das Verwaltungsgebäude der Kolonialregierung, weil dort viel Tinte verschrieben wurde. Nur ein Jahr – von Mai 1914 bis Mai 1915 – tagte hier der Landesrat, bis Deutschland vor der einmarschierenden Armee aus Südafrika kapitulierte.
Neben dem alten Parlamentsgebäude wurde 1964 ein moderner Gebäudekomplex fertig

Spitzname: Tintenpalast

gestellt, der heute Sitz der Nationalversammlung ist. Touristen können das Abgeordnetenhaus besuchen – und von der Besuchergalerie sogar die Debatten mitverfolgen. Der umliegende, in den 1930er-Jahren angelegte Park ist jederzeit zugänglich. Vor dem Parlament stehen die Statuen von drei namibischen Freiheitskämpfern.

★ **Christuskirche**

Die Robert Mugabe Avenue führt geradewegs auf die Christuskirche zu. In der Abendsonne leuchtet dieses Nationaldenkmal und gehört zu den beliebtesten Fotomotiven in Windhoek. Das im Oktober 1910 eingeweihte Gotteshaus der evangelisch-lutherischen Gemeinde wurde von dem deutschen Regierungsbaumeister **Gottlieb Redecker** entworfen. Der für den Bau verwendete Quarzsandstein wurde in der Nähe von Windhoek gebrochen, das Portal besteht aus Carrara-Marmor, Kaiser Wilhelm stiftete die Buntglasfenster im Altarraum, seine Frau Auguste die auf dem Altar liegende Bibel. Wer sich die Kirche von innen ansehen will, erhält die Schlüssel beim Kirchenbüro (Fidel-Castro-Str. 12).

Beachtenswert ist das ehemalige, nun an der Seitenempore angebrachte Altarbild. Es ist eine Kopie der »Auferweckung des Lazarus« des flämischen Meisters Rubens, das Original verbrannte 1945 in Berlin. Der 42 m hohe Kirchturm kann bestiegen werden, aber Achtung: die letzten Stufen sind abenteuerlich – und der Ausblick nicht allzu beeindruckend.

Reiterdenkmal

Ein kurzes Stück weiter sieht man bereits das Reiterdenkmal, entworfen von Adolf Kürle und 1912 an des Kaisers Geburtstag enthüllt. Es ehrt die während der Feldzüge gegen die Nama und Herero 1904–1907 gefallenen deutschen Soldaten. Es gibt Pläne, das kolonial-kriegerische Relikt abmontieren zu lassen. An seiner Stelle soll ein Museum, das sich der Dokumentation des namibischen Kampfes um Unabhängigkeit widmet, entstehen. Doch die Mühlen der Bürokratie mahlen langsam – und so lange wird der umstrittene »Südwester« wohl noch an seinem Platz ausharren.

★★ **Alte Feste, Staatsmuseum**

Gleich dahinter, unübersehbar auf einer strategischen Anhöhe, steht ein gleißend weißes Gemäuer: die Alte Feste. Ab 1890 in wenigen Monaten als Hauptquartier der deutschen Schutztruppe erbaut, ist die Feste Windhoeks ältestes Bauwerk. 1895 und 1912 wurden Umbauten vorgenommen. Ihrer Bedeutung als Befestigungsbauwerk wurde sie bis 1915 gerecht. Später fungierte sie als Internat und wurde 1957 zum Nationalmonument erklärt.

Heute beherbergt sie die historische Sammlung des Staatsmuseums – die Exponate reichen von der Zeit der ersten Missionsstationen über die deutsche Kolonialzeit und schildern den langen Weg in die Unabhängigkeit (Öffnungszeiten: Mo.–Fr. 9.00–18.00, Sa./So. 10.00 bis 12.00 und 14.00–18.00 Uhr).

Wahrzeichen Windhoeks: die Christuskirche mit »Südwester-Reiter« →

Offiziershaus Gegenüber der Alten Feste befindet sich das 1905/1906 errichtete Offiziershaus. Man kann einen Blick in die einstigen Ställe und die Sattelkammer werfen. Sie dienen heute als Garage.

Kaiserliche Realschule Auf derselben Straßenseite steht wenige Schritte entfernt das Gebäude der ehemaligen Kaiserlichen Realschule. Die ersten 74 Schüler wurden hier 1909 unterrichtet. Schon bald erhöhten sich die Schülerzahlen, nach und nach wurden Anbauten vorgenommen. Heute beherbergt das Gebäude Büros des Ministeriums für Erziehung und Kultur.

National-bibliothek, Estorff-Haus Der Fidel-Castro-Straße Richtung Stadtzentrum folgend passiert man an der Ecke zur Neser-Straße die Nationalbibliothek. Untergebracht ist sie im ehemaligen Estorff-Haus. Es entstand 1891 als einer der ersten Bauten in Windhoek.

Supreme Court In der Neser-Straße wurde 1996 das neue Gebäude für den höchsten Gerichtshof des Landes errichtet. Deutschnamibier bezeichnen ihn als Justizpalast. Von hier aus erreicht man in wenigen Minuten den Ausgangspunkt des Stadtrundgangs.

Schwerinsburg Wer jedoch noch Zeit (und vielleicht einen Wagen zur Verfügung) hat, könnte die Stadtbesichtigung ausdehnen. Über den Sam Nujoma Drive und die Robert Mugabe Avenue gelangt man zu den drei mittelalterlich wirkenden Trutzburgen Windhoeks. Der Architekt **Wilhelm Sander** errichtete 1913 zunächst die Schwerinsburg in der gleichnamigen Straße. Sie ist heute Residenz des italienischen Botschafters.

Heinitzburg Kurz darauf erhielt Sander den Auftrag für eine zweite Burg: Die Heinitzburg (1914) war für Schwerins Gemahlin bestimmt – die darauf beharrte, standesgemäß, aber getrennt von ihrem Mann zu leben! Seit 1996 ist die Heinitzburg als komfortables Luxus-Hotel und Café-Restaurant öffentlich zugänglich (► »Windhoek erleben«, S. 271). Von der Restaurantterrasse hat man eine legendäre, herrliche Aussicht über die ganze Stadt.

Sanderburg Von der Terrasse sieht man auch hinüber zur nahen Sanderburg, die Wilhelm Sander 1917 als seinen eigenen Wohnsitz errichtete (befindet sich in Privatbesitz).

Alter Friedhof Ein stimmungsvoller Ort ist der unweit südlich an der Robert Mugabe Avenue gelegene Alte Friedhof mit vielen Gräbern aus den Gründungsjahren der Stadt.

Ausspannplatz Über die Neser-Straße gelangt man zum Ausspannplatz. Für das Wechseln der Ochsengespanne wurde viel Raum benötigt – daher die riesigen Dimensionen des Platzes.

Windhoek *Orientierung*

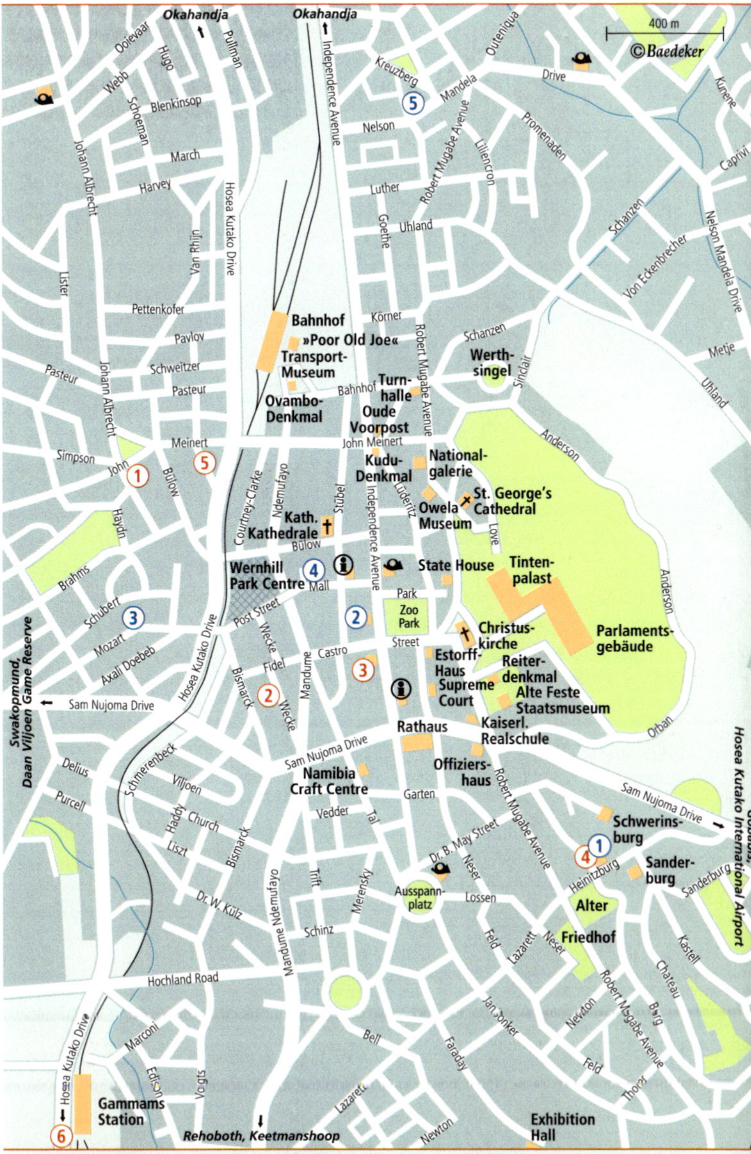

Übernachten

1. Villa Verdi
2. Hotel-Pension Steiner
3. Kalahari Sands Hotel
4. Hotel Heinitzburg
5. Pension Handke
6. Casa Blanca

Essen

1. Leo's
2. Gatheman's
3. NICE
4. The Gourmet
5. Joe's Beerhouse

Der Karneval ist nach wie vor eine Größe im Veranstaltungskalender Windhoeks. Aber auch Swakopmund und Lüderitz lassen die Narren los.

TYPISCH DEUTSCH?

Die Zeiten, in denen die weißen Namibier als die Bewahrer einer altdeutschen Kultur gesehen werden mussten, sind vorbei – der Mief der Deutschtümelei hat sich längst verflüchtigt. Die Erscheinungsbilder der Städte, der Museen, Restaurants, Geschäfte und Hotels sind ein exotisch-prickelndes Gemisch europäisch-afrikanischen Ambientes eingegangen.

Zwar heißen Brötchen Brötchen und sind so auch in jede hier gesprochene Sprache eingegangen, Eisbein mit Sauerkraut kann man mancherorts bestellen, ebenso Leberkäs' und Frankfurter Würstchen – doch nicht mehr ausschließlich. Wildgerichte, Straußenfleisch, Austern oder Langusten gehören heute zu jeder Menüauswahl. Aber am Atlantischen Ozean echte Windbeutel oder Frankfurter Kranz zu essen, hat eindeutig Kult-Charakter. Und dass es im ganzen südlichen Afrika kaum ein besseres Bier gibt als namibisches Lager, weiß jeder. Dafür trumpfen die Südafrikaner dann wieder mit ihren Weinen auf, obwohl die Tropfen der namibischen Kristallkellerei durchaus auch Beachtung finden. Hatten bis in die 1980er-Jahre viele Geschäfte noch deutsche Bezeichnungen – Bäckerei, Schlachterei, Apotheke – so kauft man heute in der Bakery sein Brot, beim Butcher das Fleisch und die Medizin gibt's in der Pharmacy. Die alten Schilder sind nicht ganz verschwunden, doch haben sie eher folkloristischen Charakter. Ernst hingegen nimmt man noch die **Tradition des Karnevals**. Seien die Hitze oder die politischen Sorgen noch so groß – es wird gefeiert! Mit Büttenrednern, Funkenmariechen und allem was dazugehört.

Bier beim Oktoberfest

Im Oktober dann lädt die deutsche Gemeinde von Windhoek zum **Oktoberfest** ein, bei dem gesungen, getanzt und geschunkelt, Brötchen mit Bratwurst verzehrt und viel Bier getrunken wird. Gebraut nach deutschem Reinheitsgebot – versteht sich!

Funkenmariechen in Windhoek – man zeigt Bein, Selbstbewusstsein und gute Laune.

Das Spektakel der alljährlich stattfindenden Gedenkfeier für die deutschen Gefallenen in der Schlacht am Waterberg 1904, lange Zeit »die« Demonstration der Ewiggestrigen – mit Reichsfahne – ist heute entschärft. Denn längst hat eine junge aufgeschlossene Generation übernommen, sie wissen um die Problematik der Geschichte und sehen sich in erster Linie als Bürger des jungen Staates Namibia. So ist es auch mit der Vereinsmeierei in Namibia nicht mehr so weit her. Zwar gibt's den Männergesangsverein von Windhoek noch, auch Turnvereine und den Kegelclub. Dann sind da noch die Landfrauen, die Kirchenhelferinnen, der Börsenclub, der Literatenzirkel und der Verein für Brauchtumspflege. Doch sind sie, wie der Tennisclub, der Golfclub, der Yachtclub, schon lange nicht mehr nur »rein deutsch«

Deutsch »antik«

Zahllose **deutsche Schulen** liegen über das ganze Land verteilt. Sie nehmen auch Kinder anderer Nationen und Rassen auf. Die deutschen Sendungen in Rundfunk und Fernsehen, deutschsprachige Theater- und Filmvorführungen haben institutionellen Charakter. Täglich erscheint die »Allgemeine Zeitung« in Windhoek, **Afrikas einzige deutsche Zeitung**. Bis zur Erlangung der Unabhängigkeit war Deutsch in Südwest-Afrika als dritte Amtssprache zugelassen. Daraus und aus der Tatsache, dass kein Deutscher das Land während der südafrikanischen Protektoratsverwaltung verlassen musste, folgert die weite und noch immer intensive Verbreitung der Sprache. Mit Abscheu lauschen manche namibischen Sprachschützer dem »Kauderwelsch«, jenem – modernen – Deutsch also, das in Deutschland gesprochen wird. Und gar die Rechtschreibreform! Sie schockierte in Namibia mehr als hierzulande. Doch in der Umgangssprache haben sich englische und Wörter aus dem Afrikaans eingeschlichen. So sind Flüsse »Riviere« ein »Pad« kann Straße oder Pfad sein. Die Fahrt nach irgendwohin wurde zur Expedition einerseits oder auch zur Safari. Und das Wort stammt aus dem Kishuaheli und bedeutet Reisen. Endlich ist man in Namibia nicht mehr deutsch, afrikanisch oder englisch – man ist Namibier.

Namibia Crafts Centre

Auf den Ausspannplatz mündet die Talstraße, in der sich im Gebäude der alten Brauerei (errichtet 1902) das Namibia Craft Centre befindet. Originelles Kunsthandwerk der verschiedenen Völker Namibias wird hier ausgestellt und verkauft. Die beste Abendunterhaltung bietet nach Ansicht vieler Hauptstädter das im selben Gebäude untergebrachte Warehouse Theatre – moderne Theaterstücke, Jazz oder auch Kabarett stehen auf dem Spielplan.

Katutura

Township der Apartheidstrategen

Die schwarze Bevölkerung Windhoeks lebt weiterhin überwiegend in dem 8 km nordwestlich vom Stadtzentrum gelegenen Viertel Katutura. Ab 1959 mussten alle Schwarze ihr stadtnahes Wohngebiet Old Location verlassen (dort erstreckt sich heute das Viertel Hochlandpark) und nach Katutura umsiedeln. Der Name bedeutet: »Wir haben keinen Wohnplatz«. Die Zwangsumsiedlungen fanden, gemäß den Apartheidsgesetzen, nach ethnischer Zugehörigkeit statt – jeweils ein Viertel für Ovambo, Herero und Damara. Die schwarze Bevölkerung protestierte: Im Dezember 1959 kam es in dem Township zu den ersten blutigen Zusammenstößen mit der Polizei, in den Jahrzehnten danach blieb Katutura Stätte des Widerstands. Doch gelang es den weißen Machthabern, ihre Interessen durchzusetzen: Im August 1968 war die Vertreibung aus der Old Location abgeschlossen. Heute beherbergt der Stadtteil etwa 130 000 Menschen. Die Mehrheit der Bewohner lebt in flachen, ca. 45 m² großen Einheitshäusern mit meist vier Zimmern. Mitunter müssen sich jedoch bis zu 20 Personen die Räume teilen.

Die namibische Regierung hat in den Jahren seit der Unabhängigkeit erhebliche Anstrengungen zur Verbesserung des Lebensstandards unternommen. Straßen wurden geteert, Telefon- und Stromleitungen gelegt. Man bemühte sich auch darum, die Infrastruktur zu verbessern, dennoch gibt es noch immer zu wenig Lebensmittelläden, kaum Freizeiteinrichtungen für Kinder und Jugendliche – und vor allem keine Arbeitsmöglichkeiten! Probleme bereitet der unkontrollierte Zuzug von Menschen aus dem Norden des Landes und aus Angola. Die Neuankömmlinge errichten sich in den Randgebieten von Katutura notdürftige Hütten aus Wellblech und Pappe. Hier gibt es weder fließend Wasser noch Kanalisation oder Stromanschluss. Zwar lässt die Regierung von Zeit zu Zeit diese Elendsviertel räumen, doch entstehen schon innerhalb weniger Tage neue.

Kindheit zwischen Wellblech

Katutura – das »andere« Windhoek

Besucher erleben hier ein Stück »anderes« Namibia. Ein harter Kontrast zu den einsamen Wüsten, den edlen Lodges und den aufregenden Safaris, jedoch Alltagswirklichkeit eines Großteils der namibischen Bevölkerung. Das Viertel gibt sich lebendig, laut, bunt und aufstrebend. Der **Soweto-Markt** mit seiner bunten Mischung aus afrikanischen Köstlichkeiten wie Datteln, Mopane-Würmern, Fett-Koekjes oder Oshikundu, dem aus Mahangu gebrauten Alkoholgetränk ist ein echtes Erlebnis. Schlachter zerlegen Rinder und Schafe, daneben gibt es an Grillständen »Kapane«, kleine gegrillte Fleischstückchen. Das neue **Fußballstadion** wurde erst 2005 eröffnet und bietet Platz für 8000 Zuschauer. Der **Goreangab Dam** war früher ein beliebtes Ausflugsziel der Weißen. Heute gibt es hier ein Selbsthilfeprojekt für Frauen. Von der Café-Terrasse kann man dem Entstehen schöner Ethno-Look-Produkte zuschauen und alles natürlich auf käuflich erwerben.

Am besten besucht man Katutura im Rahmen einer organisierten Tour; so bietet u. a. Face to Face Tours die Möglichkeit, sich einen Eindruck vom »anderen« Namibia zu verschaffen (►S. 271).

! *Baedeker* TIPP

Essen echt afrikanisch

Meme Melba serviert im Township-Restaurant Otjikaendu Den in Katutura lokale Spezialitäten: traditionelles Herero-Brot, Hühnercurry, Kutteln-Eintopf oder für ganz Unerschrockene den Star der Speisekarte: Ziegenkopf »Smiley«.

Umgebung von Windhoek

✶ Daan Viljoen Game Park

Nur 20 km vom Stadtkern in westlicher Richtung erreicht man den Wildpark Daan Viljoen, ein bei Windhoekern und Touristen gleichermaßen beliebtes Kurzausflugsziel. Zwar ist der Park mit einer Größe von nur knapp 40 km² recht klein, doch dafür kann man das

Gelände auch zu Fuß erkunden. Es gibt drei Wanderwege. Der 1,5 km lange **Wag'n-Bietje-Weg** beginnt nahe dem Büro der Parkverwaltung und führt zum Stengel-Stausee. In Jahren mit wenig Niederschlag ist er manchmal nahezu ausgetrocknet, wenn jedoch Wasser vorhanden ist, sieht man hier fast immer Wild und vor allem etliche der 200 im Park vorkommenden Vogelarten. Der Rückweg erolgt auf derselben Strecke.

Ausgangspunkt für den 9 km langen **Rooibos-Rundwanderweg** (benannt nach dem hier häufig vorkommenden »Rotbusch«) ist das Freibad. Dieser Weg eröffnet immer wieder schöne Ausblicke über die Hochlandsavannenvegetation und steigt schließlich bis auf 1763 m Höhe an. Gutes Schuhwerk sollte man haben. Vor allem in der warmen Jahreszeit empfiehlt sich ein früher Start, da man fast während des gesamten Weges der prallen Sonne ausgesetzt ist. Mit etwas Glück zeigen sich unterwegs Bergzebras, Streifengnus, Springböcke, Kuhantilopen oder Impalas. Der Weg endet schließlich beim Restaurant des Wildparks.

Ausdauernde Wanderer können ferner eine 32 km lange Tour durch den Park absolvieren (Voranmeldung erforderlich).

Wer es doch vorzieht, Tiere vom Auto aus zu beobachten: Außer der geteerten Zufahrtsstraße durchzieht eine 6,5 km lange Piste das Gelände. Gästen, die länger im Daan Viljoen Game Park bleiben möchten, stehen preiswerte Unterkünfte in Zwei-Bett-Bungalows zur Verfügung.

Der Daan-Viljoen-Wildpark ist ein beliebtes Ausflugsziel der Windhoeker.

★ **Khomas-Hochland**

Mehrere landschaftlich reizvolle Strecken führen von Windhoek in westlicher Richtung durch das Khomas-Hochland. Die C 28 passiert 50 km hinter der Landeshauptstadt das verfallene Liebig-Haus, eine ehemals ansehnliche, in den Jahren 1912 und 1913 errichtete Villa. Noch eindrucksvoller ist die Fahrt auf der C 26 über den Gamsberg-Pass. Am höchsten Punkt der Passstrecke befindet man sich 2334 m ü. d. M. und hat an einem klaren Tag eine wundervolle Sicht über die Namib-Wüste.

Goreangab Dam

Der 10 km nordwestlich von Windhoek gelegene Goreangab-Stausee ist ein beliebtes Wassersport-Revier für die Einwohner der Hauptstadt (Baden und Schwimmen sind jedoch nicht erlaubt!). Man kann zudem Spaziergänge unternehmen und sich einen schönen Platz für ein Picknick suchen.

Avis Dam

Über die zum Internationalen Flughafen führende Straße erreicht man den Avis Dam. Dieser Stausee bietet sich für Spaziergänge und zur Vogelbeobachtung an.

Arnhem Cave

Die südöstlich vom Flughafen gelegene, 125 km von Windhoek entfernte Arnhem-Höhle gehört mit einer Länge von 4,5 km zum größten Höhlensystem in Namibia. Sechs Fledermausarten sind darin heimisch. Besucher dürfen sich mit Taschenlampen in die staubige Höhle vorwagen; die geführten Touren dauern in der Regel zwei bis drei Stunden. Die Anfahrt erfolgt über die von der B 6 abzweigende C 51 oder D 1808. Beide verbindet die D 1506, an der das Arnhem Cave & Restcamp liegt (Tages- und Übernachtungsgäste sind willkommen, Anmeldung unter Tel. / Fax 0 61 / 57 35 85).

Karakul Weaveries

Das Gebiet östlich von Windhoek, zwischen Dordabis und ►Gobabis, gilt als Zentrum der namibischen Karakul-Schafzucht. Auf Besucher eingestellt sind die Farmen **Ibenstein** (4 km südlich von Dordabis, Anfahrt über C 15) und **Peperkorell** (Anfahrt über die B 6, bei Seeis auf die D 1472 nach Süden abbiegen). Hier werden die bekannten Dorka-Teppiche gewebt. Geleitet wird die Weberei von Volker Berner, der auf der Farm gemeinsam mit seiner Frau, der Künstlerin Dörte Berner (►Baedeker Tipp S. 103), lebt.

REGISTER

VERZEICHNIS DER KARTEN & GRAFISCHEN DARSTELLUNGEN

BILDNACHWEIS

AKG S. 44, 49, 51, 68, 71
Alamy S. 5 (oben), 253 (oben 2 x)
Baedeker-Archiv S. 82, 83, 85 (2x), 86, 100, 199, 271
Borowski/Schliebitz S. 2 (2x), 11, 12, 13 (unten), 16, 18, 23, 25, 27, 31, 62, 73, 97, 98, 105, 121, 125 (rechts, 2. von oben), 130 (unten re.), 131 (rechts), 143, 155, 160, 161, 163, 169 (unten li., oben li.), 189 (oben re.), 193, 197, 202, 206, 215, 221, 225, 227, 228, 231, 236, 241, 245, 247, 249, 251, 254, 255, 260, 269, 272, 281, 282, 295, U2, U4
Fan & Mross/Friedrichsmeier S. 8 (oben), 14 (unten), 134/135
Friedrichsmeier S. 6 (oben), 15, 39, 57, 64, 67, 69, 178, 184, 279
Friedrichsmeier/Burger S. 13 (oben, Mitte), 136
Gondwana Desert Collection S. 4, 104, 113, 125 (unten li.), 139, 140, 217, 218, 219, 222
Hicker S. 162, 192
HB Verlag/Emmler S. 2 (unten), 3 (oben), 5 (unten), 6 (unten), 7 (unten), 10/11, 14 (oben), 16, 20, 29, 32, 33, 37, 41, 60, 66, 72/73, 79, 81, 84, 91, 92, 94, 95, 102, 110, 116, 120 (rechts), 121 (oben li., unten), 123, 125 (oben, unten re.), 126, 130 (oben, unten li.), 131 (oben li., unten), 135, 141, 144, 146, 148, 154, 157, 158, 159, 164, 165, 166, 168, 172, 181, 182, 183, 186, 189, 190, 196, 198, 205, 207, 211, 214, 223, 234, 235, 242, 244, 253 (unten re.), 259, 270, 273, 275, 278, 280
Irek S. 9, 108, 118/119
Laif/Cok S. 1, 264
laif (Huber) S. 253 (unten li.)
Laif/Emmler S. 120 (links), 132, 191, 201, 209, 261, 262
Mielke S. 7 (oben), 14 (Mitte), 106, 169 (unten re.), 171

Titelbild: HB Verlag/Emmler

IMPRESSUM

Ausstattung:
194 Abbildungen, 22 Karten und grafische Darstellungen, eine große Reisekarte
Text:
Birgit Borowski, Achim Bourmer, Sven-Eric Kanzler, Thomas Knemeyer, Silwen Randebrock, Anja Schliebitz
Bearbeitung:
Baedeker Redaktion
(Silwen Randebrock, Anja Schliebitz)
Kartografie:
Christoph Gallus, Hohberg; MAIRDUMONT/ Falk Verlag Ostfildern (Reisekarte)
3D-Illustrationen:
jangled nerves, Stuttgart
Gestalterisches Konzept:
independent Medien-Design, München
(Kathrin Schemel)

Sprachführer in Zusammenarbeit mit Ernst Klett Sprachen GmbH, Stuttgart, Redaktion PONS Wörterbücher

Chefredaktion:
Rainer Eisenschmid,
Baedeker Ostfildern

5. Auflage 2007

Printed in China
Gedruckt auf 100% chlorfrei gebleichtem Papier

BAEDEKER VERLAGSPROGRAMM

- Ägypten
- Algarve
- Amsterdam
- Andalusien
- Athen
- Australien
- Bali
- Baltikum
- Barcelona
- Belgien
- Berlin
- Bodensee
- Brasilien
- Bretagne
- Brüssel
- Budapest
- Bulgarien
- Burgund
- Chicago • Große Seen
- China
- Costa Blanca
- Costa Brava
- Dänemark
- Deutsche Nordseeküste
- Deutschland
- Djerba • Südtunesien
- Dominikanische Republik
- Dresden
- Elba
- Elsass • Vogesen
- Finnland
- Florenz
- Florida
- Franken
- Frankfurt am Main
- Frankreich
- Fuerteventura
- Gardasee
- Gomera
- Gran Canaria
- Griechenland
- Griechische Inseln
- Großbritannien
- Hamburg
- Harz
- Hongkong
- Indien
- Irland
- Island
- Istanbul
- Istrien • Kvarner Bucht
- Italien
- Italien • Norden
- Italien • Süden
- Italienische Adria
- Italienische Riviera
- Japan
- Jordanien
- Kalifornien
- Kanada • Osten
- Kanada • Westen
- Kanalinseln
- Kenia
- Köln
- Kopenhagen
- Korfu • Ionische Inseln
- Korsika
- Kos
- Kreta
- Kroatische Adriaküste • Dalmatien
- Kuba
- La Palma
- Lanzarote
- Lissabon
- Loire
- Lombardei • Mailand • Oberitalienische Seen
- London
- Madeira
- Madrid
- Malaysia
- Malediven

- Mallorca
- Malta • Gozo • Comino
- Marokko
- Mecklenburg-Vorpommern
- Menorca
- Mexiko
- Moskau
- München
- Namibia
- Nepal
- Neuseeland
- New York
- Niederlande
- Norwegen
- Oberbayern
- Österreich
- Paris
- Peking
- Piemont
- Polen
- Portugal
- Prag
- Provence • Côte d'Azur
- Rhodos
- Rom
- Rügen • Hiddensee
- Sachsen
- Salzburger Land
- St. Petersburg
- Sardinien
- Schottland
- Schwäbische Alb
- Schwarzwald
- Schweden
- Schweiz
- Sizilien
- Skandinavien
- Slowenien
- Spanien
- Sri Lanka
- Stuttgart
- Südafrika
- Südengland
- Südtirol • Dolomiten
- Sylt
- Syrien
- Teneriffa
- Tessin
- Thailand
- Toskana
- Tschechien
- Tunesien
- Türkei
- Türkische Mittelmeerküste
- Umbrien
- Ungarn
- Usedom
- USA
- USA • Nordosten
- USA • Südwesten
- Venedig
- Vietnam
- Washington DC • Capital Region
- Weimar
- Wien
- Zypern

LIEBE LESERINNEN, LIEBE LESER,

ein herzliches Dankeschön, dass Sie sich für einen Baedeker Allianz Reiseführer entschieden haben. Er wird Sie zuverlässig auf Ihrer Reise begleiten und Sie nicht im Stich lassen.
Natürlich beschreibt er die wichtigen Sehenswürdigkeiten, aber er empfiehlt auch herrliche Lodges, dazu Hotels für den großen und kleinen Geldbeutel, gibt Tipps für Restaurants, Shopping und für vieles mehr, was eine Reise zum Erlebnis macht. Dafür haben die Autoren und Redakteure Sorge getragen. Sie sind für Sie regelmäßig nach Namibia gereist und haben all ihre Erkenntnisse in diesen Reiseführer gepackt.

Trotzdem: Die Erfahrung zeigt, dass Fehler und Änderungen nach Drucklegung, für die der Verlag keine Haftung übernehmen kann, nicht ausgeschlossen werden können. Für Kritik, Berichtigungen und Verbesserungsvorschläge sind wir Ihnen außerordentlich dankbar. Schreiben Sie uns, mailen Sie uns oder rufen Sie an:

▶ **Verlag Karl Baedeker GmbH**
Redaktion
Postfach 3162
D-73751 Ostfildern
Tel. (0711) 4502-262, Fax -343
E-Mail: info@baedeker.com

Besuchen Sie uns auch im Internet unter www. baedeker.com. Hier finden Sie jeden Monat den aktuellen Reisetipp der Redaktion und das gesamte Verlagsprogramm. Hier können Sie auch lesen, wer Karl Baedeker war und wie er seinen ersten Reiseführer geschrieben hat. Mit seinen über 175 Jahren ist der Karl Baedeker Verlag der älteste Reiseführer-Verlag der Welt.

www.baedeker.com

ZU GEWINNEN: STADTREISE NACH LONDON

Unter allen Einsendungen verlost der Verlag am Jahresende – unter Ausschluss des Rechtswegs – eine Städtekurzreise für zwei Personen nach London.
Freuen Sie sich auf ein spannendes Wochenende in London. Natürlich ist ein Baedeker Allianz Reiseführer London auch dabei!